D1674956

marbacher magazin 177–179

S.O.S.

Exilbriefe aus dem Deutschen Literaturarchiv

Herausgegeben von Nikola Herweg

DEUTSCHE SCHILLERGESELLSCHAFT
MARBACH AM NECKAR

Vorwort

1936 veröffentlichte Walter Benjamin unter Pseudonym und unter dem ›Tarntitel‹ *Deutsche Menschen* eine »Folge von Briefen« aus den Jahren 1783 bis 1883, aus der Epoche, so Benjamin, »in welcher das Bürgertum seine großen Positionen bezog« und an deren Ende es »nur noch die Positionen, nicht mehr den Geist bewahrte, in welchem es diese Positionen erobert hatte«. In der Einleitung zu seiner Briefsammlung zitiert Benjamin Goethes Brief vom 6. Juni 1825 an Carl Friedrich Zelter, in dem Goethe die Mittelmäßigkeit seiner Gegenwart beklagt und seinem Freund zuruft: »Laß uns soviel als möglich an der Gesinnung halten, in der wir herankamen; wir werden, mit vielleicht noch Wenigen, die Letzten seyn einer Epoche, die so bald nicht wiederkehrt.«

Auch Walter Benjamin sah sich an einer Zeitenwende und begehrte mit *Deutsche Menschen* – so Theodor W. Adorno in seinem Nachwort zu Benjamins Briefbuch – »auf gegen die Vernichtung des von den Nationalsozialisten vollends zur Ideologie erniedrigten deutschen Geistes«, oder – um es mit Benjamins eigenen Worten zu sagen – schickte damit eine Art »Arche« auf den Weg, die er »gebaut habe, als die Sintflut des Faschismus zu steigen begann«. Dank seines unverfänglichen Titels gelangte das in der Schweiz erschienene Buch tatsächlich ungefährdet auch ins nationalsozialistische Deutschland – einer ›Briefsendung‹ gleich an die Zeitgenossen, die nicht fliehen mussten –, blieb aber, so wieder Adorno, »ohne politischen Effekt. Die damals solche Literatur lasen, waren ohnehin Gegner des Regimes, neue schuf es ihm schwerlich.«

Das Exemplar, in dem Benjamin seine Sammlung zur Arche erklärt, schickte er an den ebenfalls ins Exil geflohenen Siegfried Kracauer; es befindet sich in dessen Bibliothek, die im Deutschen Literaturarchiv Marbach (DLA) erhalten ist. Lorenz Wesemann hat Widmung und Buch in den Mittelpunkt seines Beitrags im vorliegenden Band gestellt.

Anders als die Benjamin'sche *Folge von Briefen*, in der vor allem große Männer und mit Annette von Droste-Hülshoff auch eine große Frau zu Wort kommen, ist die Auswahl der hier versammelten Briefe und Briefschreibenden nicht ganz so gewichtig und im gewissen Maße zufällig. Was sie verbindet, ist ihr Thema – oder manchmal auch nur ihre Ausgangssituation – ›Exil‹ sowie der Umstand, dass sie in den Magazinen, auf den Servern oder in den Museen des Deutschen Literaturarchivs liegen (oder lagen) und: dass sie den Mitarbeiterinnen und Mitarbeitern des DLA wichtig genug erscheinen, um von ihnen vorgestellt und kommentiert zu werden.

Die Vorgaben für die Auswahl der Exponate waren bewusst weit gefasst, sowohl hinsichtlich des Brief- als auch des Exil-Begriffs; Briefe und Briefähnliches waren gefragt – Telegramme, Rot-Kreuz-Nachrichten, Widmungen, auch kurze an eine Person gerichtete Notizen, offene Briefe, fiktive Briefe usw. –, denn keine Gattung macht das dichte Netzwerk, das fast jeden Bestand in den unterirdischen Magazinen des DLA mit nahezu allen anderen Beständen verbindet, sichtbarer als diese. Und ebenso ist das Thema ›Exil‹ wie kein anderes geeignet, einen facettenreichen Blick auf das gesamte Sammlungsgebiet zu gewähren: Von den Anfängen – denn schon Friedrich Schiller begann seine literarische Karriere mit einer Flucht ins Exil – bis in die Gegenwart gibt es kaum einen Bestand, in dem Exil nicht in irgendeiner Weise vorkommt, sei es durch die Biografie der Bestandshalter/-innen selbst oder derer Angehörigen und Freund/-innen oder manchmal auch nur durch ein bewusstes ›Wegschauen‹, Kritisieren oder Relativieren, wie bei Ernst Jünger oder Gottfried Benn, oder wie es sich beispielsweise in den Briefen des Germanisten Benno von Wiese an seinen ins Exil gezwungenen Kollegen und ehemaligen Freund Richard Alewyn offenbart. Sarah Gaber hat diese Briefe in Augenschein genommen und kommentiert.

Dass das Thema ›Exil‹ in den Sammlungen des DLA so dominant ist, ist dem Umstand geschuldet, dass die Schnittmenge zwischen bedeutenden Persönlichkeiten der literarischen Moderne, des 20. und 21. Jahrhunderts einerseits und den ›rassisch‹, politisch oder als kulturelle Dissidenten Verfolgten andererseits groß ist, liegt aber auch daran, dass sich das DLA als Sammelstätte und Anlaufstelle für Exilliteratur versteht. Heute bilden die mehr als 200 Bestände von Exilantinnen und Exilanten das ›Helen und Kurt Wolff-Archiv‹. Schon bei der Gründung des DLA im Jahr 1955 war die Rettung und Sammlung der durch Verfolgung und Vertreibung verstreuten Teile der deutschsprachigen Literatur eines der Hauptanliegen des damaligen Direktors Bernhard Zeller. Nicht nur Bücher, Manuskripte, Briefe und andere Exponate zog er nach Marbach, sondern auch die Menschen, die hinter diesen standen. Einer Reihe von vertriebenen Autor/-innen und Wissenschaftler/-innen wurde durch Stipendien und kleine Renten sowie die Schaffung von Arbeitsplätzen die Rückkehr nach Deutschland ermöglicht: dem Jean-Paul-Herausgeber Eduard Berend zum Beispiel – Ruth Doersing stellt ihn in diesem Band vor – oder dem Herausgeber der *Menschheitsdämmerung* Kurt Pinthus, dem gleich zwei Beiträge gewidmet sind (Sarah Gaber / Ilka Schiele und Vera Hildenbrandt). Der Anspruch, ein »Haus der Literatur des Exils« zu sein, hatte schon die Kuratoren der ersten großen Marbacher Ausstellungen geleitet, die die während der NS-Diktatur verbrannten und verfemten Schriftsteller/-innen in das Bewusstsein der damals noch jungen Bundesrepublik zurückholten. Dieser Anspruch schlägt sich auch heute in der Erwerbungs- sowie der Ausstellungs- und Veranstaltungspolitik des DLA nieder.

In die Prozesse, die die nach außen sichtbaren Präsentationen der Marbacher Bestände möglich machen – Sichten, Ordnen, Erschließen, Ausheben, Fotografieren, Restaurieren, Kuratieren usw. –, sind zahlreiche Mitarbeiter/-innen eingebunden, auch und besonders solche, die ›unsichtbar‹

im Hintergrund wirken. Für diese Publikation wurden alle Kolleg/-innen eingeladen, ihre Kenntnis unserer Bestände und einzelner Exponate zusammenzutragen und ›ihren Exilbrief‹ mit einem kurzen erläuternden Text der Öffentlichkeit zugänglich zu machen.

Tatsächlich sind Beiträge aus unterschiedlichsten Bereichen des Hauses zusammengekommen: nicht nur aus den sammelnden Abteilungen und dem Museum; auch Abteilungen und Referate wie Entwicklung, Verwaltung, Kommunikation, die Arbeitsstelle für literarische Museen, Archive und Gedenkstätten in Baden-Württemberg sowie Mitarbeiter/-innen aus unterschiedlichen Projekten haben mitgewirkt; Wissenschaftler/-innen, Magazinerinnen, Fotografen, Bibliothekar/-innen und andere; Stipendiat/-innen und Praktikant/-innen und schließlich unsere derzeitige Writer in Residence.

Das Ergebnis ist eine Sammlung von einigen bekannten und bereits publizierten, vor allem aber bisher unveröffentlichten Briefen; Briefen, die ihres Inhalts, manchmal aber auch ihrer Materialität wegen oder mit Blick auf das, was zwischen den Zeilen steht, ausgewählt wurden; Briefen berühmter Persönlichkeiten wie Heinrich Heine, Thomas Mann und Herta Müller, weniger bekannter Schriftsteller/-innen und Künstler/-innen wie Klara Blum, Jan Lustig und Melitta Urbancic sowie Verfasser/-innen, die nur durch Verwandtschaftsbande oder Zufall ins Archiv gelangt sind: Klara Kremers Rot-Kreuz-Nachricht aus dem britischen Exil an ihre im nationalsozialistischen Wien ›gefangene‹ Nichte Ilse Aichinger zum Beispiel – Claudia Gratz stellt diese vor – oder die sehnsuchtsvollen, verzweifelten Briefe von Gina und Josef Wurm an ihren 13-jährigen Sohn Franz (Nikola Herweg). Nur ihn konnten sie ins Exil retten; sie selbst wurden später in Auschwitz ermordet.

Briefe, das zeigt dieser Band, gewinnen in Umbruchs-, Krisen- und Kriegszeiten an Bedeutung. Fast täglich schreiben die Mitglieder der Familien Aichinger und Wurm jeweils einander – ahnend, dass dies bald nicht mehr möglich und jeder Brief der letzte sein könnte. Neben solcher Familienkorrespondenz, die einen tieftraurig zurücklässt, finden sich in diesem Band Zeugnisse des Versuchs, anderen Exilant/-innen zu helfen – wie in den von Eva Kissel beschriebenen Empfehlungsschreiben Karl Franks für Carl Zuckmayer –, den Lebensunterhalt zu sichern – wie im Brief Karl Ottens, der an Claud W. Sykes schreibt, nicht wissend, dass dieser als Spion auf ihn angesetzt ist (Martin Kuhn) –, oder an frühere Netzwerke anzuknüpfen – wie aus dem Brief Helga M. Novaks an Johann Lippet hervorgeht (Janet Dilger). Auch vom Schicksal anderer Emigrant/-innen wird berichtet – wie bei Georg Herwegh, der seiner Braut von den Nöten des jungen Karl Marx berichtet (Helmuth Mojem). Es gibt sarkastisch-komische Briefe – wie den von Kurt Tucholsky an seinen Freund Walter Hasenclever (Heike Gfrereis) –, solche, die die Zensoren an der Nase herumführen sollen –, wie den von Fritz J. Raddatz (Christian Tillinger) – und Schreiben, die einen aufatmen lassen – wenn z.B. Hannah Arendt von ihrer glücklichen Ankunft in New York telegrafiert (Bianca Grosser).

Bei manchen Briefen kann nur spekuliert werden, ob sie wirklich aus einer Exilsituation heraus entstanden – wie bei Walter Hasenclevers Zeilen an Beate Scherk-Sulzbach (Jens Tremmel). In anderen werden Biografien umgeschrieben (Anne Hertel über einen Brief Else Lasker-Schülers). Manche Briefe sind von vornherein Fiktion (Katharina Richter über die Briefe in Saša Stanišićs Roman *Wie der Soldat das Grammofon repariert*). Und in wieder anderen geht es gar nicht um einen Menschen im Exil, sondern um ein Buch, das außer Landes geschmuggelt wurde – so bei Pasternaks *Doktor Schiwago* (Christine Münzing).

Dass überproportional viele Beiträge das Exil aus dem nationalsozialistischen Deutschland thematisieren, ist nur folgerichtig: Schließlich ist diese Exilsituation im DLA besonders gut dokumentiert. Doch auch Vertriebene aus anderen Kontexten werden in den Ausstellungen, Veranstaltungen, Publikationen und natürlich den Sammlungen des DLA sichtbar, was sich wiederum in diesem Band niederschlägt. Eröffnet wird er durch Schillers Brief von seiner Flucht aus Württemberg im Jahr 1782 (Sandra Richter) und schließt mit dem 240 Jahre später nicht mehr auf Papier, sondern via Internet übermittelten (offenen) Brief des in Berlin im Exil lebenden Journalisten Can Dündar an den in der Türkei inhaftierten kurdischen Politiker Selahattin Demirtaş (Dîlan C. Çakir) und mit einem Essay der aus der Ukraine geflüchteten Schriftstellerin Natalka Sniadanko. Seit Frühjahr 2022 lebt sie als Writer in Residence im Collegienhaus des DLA in Marbach. Sniadanko hält über Telefon, WhatsApp, Telegram, Signal und andere Social-Media-Kanäle Kontakt zu Verwandten, die nicht wie sie fliehen konnten oder wollten – die Medien sind andere als bei den Familien, die in früheren Exilsituationen auseinandergerissen wurden; die Frequenz ist die gleiche: soweit möglich täglich.

Wie wichtig das Briefeschreiben im Exil ist, hat auch Hermann Kesten betont. 1964 erschien erstmals seine Briefsammlung *Deutsche Literatur im Exil. Briefe europäischer Autoren 1933–1949*. Vera Hildenbrandt geht in ihrem Beitrag darauf ein. Er habe, so Kesten in seinem Vorwort, in jenen Jahren »wohl weit mehr als zehntausend Briefe geschrieben und empfangen«. Hinsichtlich seiner Motivation, eine Auswahl daraus zu veröffentlichen, notiert er:

> Ich weiß nicht, wie weit Menschen, die nie ihr Land zu verlassen gezwungen waren, sich das Leben im Exil vorstellen können, das Leben ohne Geld, ohne Familie, ohne Freunde und Nachbarn, ohne die vertraute Sprache, ohne einen gültigen Paß, ohne einen Ausweis oft, ohne Arbeitserlaubnis, ohne Aufenthaltserlaubnis häufig, ohne ein Land, das bereit wäre, den Exilierten aufzunehmen. Wer begreift diesen rechtlosen Zustand von Individuen, die ihr eigener Staat ächtet, verfolgt, verleumdet, gegen die er zuweilen Mörder über die Grenzen hinausschickt?

Den Brief, der dem vorliegenden Band seinen Titel gibt, hat Inga Wagner gefunden und kommentiert: »[D]ieser Brief ist ein S.O.S.«, eröffnet Jan Lustig sein Schreiben an Manfred George. »Wir sind frei, wir sind den Nazis entwischt – fünf Minuten vor zwölf«, berichtet er im Sommer 1940 nach seiner Ankunft im portugiesischen Figueira da Foz. Eine zweiwöchige Flucht von Paris über Südfrankreich und Spanien nach Portugal liegt hinter ihm. Er wird es weiter in die USA schaffen, dort als Drehbuchautor Fuß fassen und später nach Deutschland zurückkehren. Andere haben keine Möglichkeit zur Flucht, nicht die entsprechenden Kontakte, kein Geld, keine Kraft oder einfach kein Glück – wie die Opfer des rumänischen Diktators Ceauşescu, denen Herta Müller in ihrem Werk ein Denkmal setzt, wie die Angehörigen von Franz Wurm oder Ilse Aichinger, wie Stefan Zweig oder wie Walter Benjamin, dessen Ziel ebenfalls Portugal war, der eine ähnliche Route wie Lustig hatte nehmen wollen, der aber durch geänderte Visabedingungen an der französisch-spanischen Grenze scheiterte und sich im September 1940 das Leben nahm.

Auch heute sterben Menschen, weil sie nicht fliehen können oder nicht fliehen wollen, weil sie Angehörige haben, die sie zurücklassen müssten oder weil sie ihre Heimat schützen oder verändern wollen, wie die Frauen und Männer im Iran, in der Ukraine und vielen anderen Kriegs- und Krisengebieten auf der Welt. Auch heute sterben Menschen auf der Flucht vor Entkräftung oder weil sie auf sinkenden Booten zurückgelassen, an Grenzen ins Niemandsland, in Kälte, Hunger und Tod zurückgestoßen werden. Auch heute schaffen es Menschen, weil sie Beziehungen haben oder Geld oder Glück, weil ihnen Staaten oder ganz ›normale‹ Menschen helfen, sie aufnehmen – manchmal sogar herzlich – und unterstützen. Von vielen Flüchtenden werden wir nie erfahren, was ihr Schicksal war.

Auch wir sind heute in Deutschland Zeugen einer Zeitenwende. Aus der Generation der hier Geborenen, die Faschismus, Verfolgung, Vertreibung und Krieg unmittelbar erfahren hat, leben nur noch wenige; die Erinnerungen schwinden, und das Diktum ›Nie wieder Faschismus‹ scheint an Kraft zu verlieren. Mit dieser Sammlung von Exilbriefen wollen wir nicht nur das Augenmerk auf die Exilant/-innen der Vergangenheit lenken, sondern auch auf die unserer Gegenwart. Zwar hat Adorno Recht: Wer solche Sammlungen zur Hand nimmt, wer solche Briefe liest, ist schon auf deren Seite. Aber vielleicht regt die Lektüre dazu an, die unmittelbare Gegenwart und die eigenen Möglichkeiten nicht aus den Augen zu verlieren.

Ich danke allen Autorinnen und Autoren und denen, die dieses Projekt unterstützt haben – durch das Ausheben von Briefen, durch das Fotografieren der Exponate usw. – sowie den Urheberrechtsinhaber/-innen, die uns gestattet haben, die teilweise noch unbekannten Briefe hier abzudrucken. Außerdem gilt mein Dank Dietmar Jaegle für die redaktionelle Überarbeitung sowie Patrick Graur, der während der Endphase des Projektes ein Praktikum im Archiv absolvierte und engagiert an diesem Buch mitgewirkt hat.

Nikola Herweg, Oktober 2022

Zum Weiterlesen

↘ Deutsche Menschen. Eine Folge von Briefen. Ausgew. und eingel. von Walter Benjamin. Mit einem Nachw. von Theodor W. Adorno. Frankfurt a.M. 1989 [1964].

↘ Deutsche Literatur im Exil. Briefe europäischer Autoren 1933–1949. Hrsg. von Hermann Kesten. Frankfurt a.M. 1973 [1936].

Schiller appelliert an Karl Eugens »erhabene Großmut«

Friedrich Schiller an Karl Eugen,
Mannheim, 24. September 1782
von Sandra Richter (Direktion)

In der Nacht vom 22. zum 23. September 1782 verlässt eine Kutsche die Stadt Stuttgart, darin die Doctores Ritter und Wolf, zwei Koffer, ein Klavier. Die Kutsche passiert die Grenze zur Kurpfalz; niemand hält die Reisenden auf, obwohl sie Flüchtlinge sind. Unter den Akademikernamen verbergen sich der 22-jährige Friedrich Schiller und sein zwei Jahre jüngerer Freund Andreas Streicher, Pianist und Komponist.

Die beiden jungen Männer stehen in einer Tradition gelehrter, schriftkundiger, kunstschaffender Flüchtlinge: von Martin Luther, der 1518 Augsburg Hals über Kopf verließ, wo ihm wegen seiner 95 Thesen gegen den Ablasshandel der Prozess gemacht werden sollte, über Martin Opitz, der vor den spanischen Truppen in die Niederlande floh, bis hin zu den frankophonen Anhängern des protestantischen Glaubens; nach der Revokation des Edikts von Nantes im Jahr 1685, das den Protestanten die wenigen verbliebenen Rechte nahm, zogen sie ins Alte Reich, wo man ihnen Arbeit bot, und trugen unter anderem zur Entstehung einer europäischen Schriftkultur bei. Flüchtende Schriftsteller wie diese beschrieben immer wieder das Gleiche: den Verlust der vertrauten Umgebung, des Publikums, der Geldquellen, des Ruhmes; solche Topoi der Flucht gehörten lange vor Schiller zum literarischen Kanon.

Als Schiller flieht, hat er die Wahl zwischen Skylla und Charybdis. Aufgrund der Uraufführung der *Räuber* auf dem Mannheimer Theater droht ihm die Festungshaft auf dem Hohenasperg; nicht nur, weil er keine Dramen und auch sonst nichts hätte schreiben dürfen, sondern auch, weil die Aufführung des umstrittenen Werkes ein großer Erfolg gewesen war. Kaum im Exil in Mannheim angekommen, wendet er sich an Herzog Karl Eugen von Württemberg, nicht, um eine Schmährede auf ihn zu verfassen, im Gegenteil: Er will mit seinem Landesvater aushandeln, ob und unter welchen Bedingungen er nach Württemberg zurückkehren darf; immerhin hatte der Herzog seine Ausbildung an der Hohen Karlsschule finanziert und strebte nach Höherem, und so erhofft sich Schiller mehr als das kärgliche, von Verboten umstellte Dasein, das ihm im Ausland drohte.

Schiller appelliert an die »erhabene Großmut« des für seine Ausschweifungen und Affären bekannten Herzogs. Im Kern seiner Verhandlungsstrategie steht der Nutzen für den Herzog und sein Land. Dieser, so Schiller, habe sein Talent unzureichend eingeschätzt und nicht gefördert. So hat er ihm nur geringen Sold gezahlt, und Schiller durfte sich als Regimentsarzt weder in Zivilkleidung bewegen noch Zivilisten behandeln. Der Verkehr mit dem ›Ausland‹, wozu jedes Land, jeder Ort außerhalb der württembergischen Grenzen, also auch die Kurpfalz zählte, war ihm untersagt. All das möchte Schiller revidiert wissen. Er will Zivilisten behandeln dürfen und ausreichend Salär erhalten, um sich zivil kleiden zu können, er will schreiben und mit dem Ausland Verbindungen pflegen dürfen, um also im Sinn seiner Studien zu wirken: auf die ›große Welt‹, um die es auch dem Herzog geht. Schiller setzt auf die Eitelkeit des Herzogs. Auf dessen Wunsch, über die Grenzen seines Landes hinaus zu strahlen, ein Musterländle zu entwickeln. Im Gegenzug will Schiller sich, so sein Angebot, als Ergebnis von »Karls Erziehung« herumzeigen lassen: als Krone der herzoglichen Schöpfung.

Trotz der geschickten Rhetorik, der Selbstempfehlung zum höheren Wohl des Herzogs, schlägt das Gesuch fehl. Schiller muss »wie ein Flüchtling umherirren«. Er sollte seine Flucht noch lange bereuen, trotz der Erfolge, die ihm im Ausland zuteilwurden. Am 8. März 1790 schreibt er an seinen Freund Wilhelm von Wolzogen, gleichfalls ein Karlsschüler, der sich im Auftrag desselben Herzogs mehrmals länger in Paris aufhält, um über die revolutionären Ereignisse zu berichten, wozu auch eine Aufführung der *Räuber* zählt, über die sich Wolzogen empört, so tendenziös findet er ihre Aneignung durch die französischen Revolutionäre. Der von seinem Paris-Aufenthalt enttäuschte Wolzogen will den Herzog um seine Entlassung aus seinen Diensten ersuchen. Wider Erwarten rät Schiller dem Freund zu Standhaftigkeit; er soll die missliche Situation aushalten, um nicht ein ähnliches Schicksal wie er selbst zu erleiden.

Für Schiller war die Flucht der ungewollte Weg in eine ungewisse Zukunft. Er nahm sie in Kauf, um überhaupt schreiben zu können, hoffte aber doch auf Anerkennung seiner Leistung durch den Tyrannen, den er in der Folge immer schärfer attackieren sollte. Erst die Nachwelt formte aus Schillers Flucht eine allzu einfach erzählte Heldengeschichte, die auf dem Klischee des Freiheitsdichters beruhte, der sich bloß dem eigenen Genius, der Wahrheit und Schönheit verpflichtet fühlte.

Transkription

An Herzog Karl Eugen.

Mannheim den 24. Sept. 1782. Dienstag.

Durchlauchtigster Herzog
Gnädigster Herzog und Herr,

Das Unglük eines Unterthanen und eines Sohns kann dem gnädigsten Fürsten und Vater niemals gleichgültig seyn. Ich habe einen schröklichen Weeg gefunden, das Herz meines gnädigsten Herrn zu rühren, da mir die natürlichen bei schwerer Ahndung untersagt worden sind. Höchstdieselbe haben mir auf das strengste verboten litterarische Schriften herauszugeben, noch weniger mich mit Ausländern einzulassen. Ich habe gehoft Eurer Herzoglichen Durchlaucht Gründe von Gewicht unterthänigst dagegen vorstellen zu können, und mir daher die gnädigste Erlaubniß ausgebeten, Höchstdenenselben meine unterthänigste Bitte in einem Schreiben vortragen zu dörfen; da mir diese Bitte mit Androhung des Arrests verwaigert ward, meine Lage aber eine gnädigste Milderung dieses Verbots höchst nothwendig machte, so habe ich, von Verzweiflung gedrungen, den izigen Weeg ergriffen, Eure Herzogliche Durchlaucht mit der Stimme eines Unglüklichen um gnädigstes Gehör für meine Vorstellungen anzuflehen, die meinem Fürsten und Vater gewiß nicht gleichgültig sind.

Meine bisherigen Schriften haben mich in den Stand gesezt den Jahrgehalt, den ich von Höchstdero hoher Gnade empfing, jährlich mit 500 fl. zu verstärken welcher ansehnliche Zuschuß für meine Gelehrtenbedürfnisse nothwendig war. Das Verbot, das mir das Herausgeben meiner Arbeiten legte, würde mich in meinen oeconomischen Umständen äuserst zurüksezen, und gänzlich außer Stand sezen mir ferner die Bedürfnisse eines Studierenden zu verschaffen.

Zu gleicher Zeit glaubte ich es meinen Talenten, dem Fürsten der sie wekte und bildete, und der Welt die sie schäzte schuldig zu seyn, eine Laufbahn fortzusezen, auf welcher ich mir Ehre zu erwerben, und die Mühe meines gnädigsten Erziehers in etwas belohnen könnte. Da ich mich bisher als den ersten und einzigen Zögling Eurer Herzoglichen Durchlaucht kannte der die Achtung der großen Welt sich erworben hat, so habe ich mich niemals gefürchtet meine Gaben für diesen Endzwek zu üben, und habe allen Stolz und alle Kraft darauf gerichtet mich hervorzuthun und dasjenige Werk zu werden, das seinen fürstlichen Meister lobte. Ich bitte Euer Herzogliche Durchlaucht in tiefster Unterthänigkeit mir zu befehlen daß ich das beweisen soll.

Ich mußte befürchten gestraft zu werden wenn ich Höchstdenenselben gegen das Verbot meine Anliegenheit in einem Schreiben entdekte. Dieser Gefahr auszuweichen bin ich hieher geflüchtet, fest überzeugt, daß nur die unterthänigste Vorstellung meiner Gründe dazu gehört, das Herz meines Fürsten gegen mich zu mildern. Ich weiß daß ich in der grosen Welt nichts gewinnen kann, daß ich in mein grösestes Unglük stürze; ich habe keine Aussichten mehr wenn Eure Herzogliche Durchlaucht mir die Gnade verwaigern solten, mit der Erlaubniß Schriftsteller seyn zu dörfen, einigemahl mit dem Zuschuß den mir das Schreiben verschaft Reisen zu thun, die mich grose Gelehrte und Welt kennen lernen, und mich civil zu tragen welches mir die Ausübung meiner Medicin mehr erleichtert, zurükzukommen. Diese einzige Hoffnung hält mich noch in meiner schröklichen Lage. Solte sie mir fehlschlagen so wäre ich der ärmste Mensch, der verwiesen vom Herzen seines Fürsten, verbannt von den Seinigen wie ein Flüchtling umherirren muß. Aber die erhabene Großmut meines Fürsten läßt mich das Gegentheil hoffen. Würde sich Karls Gnade herablassen mir jene Punkte zu bewilligen, welcher Unterthan wäre glüklicher als ich, wie brennend solte mein Eifer seyn Karls Erziehung vor der ganzen Welt Ehre zu machen. Ich erwarte die gnädigste Antwort mit zitternder Hoffnung, ungedultig aus einem fremden Lande zu meinem Fürsten zu meinem Vaterland zu eilen, der ich in tiefster Submission und aller Empfindung eines Sohns gegen den zürnenden Vater ersterbe

Eurer Herzoglichen Durchlaucht
unterthänigsttreugehorsamster
Schiller.

Zum Weiterlesen

↘ Schillers Werke. Nationalausgabe. Bd. 23: Schillers Briefe 1772–1785. Hrsg. von Walter Müller-Seidel. Weimar 1956. S. 41f. [vollständiger Brief (s. Transkription), ehemals Preußische Staatsbibliothek Berlin, nach dem Krieg verschollen]. S. 269f. [Entwurf des Schreibens, DLA Marbach (s. Abb.)].

Herwegh fürchtet eine große Jagd gegen die Fremden

Georg Herwegh an Emma Siegmund, Zürich, 30./31. Januar 1843
von Helmuth Mojem (Archiv)

Die Liebe kann uns helfen nicht,
Die Liebe nicht erretten;
Halt' du, o Haß, dein jüngst Gericht,
Brich Du, o Haß, die Ketten!
Und wo es noch Tyrannen gibt,
Die laßt uns keck erfassen;
Wir haben lang genug geliebt,
Und wollen endlich hassen!

Als im Jahr 1842 ein fulminanter Lyrikband publiziert wurde, betitelt *Gedichte eines Lebendigen*, der seinem revolutionären Furor und seinen vitalistischen Impulsen in Versen dieser Art Luft machte und der alsbald mehrfach in hohen Auflagen nachgedruckt werden musste – da waren es Gedichte eines Exilierten, die in einem Schweizer Verlag erschienen und aus dem Ausland auf den deutschen Buchmarkt kamen. Georg Herwegh (1817–1875), ihr Verfasser, der wegen seines ungebärdigen Verhaltens schon vom Tübinger Stift verwiesen worden war, hatte auch sein Vaterland Württemberg verlassen müssen, weil ihm dort ein entwürdigender Militärdienst drohte. Er war bereits eingezogen gewesen, sollte aber aufgrund der Fürsprache einflussreicher Freunde beurlaubt werden, als er wegen Insubordination zu vier Wochen Arrest verurteilt wurde. Kaum danach in den Urlaub entlassen, ereilte ihn erneut der Vorwurf, einem Offizier die schuldige Ehrerbietung verweigert zu haben, worauf er wieder zum Militär und dessen Strafreglement abkommandiert wurde. Um beidem zu entgehen, floh er aus Württemberg und ging ins Ausland, so wie einstens der Regimentsmedikus Schiller. Als die *Gedichte eines Lebendigen* erschienen und ein triumphaler Erfolg wurden, kam Herwegh wieder nach Deutschland zurück, jedoch vermied er wohlweislich, einen Fuß auf württembergisches Gebiet zu setzen. Überall wurde er gefeiert, in Frankfurt und Köln, in Leipzig und Dresden, schließlich auch in Berlin, wo er gar eine Audienz beim preußischen König Friedrich Wilhelm IV. erhielt. Doch während der Monarch sich dadurch als liberaler Herrscher inszenierte, verbot sein Minister eine von Herwegh geplante Zeitschrift, und als der Autor daraufhin öffentlich protestierte, wurde er kurzerhand aus Preußen ausgewiesen.

Hatte sein offizielles Vorsprechen in Berlin Herwegh also lediglich eine zweite oder vielmehr nun doppelte Verbannung eingebracht, so war er in privater Hinsicht erfolgreicher: Er fand dort eine Verlobte, Emma Siegmund (1817–1904), Tochter eines wohlhabenden Kaufmanns und eine der bemerkenswertesten Frauengestalten des 19. Jahrhunderts. Nach Herweghs Ausweisung war sie sofort entschlossen, ihrem Verlobten ins Ausland nachzufolgen. Aus der Phase unmittelbar davor stammen die sogenannten Brautbriefe, in denen Herweghs Situation als gefeierter Dichter, der allerdings zugleich ein staatenloser Ausländer war, prägnant zu Tage tritt. Denn auch in Zürich zeichnete sich seine Ausweisung ab; zudem waren für die Hochzeit zahlreiche bürokratische Formalitäten zu erfüllen, eine Aufgabe, die auch jenseits aller Exilerfahrung beschwerlich genug erscheint. Die steckbriefliche Verfolgung in Württemberg war erst durch ein dreimal wiederholtes Gnadengesuch an den König aus der Welt zu schaffen – und dadurch, dass Herwegh nachträglich seine Universitätsschulden bezahlte und einen Ersatzmann fürs Militär stellte. Er erhielt allerdings nicht etwa die Erlaubnis zur

Rückkehr nach Württemberg, sondern lediglich die Genehmigung zur Auswanderung von dort. In Zürich hatte sich indessen die Lage zugespitzt; gerade als Emma Siegmund dort eintraf, um ihren Verlobten zu heiraten, erfolgte dessen Ausweisung nun auch aus diesem Kanton.

Dass eine solche Situation unter den bedrückenden Verhältnissen der Metternich'schen Restauration keine Ausnahme darstellte, verdeutlicht eine Passage aus einem der Brautbriefe Herweghs, die sich nicht mit der eigenen Lage befasst, sondern mit der eines befreundeten Kollegen:

> Nun haben die Hallunken auch die Rheinische Zeitung todt gemacht. Der Censor (!) selbst war so indignirt, daß er augenblicklich seine Entlassung genommen. Marx, der Redakteur, der dem Blatte Alles geopfert, u. auch noch, nach einem Brief von heute, mit Eclat die Geschichte enden will, scheint in einer peinlichen Lage zu sein. Er schreibt mir, in Deutschland sei kein Bleiben mehr für ihn, da ihm ein Wirkungskreis in Preußen unmögl. geworden; durch einen Familienzwist sei er ohne Mittel, überdiß verlobt mit einem Mädchen, das schon viel, unendlich viel für ihn gelitten u. das er nicht verlassen wolle. Möchte sich an der Redaktion eines Schweizerblatts betheiligen, in die Schweiz kommen. Was soll ich ihm schreiben? Die Schweiz, wenigstens Zürich taugt auch nicht viel, u. ich fürchte, es geht nächstens den deutschen Regierungen zu Gefallen eine große Jagd gegen die Fremden los, denen es nicht gelungen ist, sich einzubürgern. Gottlob! daß ich noch vor Thor-Schluß dazu gekommen; in vierzehn Tagen bin ich Bürger der Republik Baselland und zahle dafür diesen Spartanern 1300 Schweizerfranken.

Die preußischen Behörden, die schon Herweghs Zeitschriftenplan hintertrieben hatten, machten nun auch der Zeitung von Karl Marx den Garaus – sie sollte in den Jahren 1848/49 eine kurzlebige, aber umso glänzendere Wiederauferstehung als *Neue Rheinische Zeitung* erleben. Nun aber entzog ihre Unterdrückung dem Redakteur

Marx alle Existenzmittel; dass sogar der Zensor des Blattes wegen dieses Verbots von seinem Amt zurücktrat, unterstreicht die Härte der Maßnahme. Marx heiratete noch seine Verlobte, Jenny von Westphalen, dann ging auch er ins Exil, nach Paris, wo er erneut publizistisch an den *Deutsch-französischen Jahrbüchern* und am *Vorwärts* arbeitete und engen Umgang mit dem gleichfalls exilierten Heinrich Heine pflegte – bis er durch den Einfluss der preußischen Regierung auch aus Frankreich ausgewiesen wurde und sich nach Brüssel wandte.

Ähnlich gestaltete sich Herweghs Schicksal. Aus Zürich verbannt, erhielt er ungeachtet des noch fehlenden Staatsbürgerrechts im Kanton Aargau die Erlaubnis zur Hochzeit, die denn auch Hals über Kopf gefeiert wurde. Die Festgäste rekrutierten sich aus der deutschen Flüchtlingskolonie in der Schweiz, den Brautführer machte der pikanterweise selbst in Emma Herwegh verliebte russische Anarchist Michail Bakunin (1814–1876) – selbstredend auch er ein Exilant. Bald danach gingen Herwegh und seine Frau nach Paris, wo sie alsbald mit dem Ehepaar Marx zusammentrafen – die französische Hauptstadt war damals im wahrsten Sinne des Wortes ein Fluchtpunkt revolutionärer Geister, für die es nach den Worten des obigen Briefs in Deutschland kein Bleiben mehr gab. Die Gebühr für das Staatsbürgerrecht des Kantons Baselland, das Herwegh schließlich dauerhaft erhielt, betrug im übrigen – von der Anschaffung eines Feuereimers abgesehen – nicht mehr als 600 Schweizer Franken.

Knapp dreißig Jahre davor hatte Adelbert von Chamisso mit seiner Erzählung *Peter Schlemihl* die zeitlose Parabel vom verlorenen Schatten geschrieben. Unter den zahlreichen Deutungen dieses in seinen Auswirkungen so fatalen Verlusts behauptete sich lange Zeit eine, die darin die Aufgabe des Vaterlandes sah – eine Lesart, die biografisch an das Schicksal der aus Frankreich vertriebenen Familie Chamisso anschloss. Ein solcher Schattenloser, ein aus der heimatlichen Gemeinschaft Ausgestoßener wäre demnach auch der Exilant Herwegh gewesen. Indessen erlaubte ihm der Erfolg seiner Gedichte und auch die reiche Mitgift seiner Frau nachfolgend ein wenn auch heimatloses, so doch recht komfortables Leben – anders als vielen anderen Flüchtlingen, denen etwa der Erwerb einer Schweizer Staatsbürgerschaft mangels Kapital nicht möglich war. Der prägnante Schlusssatz von Chamissos Erzählung lautet denn auch: »Du aber, mein Freund, willst Du unter den Menschen leben, so lerne verehren zuvörderst den Schatten, sodann das Geld.« Ob dem Kapital nun Verehrung oder doch eher Hass entgegengebracht wurde, ob man es genoss, entbehrte oder analysierte – beide Exilanten, Georg Herwegh wie Karl Marx, hatten die Erfahrung machen müssen, dass man daran, zumal beim schattenlosen Leben in der Fremde, nicht vorbeikam.

Zum Weiterlesen

↘ Georg Herwegh: Werke und Briefe. Kritische und kommentierte Gesamtausgabe. Hrsg. von Ingrid Pepperle [u.a.]. Bd. 5: Briefe 1832–1845. Bielefeld 2005.

↘ Nicht Magd mit den Knechten. Emma Herwegh, eine biographische Skizze. Bearb. von Michail Krausnick. Marbach a.N. 1998. (Marbacher Magazin 83.)

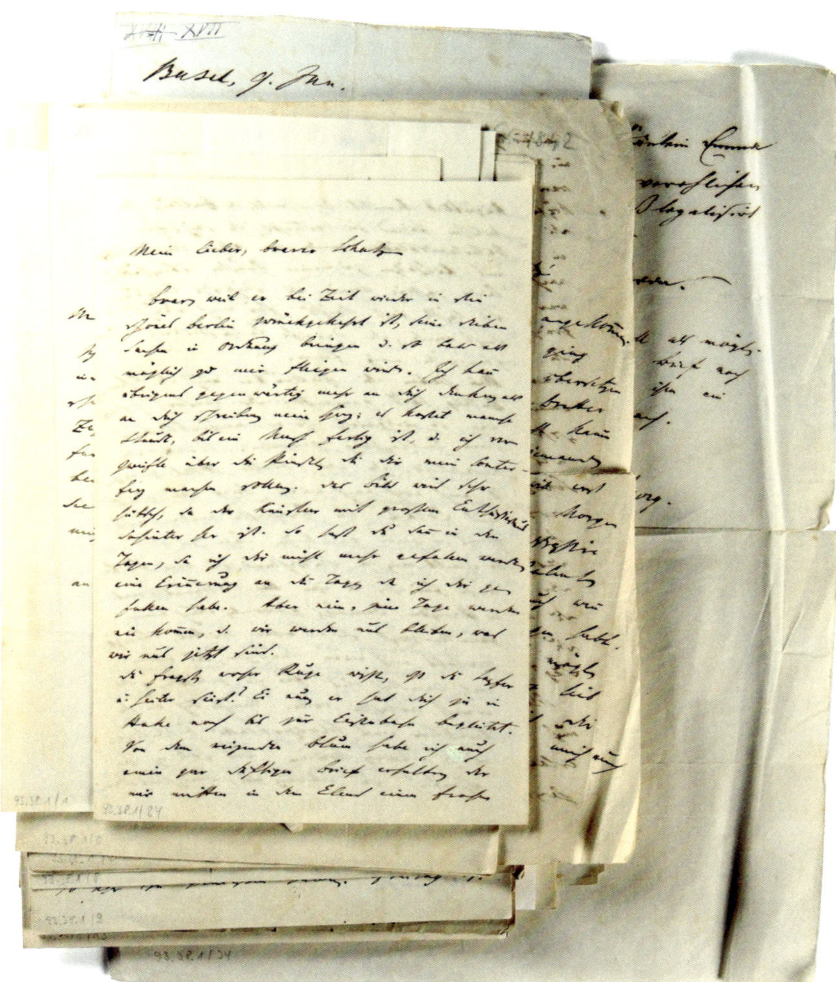

Basel, 9. Jan.

Mein lieber, treuer Schatz

Heine freut sich über »heimische Erholungslectüre«

Heinrich Heine an Michael Schloss, Paris, 12. März 1851 [Abschrift]
von Hanna Tremmel (Kommunikation)

Der Mond, der stieg vom Himmel herab
Und hielt eine Rede auf Deinem Grab;
Die Sterne weinten, die Vögel sangen,
Und in der Ferne die Glocken klangen.

Diese Zeilen schickt Heinrich Heine am 12. März 1851 in einem Brief an Michael Schloss und finalisiert damit sein bis heute bekanntes Gedicht. *Altes Lied* ist eines der vielen Stücke, die Heine aus dem Exil heraus schreibt und mit denen er auch aus der Ferne die deutsche Literatur prägt. Der Text ist wohl zunächst für die Vertonung geplant, denn der Briefwechsel thematisiert die Tauglichkeit der Zeilen für eine Komposition; und Heine spricht von seinem »Lied«, obwohl dies noch nicht als Titel gedacht zu sein scheint, unterbreitet er doch in diesem Brief Vorschläge wie »Der Liebe Leichenbegängniß«. Noch im selben Jahr wird das Stück vom Hoffmann und Campe Verlag im zweiten Buch des *Romanzero* gedruckt. Die Korrespondenz mit dem Musikverleger und Leihbibliotheksbesitzer Michael Schloss scheint für Heine in zweierlei Hinsicht eine wichtige Verbindung zu Deutschland darzustellen: Als Musikverleger vermittelt Schloss Heines

Gedichte an Komponisten und ermöglicht ihm dadurch die Verbreitung seiner Werke im deutschsprachigen Raum. Außerdem sendet er in seiner Rolle als Bibliothekar immer wieder Bücher an Heine, durch die der Schriftsteller auch im Exil in Verbindung mit der Literatur Deutschlands bleibt.

Seine heutige Bedeutung als Dichter, Schriftsteller und Journalist des 19. Jahrhunderts lässt sich auch auf Heines damalige Stellung als Kritiker und Politiker zurückführen. Diese Rollen drängen ihn an eine Grenze, deren Überschreitung ihn schließlich ins Exil zwingt. Seine Frustration in Bezug auf den Antisemitismus und die deutsche Zensur treiben ihn nach Frankreich. Von dort aus schreibt er im April 1832 an Johann Friedrich von Cotta folgende Zeilen: »Ich bitte, Herr Baron, sorgen Sie, daß mir an meinen Artikeln wenig verändert wird, sie kommen ja doch schon censirt aus meinem Kopfe.«

›Wahlheimat‹, so wird Frankreich im Zusammenhang mit Heine immer wieder genannt. Doch trotz der Kritik an den heimischen sozialen und politischen Verhältnissen, die Heine in seinen Werken wiederholt äußert, bleibt Deutschland sein Zuhause. In einem früheren Brief der Korrespondenz mit Michael Schloss bedankt sich Heine, der sich zu diesem Zeitpunkt bereits zwanzig Jahre in Frankreich aufhält, für die Büchersendungen und begründet: »Sie haben nämlich keinen Begriff davon, wie schwer es hier in Paris ist, sich einige heimische Erholungslectüre zu verschaffen, wenn man nicht nachgerade diese Bücher, die einem nach einmaliger Lesung unnütz bleiben, für das doppelte Geld kaufen will, als man in Deutschland dafür zu zahlen hätte.« Heines Verhältnis zu Deutschland wird häufig als ›Hassliebe‹ verstanden, die durch seinen inneren Konflikt zwischen Heimatverbundenheit und Freiheitsdrang gefüttert wird.

Heine ist leidenschaftlicher Reisender. Seine Fahrten hält er in seinen Werken fest, wenn auch nicht kritiklos. Als solcher kehrt er wenige Male auch für kurze Zeit nach Deutschland zurück. Reisen ist für Heine zumeist ein Mittel, sein Heimweh zu stillen, weniger die Folge von Fernweh, das den Tourismus üblicherweise beflügelt. Einen längeren Aufenthalt in Deutschland verwehrt ihm die Angst vor Verhaftung. In dieser Situation entstehen Heines berühmte Zeilen: »Denk ich an Deutschland in der Nacht, / Dann bin ich um den Schlaf gebracht« (*Nachtgedanken*). Nach einem Vierteljahrhundert des Exils stirbt Heinrich Heine im Jahr 1856 fernab seiner Heimat, doch Verse wie sein *Altes Lied* sind in ihr bis heute unvergessen.

Zum Weiterlesen

↘ Heinrich Heine: Romanzero. Gedichte 1853 und 1854. Hrsg. von Bernd Kortländer. Mit einem Nachw. von Jean P. Lefebvre. Stuttgart 1997.
↘ Heinrich Heine: Werke, Briefwechsel, Lebenszeugnisse. Säkularausgabe. Hrsg. von der Klassik-Stiftung Weimar und dem Centre National de la Recherche Scientifique in Paris. Abt. 3. Bd. 21: Briefe 1831–1841. Bearb. von Fritz H. Eisner. Berlin 1970.
↘ Heinrich Heine: Werke, Briefwechsel, Lebenszeugnisse. Säkularausgabe. Hrsg. von der Klassik-Stiftung Weimar und dem Centre National de la Recherche Scientifique in Paris. Abt. 3. Bd. 23: Briefe 1850–1856. Bearb. von Fritz H. Eisner. Berlin 1972.

Paris, 12. März 1851

Geehrter Herr!

Aus Ihrem jüngsten Schreiben ersehe ich, daß Sie die letzte Strophe meines Liedes abgeändert sehen möchten. In der That, es will mich ebenfalls bedünken, als sei dieser Schluß für den Componisten nicht sehr tauglich. Ich schlage Ihnen vor, diese letzte Strophe durch folgende zu ersetzen:

Der Mond, der stieg vom Himmel herab
Und hielt eine Rede auf deinem Grab;
Die Sterne weinten, die Vögel sangen,
Und in der Ferne die Glocken klangen.

Das Lied mögen Sie immerhin anders betiteln. Ich schlage Ihnen vor, ihm die Aufschrift zu geben: Du bist todt, oder: Du bist gestorben, oder auch: Das letzte Leichenbegängniß.

Ich kann mir wohl denken, daß mein drittes Gedicht: Die nächtliche Fahrt Ihnen nicht ganz verständlich sei; ich muß Ihnen aber bemerken, daß eben das Mysteriöse der Charakter und der Hauptreiz dieser Dichtung sein soll.

Ich habe heute zu viel um die Ohren, als daß ich Ihnen weitere Andeutungen geben könnte; vielleicht aber komme ich später darauf zurück, wenn ein Componist mit einer besonderen Sorge mich angehen sollte. Ich mache Sie auf die Hauptsache aufmerksam: drei Personen steigen in den Kahn, und bei ihrer Rückkehr ans Land sind ihrer nur zwei. Schon durch den Reim habe ich diese Hauptsache prägnant hervorzuheben gesucht. Es geht daraus deutlich hervor, daß ein Mord begangen worden, und zwar an der Person, die schweigend geblieben und schließlich das Wehe ausgerufen hat, welches in dem vor.

verletzten Psyche vorkommt.
Ueber die Motive des Mordes erfährt man nichts bestimmtes; nur ahnt man, daß er ein Akt der Schwärmerei: ein Liebender oder ein Moralrigorist oder sonst ein Heiland au petit pied begeht die That aus innerem Drang, nicht aber ganz ohne Zweifel an seiner moralischen Berechtigung — er will die Schönheit retten vor Befleckung, vor der Welt Ver-flächerei; und doch weiß er nicht, ob er nicht etwa eine Narrheit begeht oder im Wahnsinn handelt. Dieser innere Seelenvorgang, der sich bis zum höchsten Ausdruck steigert und ein furchtbares Drama im Dunkeln bildet, kann aber durch Musik am besten wiedergegeben werden.
Nach dem letzten Ausbruche der Angstrufe, wobei ich die bei kabbalistischen Beschwörungen üblichen Gottesnamen anwende, tritt wieder die vollkommenste Ruhe ein, ja eine fast ironische Ruhe der Natur, die von den Qualbissen der Menschenherzen keine Notiz genommen hat, und nach wie vor grünt und blüht.
Ich werde Ihnen dieser Tage Ihre jüngste Büchersendung wieder zurück schicken, und werde bei dieser Gelegenheit die Vorsicht gebrauchen, daß ich auf dem Bücherverzeichnisse, welches ich Ihnen mitschicke, diejenigen Bücher, nach denen mich besonders gelüstet, vorzugsweise mit einem × bezeichne. Sollten Sie nun von diesen bevorzugten Büchern gar keine vorräthig haben, so mögen Sie immerhin mit der Sendung einige Zeit säumen, damit ich sicher sei, daß unter den Büchern, welche ich erhalte wenigstens einige sind, die mir zusagen.
Genehmigen Sie die Versicherung meiner ausgezeichneten Hochachtung

gez.: Heinrich Heine.

Hasenclever ahnt schreckliche Dinge voraus

Walter Hasenclever an Beate Scherk-Sulzbach, Berlin [?], [o.D.]
von Jens Tremmel (Digitalisierungs- und Fotostelle)

Ein schönes Paar, einige hastige Zeilen darunter; nur eines von unzähligen Zeitdokumenten in unseren Magazinen, die einen Bogen zwischen Bild und Text spannen. Die Aufnahme stammt aus dem Jahr 1918, Fotografin ist Anni Eberth. Sie war in Berlin keine Unbekannte. In ihrem Studio porträtierte sie Damen der Aristokratie und elegante Mode-Sternchen, aber auch Filmschauspielerinnen und expressionistische Tänzerinnen. In den 10er- und 20er-Jahren wurden die Bilder aus dem Atelier Eberth in verschiedenen Berliner Magazinen publiziert und für zahlreiche Star-Postkarten verwendet.

Auf diesem Weg haben es vermutlich auch diese beiden jungen Menschen damals vor ihre Kamera geschafft, denn wir sehen hier Walter Hasenclever im Arm der charmanten Theater- und Film-Schauspielerin Beate Scherk. Sie war die Nichte Otto Klemperers, des großen deutschen Dirigenten, der 1933 als »Kulturbolschewist« mit einem Aufführungsverbot belegt wurde und noch im selben Jahr nach Zürich auswanderte. Beate Scherk heiratete 1923 den jüdischen Frankfurter Bankier Herbert Sulzbach. Das Paar emigrierte 1938 nach England, einigen weiteren Familienmitgliedern gelang ebenfalls die Flucht, andere starben in deutschen Vernichtungslagern.

Walter Hasenclever, geboren 1890 in Aachen, war Schriftsteller und Journalist. Schon früh hatte der bekannte Vertreter des Expressionismus immer wieder Reisen nach Frankreich und England unternommen, war 1933 nach der Verbrennung seiner Bücher ins Exil nach Südfrankreich gegangen, lebte zeitweilig in London und Florenz, kam aber vielleicht auch kurz nach Berlin zurück, nur um erneut zu fliehen. Laut einer Gedenktafel in seiner Heimatstadt wurde er erst 1938 als »entarteter« Schriftsteller ausgebürgert. In Italien und Frankreich geriet er immer wieder in die Fänge der Faschisten. Als er 1940 zum dritten Mal interniert wurde, nahm er sich angesichts des Einmarschs der deutschen Nationalsozialisten in Frankreich am 21. Juni das Leben. Er starb an einer Überdosis Veronal, wie fünf Jahre vorher sein Freund Kurt Tucholsky.

Als die Fotografie entstand, war wohl beiden Abgebildeten noch nicht klar, was die Zeit nach dem Ersten Weltkrieg und der jungen Republik für sie bringen würde, doch der kurze Text verrät den düsteren Ausblick auf die Zukunft:

> Liebe Beate!
>
> Ich verlasse diese scheußliche Stadt Berlin, in der Sie als ein anständiger Mensch zurückbleiben. Wer weiß, was jetzt für schreckliche Dinge passieren werden, nachdem Fritzchen bald ein Jahr tot ist. Denken Sie an mich zwischen Diesseits u. »Jenseits«!
>
> Ihr Hasenclever

Vermutlich schrieb Walter Hasenclever diese Zeilen in dem Jahr, in dem das Foto entstand, lange bevor er aus dem nationalsozialistischen Deutschland ins Exil gezwungen wurde, im Dezember 1918, als die Novemberrevolution im vollen Gang war und er von Berlin nach Dresden wechselte. Aber: In dem Brief an Beate Scherk macht Hasenclever eine Anspielung auf sein 1920 veröffentlichtes Bühnenstück *Jenseits*, an dem er – so sein Biograf – erst ab Herbst 1919 arbeitete.

Bezieht sich die Ankündigung, Berlin zu verlassen, also vielleicht doch auf das Jahr 1933, als Hasenclever – der wie Tucholsky die politischen Vorgänge schon lange mit Sorge beobachtete und mit bissigen Kommentaren begleitete – ins Exil nach Nizza ging?

Oder muss man den Brief sogar noch später datieren: Spielt Hasenclever mit dem toten »Fritzchen« vielleicht auf die Figur in Kurt Tucholskys Roman *Schloss Gripsholm* an, der neben vielen anderen Büchern im Mai 1933 von den Nazis verbrannt wurde? Oder ist es ein direkter Verweis auf dessen Autor, mit dem Hasenclever seit den 20er-Jahren befreundet war? Tucholsky starb am 21. Dezember 1935, und so könnte dieser kurze Brief, verfasst auf dem vergilbten Passepartout eines Doppelporträts aus schönerer Zeit, auch Ende 1936 geschrieben worden sein. Aber wird sich Hasenclever wirklich so spät nochmals nach Berlin gewagt haben?

In den 70er-Jahren nahm Edith Hasenclever, die Witwe des Autors, auf der Suche nach Briefen und Manuskripten ihres Mannes Kontakt auf zu Beate Scherk-Sulzbach, die in England geblieben war. Nach einem Bombenangriff im Jahr 1940 auf ihr »Londoner Heim« waren Beate aber nur wenige Stücke von Walter geblieben. In einem Brief an Edith vom 3. Dezember 1975 erinnert sie sich an ihn als »alten Freund, der groß war als Mensch wie als Künstler«. »Für mich«, schließt sie an, »bedeutet der Begriff ›Heimat‹ immer nur der Boden, aus dem Freundschaften wachsen können.«

Zum Weiterlesen

↘ Kurt Tucholsky: Schloss Gripsholm.
Eine Sommergeschichte. Berlin 1931.
↘ Bert Kasties: Walter Hasenclever.
Eine Biographie der deutschen Moderne.
Tübingen 1994.

Liebe Beate!

Ich verlasse diese scheußliche Stadt Berlin, in der Sie als ein anständiger Mensch zurückbleiben. Wer weiß, was jetzt für schreckliche Dinge passieren werden, nachdem Kätzchen bald ein Jahr tot ist. Denken Sie an mich zwischen „Diesseits“ u. „Jenseits“!

Ihr

Hasenclever

Tucholsky hört »Adof« im Radio

Kurt Tucholsky an Walter Hasenclever, Zürich, 4. März 1933
von Heike Gfrereis (Literatur im öffentlichen Raum)

Von 1913 bis 1932 schrieb Kurt Tucholsky unter verschiedenen Namen (Paulus Bünzly, Kaspar Hauser, Theobald Körner, Peter Panter, Theobald Tiger, Ignaz Wrobel) über 1.600 Beiträge für *Die Weltbühne,* das intellektuelle Forum der bürgerlichen Linken in der Weimarer Republik. Im April 1932 veröffentlichte er die letzten Texte dort. Als er elf Monate später, am 4. März 1933 – fünf Wochen nach Hitlers Ernennung zum Reichskanzler, fünf Tage nach dem Brand des Reichstags, einen Tag vor den Reichstagswahlen und drei Tage, bevor die allerletzte Nummer der von der NSDAP inzwischen verbotenen *Weltbühne* erscheinen sollte –, an seinen Freund Walter Hasenclever schreibt, nutzt er allerdings noch das Briefpapier der Wochenzeitung: Die private Korrespondenz löst das Schreiben für Publikum ab.

Allein 32 Briefe an Hasenclever (»Max«) haben sich aus dem Jahr 1933 erhalten, geschrieben in der Schweiz und in Frankreich. In den frühen treibt Tucholsky sein exzessives Spiel mit anspielungsreichen Autorenrollen wie »Horst Preßsack« und »Adolphe«, später unterzeichnet er schlicht mit »Edgar«. Den Brief vom 4. März schickt er als »Ihr alter Mitkolumbus Edgar, formalz Adof. Verfasser broschierter und gebundener Werke. Ehemal. Mitglied der deutschen Republik / aufgehörter Dichter« mit dem Zusatz: »Böse Enttäuschungen werden wir nun an unsern berliner Freunden erleben. Es wird sehr übel werden.« Denn

> nach dem Spiel ›Das dürfen die Leute ja gar nicht!‹ kommt das Spiel: ›Ich weiß gar nicht, was Sie wollen – so schlimm ist es nun auch wieder nicht!‹ Das möchte ich nicht mitspielen, und ich werde es nicht mitspielen. An einer etwa einsetzenden deutschen Emigrationsliteratur sollte man sich unter keinen Umständen beteiligen. Lieber Max, erstens wird es keine große Emigration geben, weil, anders wie damals bei der russischen, 1917, Europa nicht aufnahmefähig für solche Leute ist. Sie verhungern. Zweitens zerfallen sie, wie jede Emigration, und nun noch deutsche, in 676 kleine Grüppchen, die sich untereinander viel mehr bekämpfen werden als etwa alle zusammen Adofn (dem wir das L nun endgültig wegnehmen wollen, wir brauchen es ja für Eckner, Hei Adof!). Drittens sollte man es nicht tun, weil es den Charakter verdirbt, man bekommt Falten um die Mundwinkel und wird, bei allem Respekt, eine leicht komische Figur.

Wenn sich schon die Welt nicht ändern lässt, so lässt sich wenigstens durch das Verschieben der Laute das wahre Gesicht der Menschen enthüllen und unser Bild der Welt durch das Wandern der Buchstaben unterwandern. »[L-] Eckner« ist der von Tucholsky immer wieder aufs Korn genommene Leiter der Friedrichshafener Zeppelin-Werke Hugo Eckener, der 1924 mit einem Luftschiff den Atlantik überquerte, 1929 damit den Globus umrundete und sich 1932 als von den Sozialdemokraten unterstützter Kandidat für die Wahl des Reichspräsidenten aufstellen ließ, dann aber zurückzog, weil der alte Amtsinhaber Paul von Hindenburg doch wieder kandidierte.

Der Rest ist Geschichte und in Tucholskys Brief ein Lautereignis der anderen Art:

> Vorgestern haben wir hier einen Radio installiert und Adof gehört. Lieber Max, das war sehr merkwürdig. Also erst Göring, ein böses, altes blutrünstiges Weib, das kreischte und die Leute richtig zum Mord aufstachelte. Sehr erschreckend und ekelhaft. Dann Göbbeles mit den loichtenden Augen, der zum Vollik sprach, dann Heil und Gebrüll, Kommandos und Musik, riesige Pause, der Führer hat das Wort. Immerhin, da sollte nun also der sprechen, welcher [...] ich ging ein paar Meter vom Apparat weg und ich gestehe, ich hörte mit dem ganzen Körper hin. Und dann geschah etwas sehr Merkwürdiges. Dann war nämlich gar nichts. Die Stimme ist nicht gar so unsympathisch wie man denken sollte – sie riecht nur etwas nach Hosenboden, nach Mann, unappetitlich, aber sonst gehts. Manchmal überbrüllt er sich, dann kotzt er. Aber sonst: nichts, nichts, nichts. Keine Spannung, keine Höhepunkte, er packt mich nicht, ich bin doch schließlich viel zu sehr Artist, um nicht noch selbst in solchem Burschen das Künstlerische zu bewundern, wenn es da wäre. Nichts. Kein Humor, keine Wärme, kein Feuer, nichts. Er sagt auch nichts als die dümmsten Banalitäten, Konklusionen, die gar keine sind – nichts.

Den letzten datierten Brief an Hasenclever schickte Tucholsky am 29. November 1935 aus Schweden, wo er seit 1930 in Hindås bei Göteborg ein Haus gemietet hatte: »Ich habe seit Jahren keine deutsche Zeitung mehr in der Hand gehabt. Das ist keine Metapher, sondern die Wahrheit. Ich lese deutsch nur: die Klassiker, die Romantik und griechische und römische Leute, die durch die Übersetzung ins Französische noch mehr verlieren als im Deutschen.« Am 21. Dezember 1935 starb Tucholsky an einer Überdosis Schlaftabletten, wobei bis heute unklar ist, ob er sich das Leben nehmen wollte oder nicht.

Hasenclever, wie Tucholsky Jahrgang 1890 und wie dieser 1924 Korrespondent in Paris, arbeitete in Schweden im

Herbst 1932 mit diesem zusammen an einem Theaterstück über Christoph Kolumbus. Tucholsky war im April 1931 das letzte Mal in Deutschland, Hasenclever zu Weihnachten 1932. Anfang 1933 verließ er seinen Hauptwohnsitz Paris und zog nach Nizza. Am 21. Juni starb Hasenclever im südfranzösischen Internierungslager Les Milles ebenfalls an einer Überdosis Schlaftabletten. Nach dem Einmarsch deutscher Truppen in Frankreich wollte er den Nazis nicht in die Hände fallen. Tucholskys Briefe an ihn wurden von seiner Ehefrau Edith Schäfer versteckt und so über den Krieg gerettet, Hasenclevers Gegenbriefe sind verloren.

Zum Weiterlesen

↘ Kurt Tucholsky: Ausgewählte Briefe 1913–1935. Hrsg. von Mary Gerold-Tucholsky und Fritz J. Raddatz. Reinbek bei Hamburg 1962.

Blatt zum Brief an vom

Zürich
Florhofgasse 1
[illegible]

Lieber Max,

schönen Dank für Ihre beiden Schriebe vom 28.2. und vom 2.3. Entschuldigen Sie meinen letzthinnigen diktieren, ich war ganz herunter und hatte solche Ohrenschmerzen, daher war er so unpersönlich. Item:

Krankheit geht so, Dank der Nachfrage. Ich mache noch eine Inhalationskur, die besonders billig ist, man muss sehr viel Geduld haben. Nochmals, gehe ich so, schwach und schwer gehandicapt, unter Leute, dann mache ich mir alles kaputt. Lieber abwarten, anderswo wachsen jetzt auch keine goldenen Blümlein. Ich hoffe aber doch sehr, dass wir uns denn doch einmal in Mitteleuropa in die Arme sinken werden. Ich habe nicht genau lesen können, wohin Sie nach Paris gehn. Südfrankreich? Mentone? / Natürlich ist die Schweiz k e i n erfreuliches Land. Die Ostschweizer sind wie die Boches, sehr hochmütig, ekelhaft saturiert, grauslich./

Jetzt muss ich aber vor Rührung einen Absatz machen.

Lieber Max, dass Sie mir da Ihre Hilfe in dieser schweren Zeit anbieten, hat mich auf das tiefste gepackt. Es wird nicht erforderlich sein, dass ich sie annehme - aber dass Sie es überhaupt tun, das werde ich Ihnen nicht vergessen. Händedruck, alter Bursche.

Das Haus in Schweden habe ich noch, ich will auch, wenn auch nur leire hergestellt, zurück und da arbeiten. Weltbühne... da ist die Frau J. in Wien, berät, ob Wien oder Zürich. Hierzu wie zur ganzen Lage:

Ich glaube nach wie vor nicht an extrem blutige Sachen in Deutschland. Es kann aufflackernde /kommunistische Putsche geben, die werden blutig unterdrückt, 80 Tote, und 80 nutzlose Tote. Dann aber Totenstille. Dann setzt etwas viel, viel Schlimmeres ein: nach dem Spiel "Das dürfen die Leute ja gar nicht!" kommt das Spiel: "Ich weiss gar nicht, was Sie wollen - so schlimm ist es nun auch wieder nicht!" Das möchte ich nicht mitspielen, und ich werde es nicht mitspielen.

15. 18312

An einer etwa einsetzenden deutschen Emigrationslitertaur sollte man sich unter keinen Umständen beteiligen. Lieber Max, erstens wird es keine grosse Emigration geben, weil, nicht, wie damals bei der russischen, 1917, Europa aufnahmefähig für solche Leute ist. Sie verhungern. Zweitens zerfallen sie, wie jede Emigration, und nun noch Deutsche, in 676 kleine Grüppchen, die sich untereinander so viel mehr bekämpfen werden als etwa alle zusammen Adofn (dem wir das I nun endgültig wegnehmen wollen, wir brauchen es ja für Eckner, Hei Adof!). Drittens sollte man es nicht tun, weil es den Chakrakter verdirbt, man bekommt Falten um die Mundwinkel und wird, bei allem Respekt, eine leicht komische Figur. Lieber Freund, ich -s ich kann das nicht vergessen, wie damals im Salon der Frau Ménard-Dorian, das ganze durchgefallene Europa da war: der unsägliche Kerenski, Nitti, Karolyi, die Italiener - und alle hatten recht, nur leider eben bloss im Salon. Und da fragte jemand den Nitti: "Qu'est-ce que vous faites à Paris, Monsieur Nitti?" - Und da sagte der, und der Satz ist mir als Lehre eingebrannt: "J'attends." Und wenn er nicht gestorben ist, dann wartet er heute noch. Und das wollen wir nicht mitmachen.

Ich brauche Ihnen nicht zu sagen, lieber Max, dass ich nicht inzwischen die „aufbauwilligen Kräfte im Nationalsocialismus" entdeckt habe. Ich werde nie einen Finger breit abgehn. Aber ich muss nicht meine Kraft und meine Arbeit an eine Sache setzen, die mir nicht einmal in der Negation wert ist, mich nach ihr herumzudrehn. Ich habe dazu kaum noch Beziehungen; es ist möglich, dass ich nichts mehr zu fressen habe, aber dass ich mich mit den Konvùlsionen von Kru-Negern abgeben soll, also ich nicht. Die Leute wollen das ja so, im Grunde. Die letzte Tat des Reichsbanners ist ein Werbemarsch für den Wehrsport gewesen, die SPD versichert heute noch, sie sei doch aber patriotisch und ruhrkämpferisch, fast alle erkennen die von Adof gesetzten Katego-rien an und streiten sich nur um ihre Einordnung, niemand hat den Mut zu sagen: Der Wert eines Menschen hängt nicht von seinem Soldbuch ab. Und damit soll ich mich befassen? Nein, lieber Herr. Mich geht das nichts an, nur eben als Zeichen der Zeit, in der wir ja leben. Aber sonst - ohne mich.

Vorgestern haben wir hier einen Radio installiert und Adof gehört. Lieber Max, das war sehr merkwürdig. Also erst Goe ring, ein böses, altes

Die Weltbühne Blatt zum Brief an vom

15

2.

blutrünstiges Weib, das kreischte und die Leute richtig zum Mord aufstachelte. Sehr erschreckend und ekelhaft. Dann Göbbeles mit den leuchtenden Augen, der zum Volk sprach, dann Heil und Gebrull, Kommandos und Musik, riesige Pause, der Führer hat das Wort. Immerhin, da sollte nun also der sprechen, welcher... ich ging ein paar Meter vom Apparat weg und ich gestehe, ich hörte mit dem ganzen Körper hin. Und dann geschah etwas sehr Merkwürdiges.

Dann war nämlich gar nichts. Die Stimme ist nicht gar so unsympathisch wie man denken sollte - sie riecht nur etwas nach Hosenboden, nach Mann, unappetitlich, aber sonst gehts. Manchmal überbrüllt er sich, dann kotzt er. Aber sonst: nichts. nichts, nichts. Keine Spannung, keine Höhepunkte, er packt mich nicht, ich bin doch schliesslich viel zu sehr Artist, um nicht noch selbst in ~~solhe~~ solchem Burschen das Künstlerische zu bewundern, [wenn es da wäre]. Nichts. Kein Humor, keine Wärme, kein Feuer, - nichts. Er sagt auch nichts als die dümmsten Banalitäten, Konklusionen, ~~di~~ die gar keine sind — nichts.

Ceterum censeo: ich habe damit nichts zu tun.

Marginalie: Ossietzky unbegreiflich. Man hat mir erzählt, dass man ihm seinen Pass nach Tegel gar nicht wiedergegeben habe. Ob das wahr ist, weiss ich nicht - er schreibt ja keine Briefe. Dieser ausgezeichnete Stilist, dieser in der Zivilcourage unübertroffene Mann, hat eine merkwürdig lethargische Art, die ich nicht verstanden habe, und die ihn wohl auch vielen Leuten, die ihn bewundern, entfremdet. Es ist sehr schade um ihn. Denn dieses Opfer ist ja völlig sinnlos. Mir hat das mein Instinkt immer gesagt: Märtyrer ohne Wirkung, das ist etwas sinnloses. Ich glaube keinesfalls, dass sie ihm etwas tun, er ist in der Haft eher sicherer als draussen. Nur bei einem wenn auch missglückenden Attentat auf Adof kann etwas passieren, dann würde die S.A. die Gefängnisse stürmen und von den Wärtern an nichts gehindert werden. Sonst aber kommt er nach zwei, drei Wochen, denke ich, heraus. [Wenn nicht Konzentrationslager gemacht werden!]

Kurz: ich lebe in keinerlei Panik. Und mein Pessimismus setzt genau da ein, wo der der andern aufhört, etwa zu dem Zeitpunkt, da wo das Zentrum mitmacht. "Es wird ihnen die Kanten abschleifen!" sagen die falschen Propheten. An Schmarrn. Dann, erst dann, ist diese neue Herrschaft ganz totensicher fundiert, dann ist gar nichts mehr zu machen. Und wer wird und soll etwas machen? Man kann für eine Majorität kämpfen, die von einer tyrannischen Minorität unterdrückt wird. Man kann aber nicht einem Volk (und die Juden) das Gegenteil von dem predigen, was es in seiner Mehrheit will. Viele sind nur gegen die Methoden Hitlers, nicht gegen den Kern seiner „Lehre". Und wenn es die Opposition nicht von innen her geschafft hat, so werden wir es nie schaffen, wenn in Paris ein paar Käsblätter erscheinen. Ich werde das nicht mitmachen.

Ceterum censeo: Ihr Hindenburgeburtstags-Artikel sollte von den Kanzeln verlesen werden.

Lieber Max, hoffentlich lassen sie Rutchen heraus, er ist so schön dick, und wir wollen ihn noch ins Krematorium tragen, wenn er tot ist, und dann trinken wir mit der Leiche einen Aperitif.

Hallo, lieber Max, das ist ein langer Brief geworden. Nie wieder Korreschpondanx. Kommt noch solche nach Hindås? Ich habe inzwischen nichts bekommen. Mögen Sie-!

Baisez bien, mon cher ami, und lesen Sie auf alle Fälle Voyage au Bout de la Nuit. Es lohnt sich.

In Treue fest

Ihr alter Mitkolumbus

Dyn, Schmalz Adolf.

Verfasser broschierter und gebundener Werke.

Ehemal. Mitglied der deutschen Republik

aufgehörter ~~Dichter~~

Landshoff klagt über reichlich komplizierte Arbeitsverhältnisse

Fritz H. Landshoff (Querido Verlag) an Heinrich Mann, Amsterdam, 2. November 1933

von Anna Kinder (Forschung) und Sandra Richter (Direktion)

Bereits im Herbst 1933, also ein knappes halbes Jahr nach dem Beginn der Bücherverbrennung, legte der in Amsterdam ansässige Em. Querido Verlag sein erstes deutschsprachiges Exil-Programm auf und verschaffte einer Reihe namhafter Autorinnen und Autoren, die auf der Schwarzen Liste der Nationalsozialisten standen, eine neue Publikationsmöglichkeit. Im Herbstprogramm 1933 erschien neben Titeln von Alfred Döblin, Lion Feuchtwanger, Anna Seghers, Ernst Toller, Arnold Zweig und Joseph Roth als einer der ersten Exil-Titel des Verlags Heinrich Manns Essayband *Der Haß*. Heinrich Mann, der bereits wenige Wochen nach der Machtübernahme der Nationalsozialisten Deutschland verlassen hatte und nun in Frankreich lebte, hatte gleich im Juni 1933 einen Vertrag mit dem neugegründeten Verlag geschlossen, der sich zum Ziel gesetzt hatte, in Deutschland verbotenen und verfolgten Autorinnen und Autoren eine Plattform zu bieten.

Leiter des Verlags war der deutsche Verleger Fritz H. Landshoff (1901–1988), der bis 1933 als Partner und Miteigentümer den Gustav Kiepenheuer Verlag zu einer der interessantesten und führenden Stimmen der jungen und linksorientierten Literatur der Weimarer Republik gemacht hatte. Während der Kiepenheuer Verlag, dessen Bücher größtenteils beschlagnahmt und verboten worden waren, bis 1935 liquidiert wurde, hatte Fritz H. Landshoff im April 1933 das Angebot des niederländischen Verlegers Emanuel Querido angenommen, unter dem Namen Em. Querido Verlag eine gemeinsame Aktiengesellschaft zu gründen und einen Verlag für deutschsprachige Exilliteratur aufzubauen und zu leiten. Als Miteigner des neuen Verlags, der zu 50 Prozent ihm selbst, zu 50 Prozent dem holländischen Verlag Em. Querido's Uitgevers-Mij N.V. gehörte, gelang es ihm rasch, seine Kontakte zu nutzen, ehemalige Kiepenheuer-Autorinnen und -Autoren unter Vertrag zu nehmen und innerhalb weniger Monate ein erstes Verlagsprogramm auf die Beine zu stellen. Und auch die von Klaus Mann herausgegebene, politisch-kämpferische Zeitschrift *Die Sammlung. Literarische Monatsschrift* erschien von 1933 bis 1935 bei Querido.

Bis zur Invasion der Nationalsozialisten im Mai 1940 verlegte Landshoff in Amsterdam insgesamt 124 Titel von etwa 50 Autorinnen und Autoren und machte so den Querido Verlag zu einem der erfolgreichsten und produktivsten Exilverlage in Westeuropa. Gemeinsam mit dem neugegründeten Europa-Verlag des Schweizer Verlegers Emil Oprecht und dem ebenfalls in den Niederlanden ansässigen Verlag Allert de Lange avancierte er zur wichtigsten Plattform für deutschsprachige Exilliteratur. Dass es gerade diesen drei Häusern gelang, ein Exilprofil zu etablieren, lag sicherlich auch daran, dass sie finanzielle Rückendeckung hatten – durch bereits bestehende Verlage und liquide Eigentümer. Dass dies notwendig war, um deutschsprachige Literatur nach 1933 im Exil zu veröffentlichen, lässt sich dem hier abgebildeten, kurz nach Erscheinen des ersten Programms verfassten Schreiben Fritz H. Landshoffs an Heinrich Mann vom 2. November 1933 entnehmen. Hinter Landshoffs nüchternem Geschäftston scheinen die prekäre Situation und die Hürden auf, die es zu nehmen galt: »Die Verhältnisse, unter denen wir arbeiten, sind reichlich kompliziert«, stellt der Verleger fest und bündelt damit eine ganze Reihe Herausforderungen.

Mit dem Gang ins Exil und dem damit verbundenen Wegfall Deutschlands als Produktionsstandort verloren Autorinnen und Autoren wie Verlage nicht nur einen großen Teil des bisherigen Publikums; auch die Vertriebs- und Herstellungswege wurden deutlich schwieriger, die Buchherstellung damit teurer. So erklärt auch Landshoff Heinrich Mann den relativ hohen Ladenpreis seines Essaybandes mit dem Hinweis: »Die Bücher müssen also eine ebenso lange wie kostspielige Reise machen, bevor sie z.B. in die ganzen östlich Deutschlands gelegenen Länder kommen.« Hinzu kamen Hürden aus Deutschland, etwa durch die gleichgeschalteten Verlage, die mit Billigexporten von Titeln, die in Deutschland verboten waren, den Exilverlagen zu schaffen machten. Erschwerend wirkte sich sicherlich auch die Entfernung zwischen Verlegerinnen und Verlegern und deren Autorinnen und Autoren aus, die persönliche Treffen oft unmöglich machte, sodass die Gespräche und Geschäfte miteinander auf postalische Verbindungen reduziert waren. Um die Auslieferung zu erleichtern, arbeitete Fritz H. Landshoff an der Professionalisierung seines Netzwerks: Gemeinsam mit Walter Landauer von Allert de Lange und Gottfried Bermann Fischer baute er eine gemeinsame Zentralauslieferung auf und gründete 1938 gemeinsam mit Henry G. Koppell die Alliance Book Corp. (ABC), die den Vertrieb für die drei Verlage auf dem US-Markt sicherstellen sollte.

Dem Erfolg des Verlags setzte die Invasion der deutschen Wehrmacht in die Niederlande im Mai 1940 ein jähes Ende. Landshoff, der sich zu diesem Zeitpunkt gerade in England aufhielt, hatte zunächst die Hoffnung, die Verlagsarbeit über Batavia weiter abwickeln zu können, und es erschienen einige Titel unter dem Imprint Querido Verlag Batavia und der treuhänderischen Obhut Gottfried Bermann Fischers in Stockholm. Mit der Besetzung niederländisch-Indiens zerschlug sich jedoch auch diese Hoffnung, und Landshoff emigrierte 1941 über Mexiko in die USA, wo er gemeinsam mit Bermann Fischer die L.B.

Fischer Publishing Corp. gründete. Sie sollte ausschließlich englischsprachige Publikationen verlegen.

Das Archiv des Querido Verlags wurde am Tag des Einmarsches der Wehrmacht in Holland, so berichtet Fritz H. Landshoff in seinen Erinnerungen, vernichtet; zur Rekonstruktion der Geschichte stehen neben den persönlichen Erinnerungen, die 1991 im Berliner Aufbau Verlag erschienen, die zahlreichen Korrespondenzen zur Verfügung, die sich verstreut in den Nachlässen von Landshoffs Autorinnen und Autoren befinden und die von den Wirren des Exils zeugen – wie etwa der Brief an Heinrich Mann, der dem Autor neben einem Brief seines Neffen Klaus Mann, des Herausgebers der bei Querido verlegten Zeitschrift *Die Sammlung*, als Manuskriptpapier diente. Auf den im Marbacher Teilnachlass erhaltenen Papieren notierte Heinrich Mann einen Entwurf seines im Januar 1934 in der *Sammlung* erschienenen Essays *Das überstandene Jahr*.

Zum Weiterlesen

↘ Fritz H. Landshoff: Amsterdam, Keizersgracht 333. Querido Verlag. Erinnerungen eines Verlegers. Mit Briefen und Dokumenten. Berlin/Weimar 1991.
↘ Hans-Albert Walter: Fritz H. Landshoff und der Querido Verlag 1933–1950. Marbach a.N. 1997. (Marbacher Magazin 78.)

QUERIDO VERLAG · AMSTERDAM

KEIZERSGRACHT 333 · TELEFON 45921

AMSTERDAM, den 2.November 1933

Herrn
Heinrich Mann
chez M.Felix Bertaux
106 rue Brancas
Sèvres (S&O.) France

Sehr verehrter Herr Mann!

Gestern gingen einige Exemplare "Der Hass" an Sie ab. Dieser Tage ist der Versand des Buches in die verschiedenen Länder vorgenommen worden. In etwa 8 Tagen wird das Buch auch in den Pariser Buchhandlungen ausliegen.

Ich möchte Ihnen auch im Namen von Herrn Querido unsere besondere Genugtuung darüber aussprechen, dass dieses Buch als eins der ersten Bücher unseres Verlages erscheint.

Zu der leidigen Preisfrage, die Sie in einem Ihrer letzten Briefe anschnitten, muss ich Ihnen sagen, dass wir trotz grösster Bemühungen keinen billigeren Preis für das Buch ansetzen konnten. Die Verhältnisse, unter denen wir arbeiten, sind reichlich kompliziert. Wir können nur mit einem begrenzten Abnehmerkreis rechnen, der sich jedoch nur auf alle Länder ausser Deutschlands verteilt. Der Transport in diese Länder ist unter Umgehung von Deutschland unsinnig kostspielig und trägt sehr zur Verteuerung der Bücher bei. Sendungen durch Deutschland sind, auch im Transitverkehr, nicht sicher und sind willkürlichen Beschlagnahmen ausgesetzt. Die Bücher müssen also eine ebenso lange wie kostspielige Reise machen, bevor sie z.B. in die ganzen östlichen Deutschlands gelegenen Länder kommen.

Ich hoffe von Ihnen dieser Tage Nachricht zu erhalten, ob ich Sie nächste Woche in Paris antreffe. Ich werde wahrscheinlich am Freitag kommender Woche dort sein.

Mit besten Grüssen
ergebenst
Ihr
Landshoff

Morgen wird die vereinbarte Rate auf Ihr Konto überwiesen

22.2.31

DIE SAMMLUNG

LITERARISCHE MONATSSCHRIFT

unter dem Patronat von André Gide, Aldous Huxley, Heinrich Mann

herausgegeben von Klaus Mann

QUERIDO VERLAG AMSTERDAM · KEIZERSGRACHT 333 · TELEFON 45921 · POSTSCHECKKONTO 222664

AMSTERDAM, DEN

Bern, den 22.11.33.

eben
ein Vor-
wieder
Vielleicht
, oder so,
atz für

Wiese zeigt nur oberflächlich Empathie

Benno von Wiese an Richard Alewyn in Paris, Erlangen, 14. September 1934 von Sarah Gaber (Forschung)

Als Benno von Wiese sich am 22. März 1927 zum ersten Mal brieflich an seinen Studienfreund und Kollegen Richard Alewyn wandte, schrieb er: »Lieber Richard, vielleicht wird unser Briefwechsel, den ich auf unbestimmte Zeit hinaus hiermit zu eröffnen hoffe, einmal historisch werden.« Mit dieser Einschätzung sollte der Germanist recht behalten: Die 134 Dokumente beinhaltende Korrespondenz, die heute im Deutschen Literaturarchiv Marbach verwahrt wird, umspannt die Jahre 1927 bis 1970. Sie ist damit ein Dokument für die zeitgeschichtlichen Wechselfälle von Weimarer Republik, NS-Diktatur, Besatzungszeit und Bonner Republik. Und sie ist zugleich ein Spiegel für die fachgeschichtliche Entwicklung der Germanistik.

Einen besonderen Quellenwert erhält der Briefwechsel in den Jahren nach der Machtergreifung der Nationalsozialisten seit 1933. Hier geben die Schreiben Einblicke in die diametral entgegengesetzten Positionen zweier Philologen auf einem wissenschaftlichen Feld, dessen Autonomie zunehmend durch eine totalitäre Wissenschaftspolitik verdrängt worden ist. Geboren um die Jahrhundertwende, befinden sich sowohl Wiese als auch Alewyn 1933 in der

›Rush Hour‹ ihrer akademischen Karriere. Doch während Wiese die zwölf Jahre Diktatur als Professor für Literaturgeschichte in Erlangen und Münster erlebt, wird die Karriere Alewyns ausgebremst: Legitimiert durch das Unrechts-»Gesetz zur Wiederherstellung des Berufsbeamtentums« wird ihm sein Heidelberger Lehrstuhl entzogen und er ohne Bezüge zwangspensioniert. Seiner Lebensgrundlage in Deutschland beraubt, flieht Alewyn ab Dezember 1933 nach Frankreich, England, Österreich und in die Schweiz. 1939 emigriert er schließlich in die USA. Die erzwungene Mobilität bedrohte den Germanisten nicht nur in seiner persönlichen Existenz, sondern verzögerte auch die weiträumige Anlage seiner vielversprechenden Barockforschung.

Leider haben sich aus den Schlüsseljahren von Alewyns Flucht 1933/34 keine von ihm verfassten Briefe oder deren Durchschriften erhalten. Was sich allerdings erhalten hat, sind die auf diesen Zeitraum datierten 24 Antwortschreiben Wieses. Und diese erweisen sich als Exilbriefe ganz eigener Art: Einerseits erschließen und konservieren sie die Umstände von Alewyns Wissenschaftsexil, andererseits reflektieren sie dieses aus der dezidiert deutschen, ambivalenten Perspektive des ›Daheimgebliebenen‹. Diese doppelte Konstellation zeichnet sich bereits in einem Brief vom 9. Mai 1933 ab, der Alewyn noch in Heidelberg erreicht. Wiese beruhigt seinen Freund darin über die »berufliche Katastrophe«, die dieser heraufziehen sieht – und unterstützt mit hochschulpolitischen und literaturwissenschaftlich-völkischen Aufsätzen gleichzeitig die nationale Identitätsbildung, an welcher Teile der zeitgenössischen Germanistik mitgearbeitet haben. Als sich die Situation im Sommer 1933 für Alewyn schließlich zuspitzt, reagiert Wiese »erschreckt und erschüttert«. Neben das Angebot, dem Freund finanziell auszuhelfen, und der Versicherung, die »riesengrossen Schwierigkeiten, in denen ihr Euch jetzt befinden müsst, so stark mit[zuempfinden]«, schieben sich jedoch auch andere Töne, die die gezeigte Empathie unterlaufen. So heißt es im zitierten Brief vom 27. August 1933 auch:

> Aber was hilft das alles jetzt? Ihr seid ja noch jung genug, um einen neuen Weg zu gehen, und dieser Weg muss eben gefunden werden. Vielleicht kommt dann doch wieder die Zeit, wo Du in Deutschland wieder wirken kannst.

Die Zeitgeschichte drängt die Freundschaft der beiden Wissenschaftler in eine Binnendifferenzierung von Exil vs. NS-Deutschland, der Alewyn und Wiese eine von äußeren Entwicklungen unabhängige, geistige Verbindung entgegensetzen wollen. Diesen Bemühungen zum Trotz legen die Antworten Wieses Zeugnis davon ab, wie die Kommunikation brüchig zu werden beginnt, da die Erfahrungshorizonte inner- und außerhalb Deutschlands aus der Distanz nicht mehr zur Deckung gebracht werden können. Aussagen wie »Meine Erfahrungen in dieser Richtung lassen sich nur mündlich erzählen« im Brief vom 15. September 1933 häufen sich. In einem programmatischen Brief Wieses vom 14. September 1934 münden sie schließlich in der These, dass eine schriftliche Aussprache mit dem Freund ohne Verbindung oder Einblick in den NS-Wissenschaftsbetrieb per se nicht möglich sei. Offenbar konfrontiert mit einem Vortrag zum Thema *Dichtung und Volkstum*, erwidert Wiese:

> Es liesse sich vieles dazu sagen, vor allem aber, dass seitdem ein Jahr vergangen ist und ich in diesem Jahr soviel nervenaufreibende und umwandelnde Dinge erfahren musste, dass ich nicht in der Lage bin, zu meiner Verteidigung hier etwas anzuführen. Die Epoche prägt an uns allen freiwillig oder unfreiwillig, das ist ein höchst schmerzhafter Vorgang, und das Gescheiteste wohl für alle, die im Lande und die nicht im Lande, Zeitproduktion vorläufig zu unterlassen.

Der Totalitarismus in Deutschland wird als die eigentliche Extremsituation erlebt. Und diese setzt eine Art von unmittelbarem Erleben voraus, die dem Vertriebenen freilich von vornherein verbaut ist. Wenngleich der Fall anders gelagert ist und Wiese und Alewyn auf eine langjährige Verbundenheit zurückblicken können, erinnern die zitierten Worte an die Abfuhr, die Gottfried Benn dem exilierten Klaus Mann zukommen ließ, als er in seiner berüchtigten *Antwort an die literarischen Emigranten* schrieb:

> [M]an [kann] über die deutschen Vorgänge nur mit denen sprechen, die sie auch innerhalb Deutschlands selbst erlebten. Nur die, die durch die Spannungen der letzten Monate hindurchgegangen sind, die von Stunde zu Stunde [...] alles dies fortlaufend aus unmittelbarer Nähe miterlebten, Tag und Nacht mit ihm rangen, selbst die, die das alles nicht jubelnd begrüßten, sondern es mehr erlitten, mit diesen allen kann man reden, aber mit den Flüchtlingen [!], die ins Ausland reisten, kann man es nicht.

Mit dieser dezidiert deutschen Perspektive, die Wiese mit Benn teilt, versäumen die Briefe an Alewyn die Möglichkeit eines echten Gesprächs. Sie verlieren ihre Dialogfunktion, verharren im Modus des Schweigens und Verschweigens und brechen 1938 – unter den Bedingungen eines ohnehin gestörten Postverkehrs – vorläufig ab. Wieder aufgenommen wird die Korrespondenz erst in den frühen 50er-Jahren, als Alewyn schon nach Deutschland zurückgekehrt ist und Wiese als deklarierter ›Mitläufer‹ – er selbst bevorzugte die Bezeichnung »Irrläufer« – weitestgehend unbehelligt seinen vormaligen Tätigkeiten nachgehen konnte. Zu diesem Zeitpunkt drehte sich die Korrespondenz der Männer um den universitären Alltag; eine Reflexion über die jüngste fachgeschichtliche Vergangenheit oder die eigene Rolle in dieser wurde ausgespart. In den 60er-Jahren, als die westdeutsche Germanistik einen tiefgreifenden institutionellen Umbruch erfuhr, stellte sich der Remigrant jedoch auf die Seite der kritischen Nachwuchswissenschaftler und rechnete in einem Brief vom 23. Dezember 1964 mit dem alten Freund ab: »Was mich beunruhigt, ist nicht 1933[,] sondern 1964. Ich würde die Vergangenheit gerne begraben sein lassen, wenn die Gegenwart nicht ihre genaue Wiederholung wäre.«

Zum Weiterlesen

↘ Richard Alewyn: Goethe als Alibi? In: Karl Robert Mandelkow (Hrsg.): Goethe im Urteil seiner Kritiker. Dokumente zur Wirkungsgeschichte Goethes in Deutschland. Tl. IV: 1918–1982. München 1984. S. 333–335.
↘ Klaus Dieter Rossade: »Dem Zeitgeist erlegen«. Benno von Wiese und der Nationalsozialismus. Heidelberg 2007.
↘ Gottfried Benn: Antwort an die literarischen Emigranten. In: G.B.: Sämtliche Werke. Stuttgarter Ausgabe in Verbindung mit Ilse Benn. Hrsg. von Gerhard Schuster und Holger Hof. Bd. IV: Prosa 2 [1933–1945]. Stuttgart 1989. S. 24–32.
↘ Benno von Wiese: Ich erzähle mein Leben. Erinnerungen. Frankfurt a.M. 1982.

Erlangen.
Burgberg 33.
14. Sept. 34.

Lieber Richard,
Zu meiner grossen Freude habe ich nach langer Wartezeit heute endlich wieder etwas von Dir gehört. Ich bin zunächst einmal froh, dass Du und Deine Familie eine reiche und schöne Zeit verbringt, die durch das entstehende Hofmannsthalbuch noch eine besonders wichtige Signatur erhält. Du kannst Dir denken, mit welcher unzeitgemässen Spannung ich auf die Schrift warte. Grete Schaeders („Hugo von Hofmannsthal, I. Die Gestalten." (Berlin, Junker u. Dünnhaupt 1933) wirst Du wohl kennen. —
Deine Verstimmung über meine Erfurter Rede wollen wir begraben oder wenigstens nicht schriftlich diskutieren. Es liesse sich vieles dazu sagen, vor allem aber, dass seitdem ein Jahr vergangen ist und ich in diesem Jahr soviel nervenaufreibende und umwandelnde Dinge erfahren musste, dass ich nicht in der Lage bin zu meiner Verteidigung hier etwas anzuführen. Die Epoche prägt an uns allen freiwillig oder unfreiwillig, das ist ein leicht schmerzhafter Vorgang, und das Zweckmässigste wohl für alle, die im Lande und die nicht im Lande, Zeitproduktion vorläufig zu unterlassen und sich den Raum zu bewahren für die Aufgaben, denen unser Leben gehört. — Ich bin heute endlich soweit, dass ich mich ganz meiner eigentlichen Arbeit wieder zugewandt habe, im Sommer in einem stillen, aber intensiv angehörten Kolleg über das 19. Jahrh., von dem

So scheint es auch für sie Zeit zu sein, sich gegenseitig zu erkennen zu geben.

Von Herzen Benno.

Lasker-Schüler bleibt als einzige Speise das Wort

Else Lasker-Schüler an Fritz Strich, Zürich, 18. Dezember 1934 von Anne Hertel (Entwicklung/ Editionen)

Am 18. Dezember 1934 wendet sich Else Lasker-Schüler in einem dreiseitigen Brief an Fritz Strich, der zu dieser Zeit als Professor an der Universität Bern arbeitet. Bereits durch die Begrüßungs- und Verabschiedungsformel wird betont, dass es sich hier eher um ein formales Schreiben als um einen Gedankenaustausch zwischen engen Freunden handelt. Lasker-Schüler wendet sich nach einem Vortrag, der sie beeindruckt hat, ehrfurchtsvoll und sich durch gemeinsame Bekannte legitimierend an Strich. Ihr Brief vermittelt den Eindruck, als wolle die Verfasserin im Sinne einer Captatio benevolentiae den Empfänger darum bitten, den Inhalt freundlich aufzufassen.

Doch treten wir einen Schritt zurück und sehen uns den Brief an: Wenn man das dünne Papier gegen eine Lichtquelle hält, kann man als Wasserzeichen einen Biber erkennen. Auf der Rückseite des zweiten Blatts hat sich Lasker-Schüler mit einer Zeichnung verewigt. Die markanten schwarzen Linien und leuchtenden Farben sind typisch für sie. Der Titel *So kommen die Kolonisten nach Jerusalem* korrespondiert mit den Bildern, über deren Verkauf sie unter anderem im Brief berichtet. Der Brieftext selbst ist mit der Schreibmaschine geschrieben und im Nachhinein handschriftlich überarbeitet worden. Streichungen, inhaltliche Ergänzungen, Kommentare und die erwähnte Zeichnung schmücken und individualisieren den Text. Innere Unruhe und Unsicherheit scheinen sich im Schriftbild niederzuschlagen. Wirken die vielen handschriftlichen Eingriffe einerseits wild und hingeworfen, zeugen sie doch von der intensiven Beschäftigung der Autorin mit dem Brief, der ihr offensichtlich wichtig war.

Auch inhaltlich lenkt Lasker-Schüler das Augenmerk auf die (Hand-)Schrift: »Ihre Schrift ist identisch ganz genau mit Ihnen, und sie war Ihre erste Malerei sicherlich«, schreibt sie an Strich und gibt zu bedenken, dass »auch meine Schrift persönlich ist und mir viele Menschen nachtragen so viel gestolpert zu sein über Baumstümpe und dann ist ihnen wieder ein Elephant begegnet, der sie fast zermalt habe im Vorbeigehen«. Für Lasker-Schüler, die schon 1933 mit einem Publikationsverbot belegt worden war, bleibt die Handschrift als einziges Gut persönlich, ohne von fremder Hand angreifbar zu sein. Auch vor dem Hintergrund ihrer überstürzten Flucht aus Berlin ist dies eine interessante Beobachtung, die die handschriftlichen Elemente in ein besonderes Licht rückt.

Nachdem, so Lasker-Schüler, alle medialen Mittel genutzt worden sind, um sie zu vertreiben – »Ich konnte nicht mehr in Berlin bleiben, da mich Goebbels 3mal angegriffen hatte. Einmal im Radio, einmal in der Zeitung, und dann in einem kleinen Büchlein« –, und sie im Schockzustand und ohne nennenswertes Gepäck die Stadt verlassen hat, kommt sie »schrecklich misshandelt« in der Schweiz an. Eindrücklich schildert sie in diesem und anderen Briefen, wie sie die ersten sechs Nächte unter freiem Himmel am Zürichsee übernachten musste, da keiner ihrer Freunde vor Ort war. Auch wenn dies in der Forschung mitunter in Frage gestellt wird, da sie bereits einen Tag nach ihrer Ankunft aus einem Gasthof eine Postkarte mit ihrer Adresse verschickt hat, zeigt die wiederholte Beschreibung dieser Anfangszeit, wie einschneidend die Exilerfahrung für die mittlerweile über sechzigjährige Lasker-Schüler war. Ist die Natur in der Literatur oft der Sehnsuchtsort, an den sich der Eremit bereitwillig vor der Welt zurückzieht, oder eine malerische Idylle mit Hirten und Schafen, erscheint sie hier bedrohlich. Die wiederholte Beschreibung der Übernachtungen am See ist Zeugnis der traumatischen Exilerfahrung Else Lasker-Schülers. Gewalt, Verfolgung und Angst sind klare Kennzeichen des Exils. Sie finden ebenso Eingang in den Brief wie die auf die ungeplante und überstürzte Flucht folgende Heimatlosigkeit und das damit einhergehende Gefühl von Unbehagen. Verstärkt wird dies durch die Armut, von der Else Lasker-Schüler stark betroffen ist. Zwar verkauft sie ab und an Bilder, wie sie in dem Brief an Fritz Strich mitteilt, doch die Einnahmen reichen nicht aus. Sie ist fortan auf finanzielle Unterstützung ihrer Bekannten angewiesen. Auch dies ist eine Exilerfahrung: der Verlust der Eigenständigkeit, die Abhängigkeit vom Wohlwollen Anderer.

Die Unbeständigkeit ihres Lebens zu diesem Zeitpunkt spiegelt sich in ihrem Brief wieder: Ihr Herzleiden wird bereits auf Seite 1 thematisiert und tritt auf der letzten Seite nochmals in den Vordergrund; sie beginnt mit der Schreibmaschine und einer Entschuldigung dazu, geht aber erst auf der zweiten Seite intensiv auf das Thema Handschrift ein, wechselt wieder zum Vortrag Strichs, teilt ihre Ansichten und Ergänzungen zu religiösen Themen mit, schließt ein Gespräch über ihre Kindheit an und verabschiedet sich schließlich mit einem Absatz, in dem sich eine devote Geste mit einem Verweis auf gemeinsame Bekannte, denen sie die Aufführung von *Die Wupper* verdanke, und der selbstbewussten Schlussformel »Ihre Dichterin Else Lasker-Schüler« vermischen.

Else Lasker-Schüler ermöglicht in diesem Brief einen intimen Einblick in ihr Exil in der Schweiz, das durch stetige Veränderung und finanzielle Abhängigkeit gekennzeichnet war. Die physische und psychische Belastung der vierundsechzigjährigen Frau zieht sich thematisch durch den gesamten Brief, ebenso wie ihr zum Teil überaus höflicher, unterordnender Ton dem Professor gegenüber. Markant in diesem Brief sind die Eckpfeiler des Exils, die Lasker-Schüler beschreibt: Die Gewalt, Verfolgung und Angst, die sie noch in Berlin erleben musste, haben sie ebenso geprägt wie das wiederholte Gefühl der Heimatlosigkeit und der Armut, die sie bis zu ihrem Lebensende begleitet haben. Der Brief zeugt von Verlusten, die die Verfasserin erlitten hat, und dem hohen Stellenwert, den ihre künstlerische Tätigkeit für sie hat, ist diese doch neben der Handschrift eines der höchsten Güter geworden, das es zu schützen lohnt: »Man füllt täuschend die Herzen mit Hunger. Und niemand weiss besser wie ich jetzt, dass es nur eine Speise giebt[:] das Wort!«

Zum Weiterlesen

↘ Else Lasker-Schüler: Werke und Briefe in elf Bänden. Kritische Ausgabe, Berlin 2010.

↘ Jakob Hessing: Else Lasker-Schüler. Biographie einer deutsch-jüdischen Dichterin. Karlsruhe 1985.

18.1?.34. Fraumünsterpost. Postlagernd. Zürich.

Hochverehrender Herr Professor.

Sie verzeihen bitte,da ich mit der Maschine schreibe?Ich hatte die
Freude Ihren grossartigen Vortrag zu hören.Und ich musste es Ihnen
nachher sagen und Sie feiern mit ein paar Worten.Dann tat es mir
leid,Sie nach der Anstrengung gestört zu haben,zumal ich empfand,Sie
waren sehr müde und vielleicht in dem ganz abgespannten Zustand.
Nun ist ja ~~noch dazum~~ mein Herz [wie ich ihn kenne.] nicht in Ordnung und ich könnte
~~nun~~ gar keinen weiteren Vortrag mehr halten-wie hier die beiden
zugesagten und den einen in einer anderen schweizer Stadt an der
Grenze.Es wäre ein 4.Vortrag direkt gefährlich für mich anzunehmen.
Darum tuts mir gar nicht leid,dass es in Bern nicht geht.Ich weiss
ja-hier [geschehen] dieselben Dinge an der Un [illegible]
[illegible]
[illegible]
[Bitte: Pardon!!] [illegible] Ich konnte nicht mehr in Berlin
bleiben,da mich Göbbels 3mal angegriffen hatte.Einmal im Radio,eimal
in der Zeitung und dann in einem kleinen Büchlein,dass auf offener
Strasse verkauft wurde und mich schmähte in teuflischen Lügen.Mein
Wirt sagte,er könne mich länger nicht mehr schützen und überall
lauerten die Nazis auf mich.Auch wurde ich immer gehauen und mit
Steinen geworfen.Noch im Coupe wurde ich ohne auch nur den gering-
sten Grund dazu gegeben zu haben,schrecklich misshandelt.Es passten
[mich dann auf] ~~im~~ Berlin ~~auf mich~~ fremde Stahlhelmer ~~auf~~ und auch denen musste [auf]
ich versprechen abzufahren.Dann kam ich hierher und schlief nachts
6Tage am See,da niemand meiner früheren Bekannte hier waren.Nun beginnt sich mein Dasein äusserlich zu bessern.Ausserdem verkaufe ich
hier ~~öfters oder~~ nun immer 2 Bilder die ich zeichne von Jerusale
Die Colonisten-wie Sie Schabbath [im Monat] -nach Jerusalem kommen; und wieder
dann ein anderes Bild-wie sie müde heimkehren.Das muss man gesehen
haben.Und ich wünsche Ihnen,dass Sie das auch erleben,Herr Professor.
[ganz grossartig und entrückt ...]

Ich bin befreundet mit einer sehr feinen Professorenfamilie in Jerusalem. Darf ich von Ihrem tiefen, religiösen Vortrag schreiben und – ganz aus mir – selbstredend, dass man Sie einladen müsse zu Sprechen? Die Goldgräberstadt! Tel-Aviv – ganz ähnlich wie Peru in der Bauart und im Charakter der Bewegung ist unendlich interessant. Ich war als Kind in Peru und kenne jetzt noch einen Indianer dort, der mir manchmal einen englischen halb indianischen Brief schreibt. Ich habe nocheinmal Ihren Brief gelesen, viele Buchstabenranken verdecken Worte oder ich sah manche nicht genau durchschimmern. Ihre Schrift ist identisch ganz genau mit Ihnen, und sie war Ihre erste Malerei sicherlich. Ihr ganzer Charakter liest man aus der Schrift. Ich schreib darum nicht mehr gern mit der Hand, wissend, dass auch meine Schrift persönlich ist und mir viele Menschen nachtragen so viel gestolpert zu sein über Baumstümpe und dann ist ihnen wieder ein Elephant begegnet, der sie fast zermalt habe im Vorbeigehen. Oder sie seien fast in einen kleinen Waldriver gestürzt. Immer war was anderes. Ich habe den ganzen Abend an den Inhalt Ihres Vortrags denken müssen, Herr Professor. Und wenn ich mirs herausnehmen darf? So möchte ich sagen, dass ich fest glaube, dass wir heute noch im Paradiese leben, im verfinsterten natürlich. Das Licht macht die Welt für mich aus. Und ich fühle alles das, was man Sünde nennt, ist nur Verirrung in der finsteren Welt. Aber wenn ein Mensch sich vertieft, so wird sich ein Licht des Paradieses in ihm entfalten und er findet den breiten Weg durch die Welt. Das fand ich so schön, als Sie sagten, dass man vom Baum der Erkenntniss essen darf, wenn man dadurch erhellt wird. So ähnlich sagten Sie doch? Wenn man dadurch ein tiefes Wissen in die Welt Brigt und die Geschöpfe, ich zähle auch Tiere und Bäume und Steine zu den Geschöpfen. – reich macht. Denn nichts verarmt so sehr wissend und unwissend wie Leere und Langweile. Man füllt täuschend die Herzen mit Hunger. Und niemand weiss besser wie ich jetzt, dass es nur eine Speise giebt das Wort! Aber ob es der Anfang war, darüber weiss ich nicht, ob Sie der so viel gelesen sicher hat und gelehrt, von mir hören wollen. Ich hätte was darum gegeben wenn ich Ihnen erzählen hätte können meine Gesichte, die oft eine Stunde gar dauern und ich vollständig

3

im Wunder des Geschehniss ~~mir~~ überlegen kann das ~~Unbegreifliche~~ Ich musste bevor ich nach Zürich fuhr paar Monate vorher Prof.Dessoi soir allses erzählen.Er untersuchte direkt ganz erregt genau alles und sagte,trotzdem er doch diese ?zurückgenommen habe, er müsse sagen -es stimme.Von Kind an, ich war ein ausgelassen Kind habe nichts von Mystik gehört, wenigstens nicht aufgepasst,fast nur Dummheiten im Kopf,hatte ich unendliche Erscheimungen schwere und sehr ernste.Und meine liebste Mama hatte immer so grosse Sorge um Mich.Ich weiss ich bin sicher dann in grosser Gefahr oder -gerade- behütet von Gott So freute ich mich, als ich las, Profe ssor Strich kommt.Aber die Me Menschen entweichen sich und gehen sich aus dem Wege.Ich will ehr- lich sein,ich wollte damals in Bern vortragen,etwas auch aus Eitel keit, dass mich ein besonderer Mensch hören möchte,ich ihn wiedersehe würde,(traute mich nicht so hinzureisen) aber wir haben uns doch nicht verstanden.Es liegt sicher an mir.Und ich möchte und würde jetzt au auch nicht vortragen, auch aus dem Grunde meines sehr geschwächten H Herzens.So habe ich ganz die Wahrheit gesagt.Auf dem Weg zu ihrem Vortrag bin ich so sehr gefallen, so, dass in ~~eich~~ mir in einem Hutgeschäft schnell die erste beste Mütze aufziehen musste.~~Das Frl~~ die Besitzerin des kleinen Ladens, schloss extra am Sonntag ihren Laden auf.

Ich wollte noch sagen Herr und Frau Prof Otto aus Frankfurt waren in der Schweiz, im Tessin bei Prof.Frobenius. Wollten dann mich besuch chen und wurden wegen Königsberg telegraphisch zurückbeordert.Sie kenn nen sich doch gut.Verzeihen Sie den langen Brief Herr Prof.Aber ich hatte auch das Empfinden, irgend etwas haben Sie gegen mich,und das tät mir sehr leid.Ich weiss, Sie sind drei Brüder,von denen alle Menschen so herrlich sprachen.Und der Heinz der Christengel, er er- schien mir (wirklich als Weihnachtsbaum) war ihr Freund. Ihm verdank ich die Aufführung meiner Wupper im Staatstheater.

Ihre Dichterin Else Lasker-Schüler

In der Sammlung: Klaus Mann! Querido-Verlag

Für Wolfskehl bleibt ein »Trotzdem«

Karl Wolfskehl an Abraham Scholem Yahuda, Florenz, 1. Juni 1935
von Sabine Fischer (Bilder und Objekte)

»Lieber Yahuda, bestürzt vernahm ich von Ihrem mehrfachen Kranksein«, schreibt Karl Wolfskehl (1869–1948), der selbst im »Winter vielfach körperlich gelitten« hatte, Anfang Juni 1935 an einen alten Freund. Bis zur Flucht vor dem Regime der Nationalsozialisten unmittelbar nach dem Reichstagsbrand Ende Februar 1933 hatte Wolfskehl in München gelebt. Jetzt befindet sich der universalgelehrte Dichter und Essayist, der erste und treueste Gefährte Stefan Georges, in Florenz. Sein Adressat Abraham Scholem Yahuda (1877–1951) wiederum lebt, forscht und lehrt als renommierter Orientalist in London.

Auf den Zustand seines Freundes geht Wolfskehl allerdings erst gegen Ende des Briefes ein, nachdem er ihn zuvor noch darum gebeten hat, den holländischen Dichter Albert Verwey zum 70. und Thomas Mann zum 60. zu »bedenken [...] mit einem Wort, das erfreut«. Denn, so der seinerseits Vierundsechzigjährige: »Beide verdienen es im Tiefsten, nach Haltung, Charakter, Einstellung zu den Vorgängen, unter denen wir erzittern.«

Im Zentrum des Briefes steht denn auch nicht Yahudas Gesundheit, sondern Wolfskehls durch eben diese »Vorgänge«, seine durch Vertreibung und Exil grundstürzend in Frage gestellte – bis dahin als selbstverständliches Sowohl-als-auch gelebte – Existenz als Deutscher und Jude und damit sein Selbstverständnis als Dichter:

> Ein deutscher Dichter zu sein ist für den heutigen deutschen Juden wohl die schwerste Prüfung und Erprobung – nach beiden Seiten! [...] Das Äusserliche wäre zu bewältigen oder, wird es stärker als wir, dann mag es uns verschütten, dann waren wir nicht mehr wert. Aber die innere Situation! Ich habe nichts als das deutsche Wort, ich habe es als Forderung wie als Besitz, als Antrieb und Mittel und als die geheimnisvolle Quelle meiner Kraft. Und doch: der Ruf ist in mir laut geworden, die Stimme sprach und sie sprach als deutsches Wort, sie spricht und spricht weiter. Für mich ist dies kein Gegensatz, biologisch wie seelisch durchdringt, ja bedingt sich beides, eins nur im andern wirksam, eins vom andern gewollt, verwirklicht, erhöht. Und trotzdem, Freund, es bleibt ein Trotzdem. Ich will nicht darüber grübeln, aber es besteht. Ist dies Trotzdem ein Fug des Geschicks, ist es eine Bewährung, bedeutet es meine Grenze, ich will nicht drüber grübeln.

Worauf Wolfskehl sich ›mit der Stimme, die sprach und spricht‹ bezieht, ist ein Gedichtzyklus, der nach jahrelangem lyrischen Verstummen seit Sommer 1933 entstanden war und ihm, der nach seiner Flucht ernstlich an Selbstmord dachte, wieder Lebenssinn und -zuversicht geschenkt hatte.

Als schmales Bändchen unter dem Titel *Die Stimme spricht* im jüdischen Schocken Verlag (Berlin 1934) veröffentlicht, stieß dieser rasch in mehrtausendfacher Auflage verkaufte Zyklus auf enorme Resonanz. Tief verwurzelt in der literarischen Tradition des deutschen Bildungsbürgertums, sucht Wolfskehl im Wechselgesang mit dem Gott des Alten Testaments nach seiner (Neu-)Bestimmung als Dichter und seiner Verortung als Jude. Zum Medium des Göttlichen geworden, dem Ruf folgend, stellt Wolfskehl sich nicht nur explizit in die Tradition des Dichterpropheten. Er bekennt sich auch nachdrücklich zu seiner jüdischen Identität. Entsprechend verweist er Yahuda auf genau dasjenige seiner neuen Gedichte, das den Seder, das heißt den Abend vor dem Exodus des jüdischen Volkes aus Ägypten, thematisiert, indem er vom »ewige[n] Schicksal« und vom »undurchdringliche[n] gottgewollte[n] ›Immer wieder‹« schreibt. Denn die erste Strophe seines Gedichts *Am Seder zu sagen* lautet: »Immer wieder, wenn vom Wanderstaube / Müde wir geruht in Anderer Laube, / Riß der Andern Faust uns auf voll Drohn: / Ihr gehört nicht her, macht euch davon! / Immer wieder.«

Karl Wolfskehls Brief vom 1. Juni 1935 unterscheidet sich auffallend von seinen sonstigen Schreiben an Yahuda, in denen anschaulich und lebendig auch reichlich von Privatem und Alltäglichem berichtet wird. Der grundsätzliche, fast schon programmatische Duktus lässt sich jedoch dadurch erklären, dass Yahuda die Absicht hatte, über Wolfskehls »Gedichte zu schreiben«, wie aus Wolfskehls Brief vom 24. Januar 1935 an Yahuda hervorgeht.

Wolfskehl, der vielfältigst mit deutscher Sprache, Geschichte, Landschaft und Kultur verwoben war, »ringt um die Berufung, lauscht auf den Ruf«. Im Exil, das ihn bis nach Neuseeland treibt, wird er ein jüdisch-deutsches Alterswerk von großer lyrischer Intensität und Dichte schaffen.

Die Aufgabe seines jüdischen Freundes Yahuda, der in Jerusalem geboren und deutscher wie arabischer Herkunft war, sieht er dagegen im aktiven Einsatz für die Zukunft des jüdischen als eines geeinten Volkes:

> Immer noch wollte ich, eine Kraft wie die Ihre könne sich noch stärker nach aussen dartun. Sie, die einzige echte Synthese des östlichen Wesens und der westlichen Denk- und Bildungssphäre [...]; Sie, der Davidide, dürften nicht vorbeigehen an der grossen Mission, die Ihre Herkunft ermöglicht, der

schreckliche und doch so schwangere, so heilig-grosse Geschichtsmoment erheischt.

Yahuda hatte seit 1895 Semitistik und Orientalistik in Deutschland studiert, dort auch promoviert und zunächst gelehrt. Seine Freundschaft mit Wolfskehl reicht in die Zeit um 1900, als beide Verbindung zu zionistischen Kreisen hatten. Sowohl für Yahuda wie für Wolfskehl war ein friedlicher Ausgleich zwischen Arabern und Juden von entscheidender Bedeutung. Doch, so Wolfskehl: »Wie das gehen könnte – wüsst ich das, dann geschähs durch mich selbst. Tat und Gedanke müssen sich durchdringen, ja eines sein, wie Gestalt und Idee. Sie wären befähigt, dies zu bewähren: dass Sie ausersehen seien, erwählt, das ist meine Hoffnung, ja mein Flehen seit langer Zeit.«

Karl Wolfskehls Brief an Abraham Scholem Yahuda zeigt nicht die weit und kraftvoll ausschwingende, selbst für Familie und nächste Freunde nur schwer entzifferbare Handschrift des nahezu blinden Dichters. Er hat sich als zweiseitiger, maschinenschriftlicher Durchschlag erhalten – getippt nach Diktat, durch die Jahre des Exils bewahrt und schließlich dem Deutschen Literaturarchiv mit Wolfskehls literarischem Nachlass übergeben von Margot Ruben, die seit Herbst 1934 unerlässliche Mitarbeiterin und treusorgende Gefährtin des Dichters gewesen ist.

Zum Weiterlesen

↘ Karl Wolfskehl: Die Stimme spricht. Berlin 1934. (Bücherei des Schocken Verlags Nr. 17.)
↘ Friedrich Voigt: Karl Wolfskehl. Leben und Werk im Exil. Göttingen 2005.

Dr. Karl Wolfskehl, Florenz
54 via Pindemonte

1. Juni 1935

Lieber Yahuda,

ja, es ist schon wahr: ich habe mich sehr ausgeschwiegen diesen Winter lang. Vielerlei trug dazu bei, das auseinanderlegen zu wollen versuche ich nicht, Sie wissen ja auch, wie sehr Persönliches und Allgemeines heute sich vermischen. Mein Zustand ist sonderbar, ungewiss schon das Nächste. Ich hatte allerlei zu arbeiten, das kam dann ins Stocken, wie ich behaupte, nicht durch meine Schuld, doch ist Aussicht, dass es sich wieder füge. Auch davon spreche ich heut noch nicht, wenn wir uns wiedersehen sollen Sie aber alles erfahren. Auch „Proben" zu sehen bekommen.

Ein deutscher Dichter zu sein ist für den heutigen deutschen Juden wohl die schwerste Prüfüng und Erprobung – nach beiden Seiten! Freilich bin ich der Einzige, den dies Fatum lebendig betrifft. Dass ich hierbei gar nichts Äusserliches im Auge habe, dafür kennen Sie mich. Das Äusserliche wäre zu bewältigen oder, wird es stärker als wir, dann mag es uns verschütten, dann waren wir nicht mehr wert. Aber die innere Situation! Ich habe nichts als das deutsche Wort, ich habe es als Forderung wie als Besitz, als Antrieb und Mittel und als die geheimnisvolle Quelle meiner Kraft. Und doch: der Ruf ist in mir laut geworden, die Stimme sprach und sie sprach als deutsches Wort, sie spricht und spricht weiter. Für mich ist dies kein Gegensatz, biologisch wie seelisch durchdringt, ja bedingt sich beides, eins nur im andern wirksam, eins vom andern gewollt, verwirklicht, erhöht. Und trotzdem, Freund, es bleibt ein Trotzdem. Ich will nicht darüber grübeln, aber es besteht. Ist dies Trotzdem ein Fug des Geschicks, ist es eine Bewährung, bedeutet es meine Grenze, ich will nicht drüber grübeln.

Ich habe Ihnen, glaube ich, einmal erzählt: nach der Familienlegende entstammen wir dem Haus jener Kalonymos die, von Karl dem Grossen aus Lucca nach Mainz verpflanzt, unter den Karolingern, den sächsischen, den salischen Kaisern in Blüte waren, vielfach in nächstem kaiserlichem Dienst, manchmal, so mit OttoII, in persönlichem Freundschaftsbund. Mit den Judenmorden des ersten Kreuzzugs verschwanden sie, ihr Palast in Mainz würde zerstört, sie selber gemeuchelt, versprengt. Was über blieb, kam in die Dörfer der nahen Rheinniederung. Sie wissen: Wolfskehlen ist ein Dorf nächst einer, sogar im Bau noch erhaltenen fürhmittelälterlichen Kaiserdomäne.

Das alles ist natürlich blosse und blasse Überlieferung. Auch sagt sie nur aus, dass wir uns der Landschaft zugehörig, fast einverleibt, also verpflichtet fühlen, in der wir seit Menschengedenken ansitzen und die uns nun auswirft, „ausspeit", wie es in einer Selicha des Haj Gaon heisst. (der, glaub ich, Ihrem eigenen Geschlecht angehört hat?) All das reisst und rüttelt weit mehr, weit tiefer als die Privatmomente, so sehr man auch das ewige Schicksal ehrend, erkennen muss jenes undurchdringliche gottgewollte „Immer wieder", davon mein Gedicht zeugt, das Sedergedicht.

Verstehen Sie jetzt, Freund, dass ich manchmal verstumme, auch Lieben
und Nahen gegenüber, denen sich aufzutun nur Beruhigung wäre, nur
Entlastung sein müsste. In solshen Umständen, bei solchem Riss, mag
er auch das Herz öffnen neuem Keim - der Mensch ist dann allein mit
sich, ringt um die Berufung, lauscht auf den Ruf.

Und zu berichten hat er dann kaum was. Freilich, im lebendigen Wort
ginge alles besser, gelöster, Zwiesprache täte auch mir not. Sie machen
mir ja Aissicht. Wo wollen Sie hin, wenn Sie, nach solch reichem vielfach durchlebten und durchmühtem Winter eine Atempause machen und sich
sammeln für das neue, nun wohl abschliessende Werk? Glauben Sie mir,
alles was Sie mir zugeschickt haben habe ich bewegt, manchmal ergriffwn
an mich genommen. Immer noch wollte ich,eine Kraft wie die Ihre könne
sich noch stärker nach aussen dartun. Siw, die einzige echte Synthese
des östlichen Wesens und der westlichen Denk- und Bildungssphäre, bei
solcher Gewlat des Willens, solcher Einsicht ins menschliche Getriebe,
solcher inbrönstigen Einbezogenheit ins Schicksal Ihres, unseres Ur-
stamms; Sie, der Davidide, dürften nicht vorbeigehen an der grossen
Mission, die Ihre Herkunft ermöglicht, der schreckliche und doch so
schwangere, so heilig-grosse Geschichtsmoment erheischt. Wie das gehen
könnte - wüsst ich das, dann geschähs durch mich selbst. Tat und Gedanke müssen sich durchdringen, ja eines sein, wie Gestalf und Idde.
Sie wären befähigt, dies zu bewähren: dass Sie ausersehen seien, erwählt, das ist meine Hoffnung, ja mein Flehen seit langer Zeit.

Und nun nichts weiter vom Privaten, obwohl manches fast drängt. Nur
zwei Hinweise: Albert Verwey wurde am 15.Mai 70, Thomas Mann wird
am 6.Juni 60 alt. Vielleicht bedenken Sie beide mit einem Wort, das
erfreut. Beide verdienen es im Tiefsten, nach Haltung, Charakter,
Einstellung zu den Vorgängen, unter denen wir erzittern. Verwey hat in
einem neuen, wundersam altersreifen GedichtsBand ein Gedicht „Juden",
das lege ich Ihnen in meiner Übersetzung bei. Im Lande meiner Sprache
ist es heute nicht druckbar, selbst nicht in den jüdischen öffentlichen
Blättern. Aber Ihnen wird es lieb sein, wie dieser frei und schöne und
warme Geist im Einzelnen ewiges Dasein und geschichtliche Weihe heraus-
spürt und formt. Albert Verwey (Professor) wohnt:
Villa Nova, Noordwijk aam Zee.
Die Adresse von Dr.Thomas Mann ist:
-Küssnacht am Zürich-See.

Lieber Yahuda, bestürzt vernahm ich von Ihrem mehrfachen Kranksein,
Sie müssen sich erholen und Ihren Leib wieder ganz in die Gewalt bekommen, wie es Ihre Arbeit verlangt und so Viele es wünschen, vor allem
ich. Auch habe in diesem Winter vielfach körperlich gelitten. Meine
alte Darmschwäche quälte oft, auch ich war mehr als einmal bettlägerich.
Das sind Symptome innerer Vorgänge oder es ist ein Zoll, den man gerne
entrichtet.

Aber genug jetzt. Nun haben Sie allerlei von mir gehört und doch keinen
Bericht erhalten. Vielleicht folgt der einmal. Lassen Sie auch bald
wieder hören von sich, gelt! Ich grüsse Sie sehr von Herzen. Ist
Frau Ethel zurück? Jedenfalls, auch Ihr meine herzlichsten Grüsse!

Immer Ihr

Die Zweigs stehen zwischen Vergangenheit und Zukunft

Arnold und Beatrice Zweig an Gabriele Tergit, Haifa, 24. Juli 1935 von Charlotte Copeman und Joshua Shelly (MWW-Forschungsverbund)

Gleichzeitig zurückblickend auf eine gemeinsame Vergangenheit und doch sehr mit den Realitäten der Gegenwart beschäftigt, ermöglicht dieser Brief den heutigen Leser/-innen einen Einblick in die Schwierigkeiten des Exils. Im Jahr 1935 von Haifa nach Tel Aviv geschickt, ist er Teil eines Briefwechsels zwischen drei Exilant/-innen: dem Schriftsteller Arnold Zweig (1887–1968), der Malerin Beatrice Zweig (1892–1971) und der Journalistin und Schriftstellerin Gabriele Tergit (1894–1982).

Als die Nationalsozialisten 1933 an die Macht kamen und seine Romane im Rahmen der Bücherverbrennungen vernichteten, floh Arnold Zweig mit seiner Familie aus Berlin nach Palästina. Sein bekanntestes Buch, der 1927 erschienene Bestseller *Der Streit um den Sergeanten Grischa*, Teil des Zyklus' *Der große Krieg der weißen Männer*, wirft einen kritischen Blick auf den Ersten Weltkrieg und preußischen Militarismus. Die Erfahrung, die Arnold Zweig selbst als Soldat machte, führte nicht nur zu seinem ausgeprägten Humanismus, der im *Sergeanten Grischa* Ausdruck fand, sondern prägte auch sein Buch *Das ostjüdische Antlitz* (1920), in dem er seine Begegnung mit den sogenannten ›Ostjuden‹ schildert. Bis heute gilt es als ein klassisches Werk des kulturellen Zionismus.

Im gleichen Jahr wie die Zweigs floh Gabriele Tergit über die Tschechoslowakei und landete mit ihrer Familie im palästinensischen Exil. Bis 1933 war sie Gerichtsreporterin des *Berliner Tageblatt* gewesen und wurde unter anderem wegen ihrer kritischen Berichterstattung über einen Prozess gegen Hitler und Goebbels von den Nazis verfolgt. 1931 hatte sie einen Erfolg mit ihrem Debütroman *Käsebier erobert den Kurfürstendamm* erlebt – ein Buch, das die Macht der damals modernen Presse erkundet und im Berlin der späten Weimarer Republik spielt.

Alle drei waren noch keine zwei Jahre in Palästina, als Arnold und Beatrice Zweig den hier abgebildeten Brief an Gabriele Tergit richteten. Das Blatt ist beidseitig beschrieben. Die eine Seite enthält eine getippte, eher formale und professionelle Anfrage von Arnold; auf der anderen Seite eine handschriftliche, herzliche Botschaft von Beatrice. Der Brief ist gleichzeitig nostalgisch und vorwärtsblickend – gefangen, wie die Akteur/-innen selbst, zwischen zwei Realitäten.

Die Malerin Beatrice Zweig schreibt mit kräftigem Strich; die Tinte drückt sich durchs Papier, so dass der Text ihres Mannes kaum zu entziffern ist. Beatrice versichert, sie habe *Käsebier erobert den Kurfürstendamm* »mit sehr grosser Anteilnahme und dem grössten Vergnügen« gelesen. Sie lobt das Buch in den höchsten Tönen: wie gekonnt Tergit die Medienkultur und das künstlerische Berlin zum Leben erweckt, etwas, das Beatrice als »die Ineinander-Wirrung von Bauspekulation, Kunst, Presse, Ruhm, Theater und bürgerlichem Leben« beschreibt.

Es ist ein Berlin, das sie alle drei hinter sich lassen mussten. Hier hatte Beatrice eine künstlerische Ausbildung absolviert und ihre Studien am Bauhaus, dem Vorreiter der deutschen künstlerischen Moderne, abgeschlossen – ein Großteil ihrer Kunstwerke ging verloren, als sie und ihr Mann aus Berlin fliehen mussten. Obwohl sie später in Palästina neue Werke ausstellte, war Beatrice dort zutiefst unglücklich und sehnte sich in ihr altes Leben zurück. Einen Abschnitt von *Käsebier* »habe ich 4 Mal gelesen«, schreibt Beatrice – Bestätigung für Tergits Schreiben wie auch Zeichen ihrer eigenen Sehnsucht nach dieser verlorenen Kultur; und vielleicht auch Spiegelbild des Mangels an deutschsprachigem Lesestoff in Palästina.

Arnold Zweigs Teil des Briefes ist eher pragmatisch. Während sich Beatrice nach der lebendigen Metropole Berlin sehnt, richtet ihr Mann seine Aufmerksamkeit auf die Gegenwart und die Zukunft. Seine Seite des Briefes ist nicht handschriftlich, sondern mit der Schreibmaschine geschrieben. Schon vor 1935 fing Arnold wegen einer Augentuberkulose, die er als Soldat entwickelt hatte, an, seiner Sekretärin Briefe zu diktieren und nur noch selbst zu unterschreiben.

In einem sauber getippten Absatz dankt er Tergit für ihre Hilfe bei der Wiederbeschaffung einiger Exemplare seiner Bücher, die beim Verlag in Tel Aviv waren. Offensichtlich hoffte Arnold, dass sie endlich ins Hebräische übersetzt werden würden. Das Thema ›Übersetzen‹ treibt ihn auch in anderer Hinsicht um. Gleich im ersten Absatz des Briefs erwähnt er seine Rezension eines Buches von Rudolf Olden. Die Veröffentlichung dieser Besprechung in der englischsprachigen *Palestine Post* erscheine ihm allerdings nur sinnvoll, wenn Oldens Buch in einer französischen oder englischen Übersetzung vorliege: »Für die deutsche Originalausgabe kann ich hier leider keine Propaganda machen.«

Hier zeigt sich die Schwierigkeit, mit der viele deutsch-jüdische Autor/-innen in Palästina konfrontiert waren: Nachdem sie wegen ihrer jüdischen Identität ins Exil geflohen waren, wurden sie nun wegen ihrer Verwendung der deutschen Sprache ausgegrenzt. Arnold Zweig erkannte dies und versuchte, sich der Dynamik eines anderen Buchmarktes und einem neuen Lesepublikum anzupassen.

Der Brief offenbart die Ambivalenz des Exils. Einerseits gibt es Verluste von Orten und Freundschaften, nach denen man sich sehnt; anderseits gibt es den Versuch, ein neues Leben aufzubauen. Beatrice Zweig versetzt sich durch *Käsebier* in ihre Heimatstadt und erfährt die nahe Vergangenheit nostalgisch wieder. Arnold Zweig betreibt seine Tätigkeit als Schriftsteller weiter, indem er Bücher rezensiert, mit Tergits Hilfe eine neue Bibliothek aufbaut und versucht, seine Bücher in hebräischen Verlagen erscheinen zu lassen. Für beide spielt Literatur eine wichtige Rolle in dem Versuch, trotz Exils eine Art Kontinuität aufrechtzuerhalten.

Zum Weiterlesen

↘ Gabriele Tergit: Käsebier erobert den Kurfürstendamm. Hrsg. und mit einem Nachw. von Nicole Henneberg. Frankfurt a.M. 2016.
↘ Gabriele Tergit: Etwas Seltenes überhaupt. Erinnerungen. Hrsg. und mit einem Nachw. von Nicole Henneberg. Frankfurt a.M. 2018.
↘ Arnold Zweig: Der Streit um den Sergeanten Grischa. Roman. Berlin 2006.
↘ Arnold Zweig: Das ostjüdische Antlitz. Berlin 1920.
↘ Arnold Zweig: Dialektik der Alpen. Fortschritt und Hemmnis und Emigrationsbericht oder Warum wir nach Palästina gingen. Berlin 1997.

Arnold Zweig
Haifa, Mount Carmel
House Dr. Moses.

24.7.35.

Liebe Frau Tergit,

Wollen Sie das Buch von Olden für uns erwerben und das Geld auf meine Rechnung auslegen? Ich möchte mich inzwischen mit O. in Verbindung setzen und erfahren, ob nicht eine englische oder französische Übersetzung davon veranstaltet wird, damit eine Rezension Sinn hat, die ich in der Palestine Post erscheinen lassen würde. Für die deutsche Originalausgabe kann ich hier leider keine Propaganda machen. Dazu ist das Buch schon zu lange erschienen. Auch bedaure ich sehr, daß sie in einem so ungefälligen Verlag erschienen ist, einem Verlag, dem Herr Peter Mendelssohn als Mitleiter und Teilhaber angehört.

Daß Sie meine Bücher haben, freut mich aufrichtig. Ich werde bald wissen, ob ich selber nach Tel Aviv komme und die Bücher mitnehme, oder ob sie mir jemand mitbringen wird. Jedenfalls danke ich Ihnen herzlich für Ihre erfolgreichen Bemühungen.

Mit besten Grüßen

Ihr Arnold Zweig

Liebe Frau Tergit

während einer kurzen Reise von Arnold habe ich Ihren Käsebier gelesen. Ich muss sagen mit sehr grosser Anteilnahme und dem grössten Vergnügen. Einzelne Handlungen wie Meyer-Paris u. Dr. Kohler mit tiefem menschlichem Interesse, die Durcheinander-Wirrung von Bauspekulation, Kunst, Presse, Ruhm, Theater und bürgerlichem Leben hingegen habe ich 4 mal gelesen, so gut gesehen ist es, gut zusammen gefasst und höchst lebendig. Am Anfang kommt man schwer hinein, den müsste man sehr vereinfachen, kurz erzählen. Miermanns Todesvorbereitung (Grabrede auf das Kind, plus Liebes-Erlebnis-Versagung, plus Existenzverlust) ist sehr schön, dichterisch und richtig. Alles Gute weiter! Vielleicht geht es auch aus der Distanz, manchmal sogar besser! Ich hoffe, Sie bald mal zu sprechen. Ich habe mich sehr mit dem Buch gefreut und dem gemeins. mit Ihnen.

Herzlichste Grüsse an Sie selbst, liebe Frau Tergit sowie Mauricius. Ihre Beatrice Zweig.

Thomas Mann bezieht offen Stellung

Thomas Mann, Offener Brief,
Neue Zürcher Zeitung, 3. Februar 1936
von Andreas Kozlik (Mediendokumentation)

Um Inhalt und Anliegen eines Briefs zu verdeutlichen, gibt es bereits seit der Antike das, was heute Offener Brief genannt wird. Dabei wird das Schreiben nicht nur dem Empfänger zugestellt, sondern zudem der Öffentlichkeit bekannt gemacht, in der Moderne z.B. durch Veröffentlichung des Textes in Zeitungen oder sozialen Medien.

Spätestens seit dem Text *J'accuse*, in dem der französische Schriftsteller Émile Zola seine Stellungnahme zur Dreyfus-Affäre 1898 als Offenen Brief in einer Tageszeitung veröffentlichte und damit einen entscheidenden Debattenbeitrag einbrachte, ist der Offene Brief als Gattung in der Literatur angekommen. Offene Briefe von deutschen Schriftstellerinnen und Schriftstellern haben in Deutschland auch in der aktuellen politischen Debatte um den russischen Angriffskrieg gegen die Ukraine wieder an Bedeutung gewonnen.

Thomas Mann lebte seit der ›Machtergreifung‹ durch die Nationalsozialisten 1933 im Exil in der Schweiz. Verschiedene Gründe hatten ihn die ersten Jahre davon abgehalten, sich öffentlich eindeutig gegen die Nationalsozialisten zu positionieren. Anfang 1936 erschien jedoch der Artikel

Deutsche Literatur im Emigrantenspiegel des Literaturkritikers und Feuilletonredakteurs Eduard Korrodi in der *Neuen Zürcher Zeitung*, in dem abwertend über die im Exil lebenden deutschen Schriftsteller berichtet wurde. Mit antisemitischen Untertönen wurde versucht, eine Unterscheidung zwischen ›deutscher‹ und ›jüdischer‹ Literatur vorzunehmen.

Da in Korrodis Artikel Thomas Mann, dessen Werk nach wie vor in Deutschland erscheinen konnte, dafür als Kronzeuge angeführt wurde, lag eine Erwiderung durch den so instrumentalisierten Thomas Mann, immerhin seit 1929 Träger des Nobelpreises für Literatur, nahe. Begünstigt wurde die Erwiderung durch das intensive Drängen seiner Kinder Erika und Klaus Mann, die ihren Vater schon länger in der Pflicht zur politischen Positionierung sahen.

Wenn sich der Offene Brief Thomas Manns auch zuerst eher wie ein literaturwissenschaftlicher Debattenbeitrag liest und dem Adressaten mit größter Höflichkeit begegnet, enthält er nicht nur eine eindeutige Solidarisierung mit den Exilierten, sondern zudem gegen Ende die eindeutige Botschaft: »daß aus der gegenwärtigen deutschen Herrschaft nichts Gutes kommen kann, für Deutschland nicht und für die Welt nicht«.

Damit hatte sich Thomas Mann nach anfänglichem Zögern klar öffentlich als Gegner des Nationalsozialismus positioniert und konnte in den folgenden Jahren als wichtige Stimme des deutschen Exils wahrgenommen werden. In den ausländischen Zeitungen wurde seine Stellungnahme mit großem Interesse zur Kenntnis genommen.

Im Gegensatz zu den deutschen Intellektuellen, die 2022 in Offenen Briefen die Ukraine angesichts von Terror und Gewalt zu Verhandlungen mit dem Aggressor aufforderten (*Die Welt* sprach am 2. Mai 2022 von einem »Bequemlichkeitspazifismus«), blieb der Offene Brief für Thomas Mann selbst nicht folgenlos. Wenige Monate nach der Publikation in der *Neuen Zürcher Zeitung* wurde ihm und seiner Familie im Dezember 1936 von den Nationalsozialisten die deutsche Staatsbürgerschaft aberkannt.

Zum Weiterlesen

↘ Rolf-Bernhard Essig: Der Offene Brief. Geschichte und Funktion einer publizistischen Form von Isokrates bis Günter Grass. Würzburg 2000.

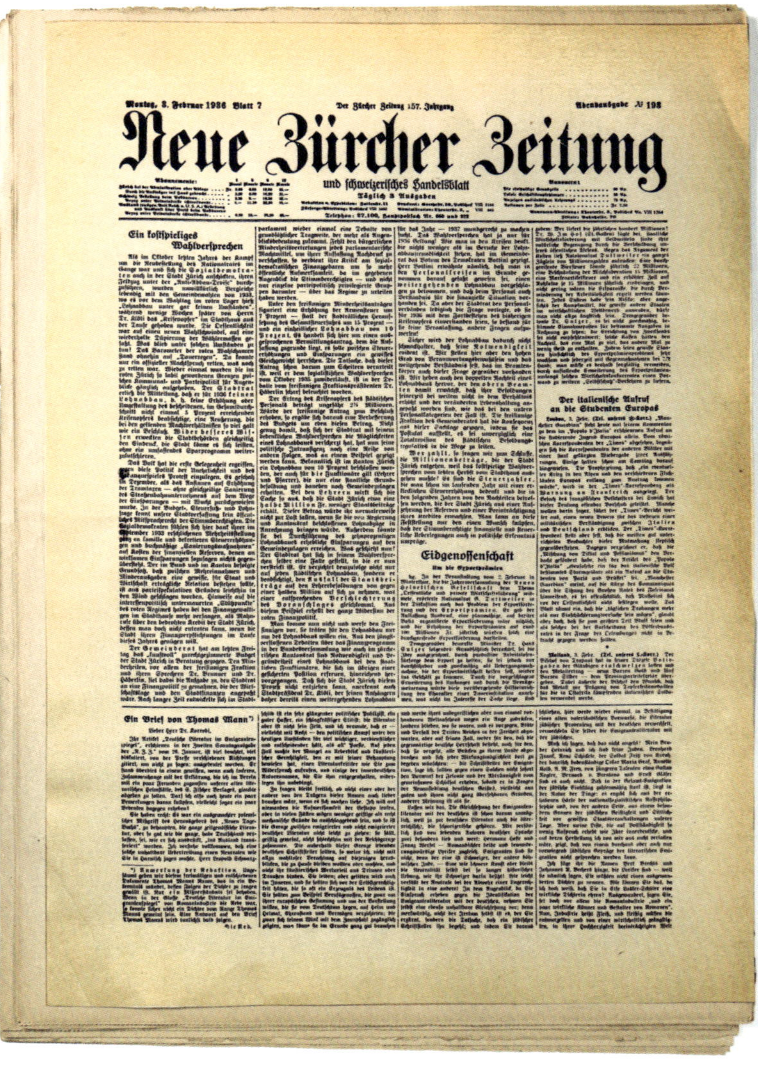

Montag, 3. Februar 1936 Blatt 7 — Der Zürcher Zeitung 157. Jahrgang — Abendausgabe № 198

Neue Zürcher Zeitung

und schweizerisches Handelsblatt

Täglich 3 Ausgaben

Ein kostspieliges Wahlversprechen

Der italienische Aufruf an die Studenten Europas

Eidgenossenschaft

Ein Brief von Thomas Mann

Landau beklagt den Riss durch die Familie

Lola Landau an Armin T. Wegner, Jerusalem, 23. März 1936 und Tel Aviv, 8. Oktober 1937
von Rebecca Sturm (Projekt Theater und Verlage)

Zahlreiche Briefe haben Lola Landau und Armin T. Wegner einander über viele Jahre hinweg geschrieben. Nach Landaus Flucht nach Palästina war die Post der wichtigste und oft einzige Kommunikationsweg des Ehepaars. Die hier abgebildeten Postkarten stehen exemplarisch für die umfangreiche Korrespondenz, die eindrücklich das Einzelschicksal einer Familie dokumentiert, die durch die nationalsozialistische Politik auseinandergerissen wurde.

Die erste der beiden Karten schickte Landau am 23. März 1936 aus Jerusalem, nur einige Wochen nachdem sie mit ihrer gemeinsamen Tochter Sibylle in Palästina angekommen war. Ihre Tochter hatte bereits begonnen, im Kinderdorf von Ben Schemen ihre Schulausbildung fortzusetzen, und war nur auf einem Ausflug in Jerusalem. »Die Wiedersehensfreude war gross«, schrieb Landau, und: »Das Kind sieht Gotseidank sehr gut aus.« Sibylle fügte in ihrer ungeübteren Kinderschrift eine kurze eigene Nachricht an das »geliebte Väterchen« hinzu: »Ich bin in Jerusalem, ben keinen Platz gelassen.« Armin T. Wegner hielt sich zur gleichen Zeit in Berlin auf. Landau hegte noch die Hoffnung, dass sie sich nach einigen schwierigen Jahren gemeinsam in Palästina niederlassen könnten. Allerdings hatten die letzten Jahre bereits zu einer Entfremdung des Dichterehepaars Landau und Wegner geführt. Im Exil fanden sie nicht wieder zueinander.

Zum ersten Mal kam Lola Landau 1929 als Begleiterin Armin T. Wegners nach Palästina. Er war damals mit dem Schreiben eines Reisetagebuchs beauftragt worden. Diese Reise wurde zu einem einschneidenden Erlebnis im Leben von Lola Landau, die selbst aus einer assimilierten jüdischen Familie stammte. In ihrer Autobiografie schrieb sie: »Nicht ich besuchte Palästina, Palästina suchte mich heim. Als ob ich hierher und nirgendwo anders hingehörte. Aus der Verschüttung brach es bei mir hervor, das jüdische Empfinden, das ich vergessen hatte. Ich entdeckte nicht ein fremdes Land, ich entdeckte mich.« Trotzdem fühlte sie sich als Deutsche und durch ihre Ehe mit einem Nichtjuden isoliert. Dieser erste erlebte Zwiespalt in ihrer Identität brach nach der Machtübernahme durch die Nationalsozialisten 1933 auf. In ihrer Autobiografie beschreibt Landau den Boykott jüdischer Geschäfte, Arztpraxen und Anwaltskanzleien durch das NS-Regime am 1. April 1933 als ein einschneidendes Ereignis, mit dem für sie jedes Gefühl von Sicherheit in ihrer deutschen Heimat zerstört wurde. Sie begann für die zionistische Organisation Keren Hajessod zu arbeiten, sammelte Geldspenden, warb Mitglieder an und gelangte zu der Überzeugung, dass die Auswanderung nach Palästina der einzige Weg für sie und ihre Kinder war.

Obwohl er als aktiver Pazifist und ausgesprochener Kritiker der antijüdischen Gesetze selbst Gegner der Nazis war, fiel es Armin T. Wegner schwer, die Sorgen seiner Frau nachzuvollziehen. Im August 1933 wurde er von der Gestapo verhaftet und in verschiedenen KZs festgehalten, verhört und auch gefoltert. Um ihn zumindest von seiner ›Mischehe‹ zu entlasten und seine Freilassung zu erreichen, sprachen die Ehepartner zum ersten Mal über eine mögliche Scheidung. Wegner lehnte ab. Obwohl er Ende des Jahres frei kam, war absehbar, dass die beiden in

Deutschland keine Zukunft mehr hatten. Beide durften in Deutschland nicht mehr publizieren. Landau drängte auf Auswanderung und brachte ihre Söhne aus erster Ehe im Ausland in Sicherheit. Mit ihrer Tochter Sibylle floh sie Anfang 1936 nach Palästina. Wegner reiste ihnen im Mai 1936 zunächst nach. Er klammerte sich noch an die Vorstellung eines anderen, von den Nazis unverdorbenen Deutschlands, das er nicht völlig aufgeben wollte. In Palästina fühlte er sich nicht zuhause, weshalb er bald darauf nach Italien zurückkehrte und sich in Positano niederließ. Nach mehreren gegenseitigen Besuchen stand fest, dass die Ehepartner unterschiedliche Vorstellungen hatten und weder Italien noch Palästina als gemeinsamer Lebensort in Frage kam.

Als sie im Oktober 1937 mit Sibylle von einem Besuch in Positano nach Palästina zurückreiste, schrieb Landau die zweite hier abgebildete Postkarte an Wegner. Ihre Nachricht ist kurz: »Liebster Armin, die Fahrt war herrlich bei ruhigster See; nur bin ich traurig, dass die Familie so auseinandergerissen ist.« Die Scheidung kam bald wieder ins Gespräch. Während ihre Ehe in Deutschland Wegners Existenz bedroht hatte, verhinderte sie nun, dass Landau im Exil ein neues Leben aufbauen konnte; am 30. Juni 1938 schrieb sie an Wegner: »Ich kann nie palästinensische Staatsbürgerin werden, solange ich mit einem Ausländer verheiratet bin. Es sei denn, du wirst auch Palästinenser. Denn die Frau hat die Staatsbürgerschaft des Mannes.« Handschriftlich ergänzte sie: »Oder ich muss mich scheiden lassen.« Nach schweren Jahren führten die äußeren Umstände und die von diesen ausgelöste innere Entfremdung schließlich zu der Entscheidung, die beide zu verhindern gesucht hatten: 1939 ließen Landau und Wegner sich scheiden.

Zum Weiterlesen

↘ Lola Landau: Vor dem Vergessen. Meine drei Leben. Frankfurt a.M. 1987.
↘ Birgitta Hamann: Lola Landau. Leben und Werk. Ein Beispiel deutsch-jüdischer Literatur des 20. Jahrhunderts in Deutschland und Palästina / Israel. Berlin 2000.

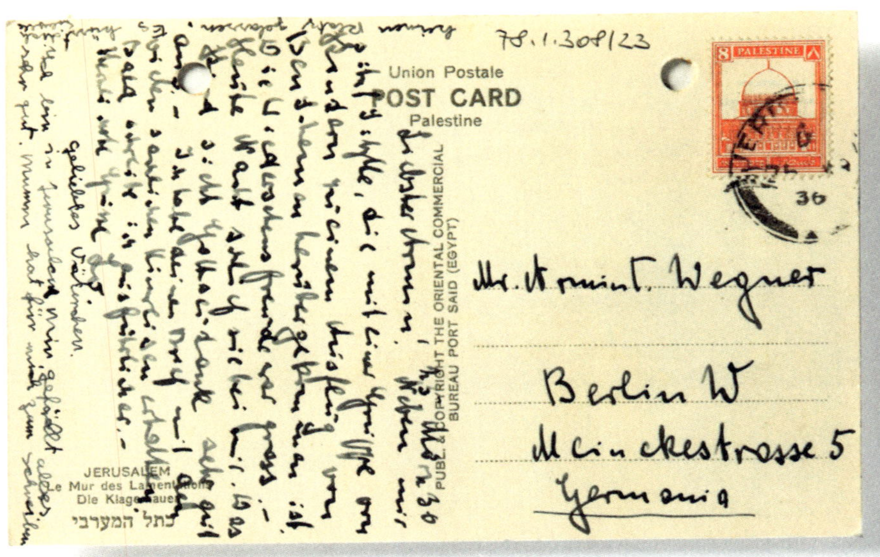
78.1.308/23
Union Postale
POST CARD
Palestine
PUBL. & COPYRIGHT THE ORIENTAL COMMERCIAL
BUREAU PORT SAID (EGYPT)
JERUSALEM
Le Mur des Lamentations
Die Klagemauer
כתל המערבי
PALESTINE
Mr. Armin T. Wegner
Berlin W
Meinckestrasse 5
Germania

ADRIATICA
VENEZIA
BY AIR MAIL
PAR AVION
BARABINO & GRAEVE - GENOVA - 1937
P.fo "ESPERIA"
PRINTED IN ITALY

Cerf investiert keinen Penny in Nazi-Deutschland

Bennett Cerf an Harry Graf Kessler, New York, 4. August 1936
von Mirko Nottscheid (Bilder und Objekte)

Im Sommer 1936 bereiste der amerikanische Verleger Bennett Cerf Europa. In Paris logierte er bei seinem Landsmann, dem Bildhauer Jo Davidson, in Genf traf er die Autorin Gertrude Stein mit ihrer Lebensgefährtin Alice B. Toklas. Noch im selben Jahr erschien Steins avantgardistische Prosasammlung *The Geographical History of America or the Relation of Human Nature to the Human Mind* in Cerfs New Yorker Verlag Random House.

Um Deutschland machte Cerf, der aus einer säkularisierten jüdischen Familie stammte, einen Bogen, doch traf er in Paris auch mit Vertretern des deutschen Exils zusammen. Für den 23. Juni 1936 ist eine Begegnung mit Harry Graf Kessler in dessen Tagebuch belegt: »Besprechung mit Bennett Cerf über Absatz der Cranach Bücher in Amerika beim Bildhauer Jo Davidson. Cerf sagt, in Amerika seien Bücher die mehr kosteten als 5 Dollar heute schwer abzusetzen. Jedoch Abkommen mit ihm über 5 Dollar Bücher, wobei er 20 % des Preises sofort bezahlt.« Random House hatte bereits in den 20er-Jahren den amerikanischen Vertrieb kostbarer Drucke aus Kesslers bibliophiler Weimarer Cranach-Presse besorgt. Damals hatten aufwendig hergestellte Buchkunstwerke wie der von Edward Gordon Craig illustrierte *Hamlet* (1929/30) auch in den USA Höchstpreise erzielt.

Als Kessler sich im Frühjahr 1936 an Cerf wandte und eine Erneuerung ihrer geschäftlichen Beziehungen anregte, hatten sich deren Voraussetzungen grundlegend gewandelt. Schon 1930 hatte Kessler den finanziell verlustreichen Betrieb seiner Presse einstellen müssen. Hoch verschuldet lebte er seit der ›Machtergreifung‹ der Nationalsozialisten im Exil, zunächst auf Mallorca, später in Pontanevaux, einem kleinen Ort in Südfrankreich. Dort logierte der frühere Diplomat, Kunstmäzen und Homme de lettres in einer Pension, die seiner Schwester, der Marquise Wilma de Brion, gehörte, und führte ein zurückgezogenes, durch kurze Besuche in Paris oder Lyon unterbrochenes Leben. Nach wie vor war Kessler, der sich nach dem Weltkrieg zum überzeugten Demokraten entwickelt hatte, in seinen Tagebüchern ein scharfer Beobachter politischer Entwicklungen. In der trügerischen Hoffnung, bald nach Deutschland zurückkehren zu können, mied er jedoch die Kreise und Debatten des politischen Exils. Trotz dieser Zurückhaltung wurden Kesslers unvollendete *Erinnerungen eines Europäers* – der erste Band hatte 1935 noch bei S. Fischer in Berlin erscheinen können – bald darauf in Deutschland verboten. Mit der Wiederbelebung der Cranach-Presse unternahm Kessler 1936/37 einen letzten Versuch, an seine frühere einflussreiche Position im Kulturbetrieb anzuknüpfen.

In New York war die kleine Firma Random House, die Cerf 1927 mit seinem Partner Donald Klopfer gegründet hatte, dabei, sich zu einem der führenden amerikanischen Verlagshäuser zu entwickeln. Ihren entschiedenen Einsatz für die Moderne stellten die Verleger unter Beweis, als sie 1933 in den USA gerichtlich die Veröffentlichung von James Joyce' Roman *Ulysses* durchsetzten, der als ›obszön‹ galt. Inzwischen repräsentierte Random House literarische Größen wie Tania Blixen, William Faulkner, John O'Hara, Sinclair Lewis, Eugene O'Neill und Gertrude Stein. In der

Buchreihe ›Modern Library‹, aus der Random House hervorgegangen war, erschienen preiswerte Ausgaben angloamerikanischer Klassiker, aber auch Übersetzungen der Hauptwerke von Marcel Proust und Thomas Mann.

Vor diesem Hintergrund unterstrich Cerf mit seinem Brief vom 4. August 1936, der die in Paris besprochenen Abmachungen bestätigt, die Loyalität des Verlags gegenüber einem alten Geschäftsfreund, stellte aber zugleich Bedingungen, die jegliche Beziehung des Unternehmens zum nationalsozialistischen Deutschland ausschlossen. Cerf ließ Kessler wissen, dass er gern wieder mit ihm arbeite, aber einem Produkt ›Made in Germany‹ kaum Chancen einräume. Noch wichtiger war ihm indes, unmissverständlich klar zu machen, dass Random House keine Bindung eingehen würde, »that means sending a single penny into Germany while the Hitler regime is in the saddle there«.

Kesslers Haltung und Motivation in dieser Angelegenheit sind nicht ganz klar. Vermutlich hatte er selbst Cerf in Paris erzählt, dass er bei der Neugründung der Cranach-Presse auch auf Investoren aus Deutschland hoffe. Aus seinem Tagebuch geht hervor, dass er bereits seit Monaten in Verhandlungen mit verschiedenen Interessenten stand, die sich Devisengewinne aus den von Kessler prognostizierten amerikanischen Verkäufen der Cranach-Drucke versprachen.

In einem Brief vom 19. August beeilte Kessler sich, Cerfs Bedenken auszuräumen: »To begin with, the press is not my property, but my sister, the Marquise de BRION's who is a french woman and has lived and been domiciliated all her life in France. Secondly, I left Germany in march 1933 and have not lived or been in Germany since.« Entsprechend sei es für ihn viel naheliegender, seine Cranach-Presse in einem anderen europäischen Land neu zu etablieren. Kesslers abschließende Frage, ob Cerf und seine Partner den Vertrieb übernähmen, »if the books were not ›Made in Germany‹, but in Holland, Switzerland or France«, ließ freilich den heiklen Aspekt der Finanzierung ebenso unberücksichtigt, wie er eine deutlichere politische Positionierung auch hier vermied.

Zu einer weiteren Auslotung dieser Standpunkte in der Praxis ist es nicht mehr gekommen, da alle Versuche Kesslers, seinen Verlag wiederzubeleben, im Sande verliefen. Im Dezember 1937 starb er in einem Hospital in Lyon an einem Herzleiden.

Die Positionen, die Bennett Cerfs Brief an Kessler zum Ausdruck bringt, sind in ihrer Klarheit bemerkenswert. Nicht nur, weil Deutschland sich zu jener Zeit – im Olympiajahr 1936 – propagandistisch besonders um außenpolitische Konzilianz bemühte, sondern auch, weil sie weniger einem festen politischen Standpunkt als einer moralischen Grundhaltung entsprangen. Als weitblickender Verleger wie als selbstbewusster amerikanischer Jude, der über ausgezeichnete Kontakte nach Europa verfügte, gab sich Cerf, anders als Kessler, offenbar keinen Illusionen über die Entwicklungen in Deutschland hin.

Zum Weiterlesen

↘ Harry Graf Kessler: Das Tagebuch 1880–1937. Hrsg. von Roland S. Kamzelak und Ulrich Ott. Bd. 9: 1926–1937. Hrsg. von Sabine Gruber, unter Mitarb. von Christoph Hilse und Nadin Weiss. Stuttgart 2010.
↘ Bennett Cerf: At Random. The Reminiscences of Bennett Cerf. With a new introduction by Christopher Cerf. New York 2002 [1977].

★ THE MODERN LIBRARY

★ SMITH & HAAS BOOKS

★ RANDOM HOUSE BOOKS

★ THE NONESUCH PRESS

RANDOM HOUSE, INC.

20 EAST 57 STREET · NEW YORK

BENNETT A. CERF, *President* ROBERT K. HAAS, *Vice-President* DONALD S. KLOPFER, *Treasurer* HARRISON SMITH, *Secretary*

August 4, 1936.

Count Harry Kessler,
Pontanevaux (Saone & Loire),
France.

Dear Count Kessler:

I have just left a very stormy editorial meeting on the subject of the books that we discussed together in Paris, and I am sorry to have to tell you that the feelings of all of my partners are so violent on the subject of anything made in Germany today, that we simply cannot do business with you while existing conditions prevail. You will understand, of course, that what I say applies in no way to yourself personally, nor is there any question about the terms that we agreed upon. All of my partners accepted my word for it that the books would be fine value at $5.00, and that the terms that we had worked out would allow both you and ourselves to operate at some profit. They simply will not hear of any arrangement, however, that means sending a single penny into Germany while the Hitler regime is in the saddle there.

You will remember that I told you in Paris that the mere legend "printed in Germany" would hurt the sale of any book at the present time. This feeling I find intensified upon my return here rather than diminished. I must say that I find myself sharing that feeling more and more.

In the remote event that any political upset takes place in Germany within the more or less immediate future, I hope that we can reopen these negotiations. Nothing would please me more than to work with you again when we are not oppressed by the feeling that every penny we are contributing to a scheme is helping a regime that is so completely antagonistic to all the principles and ideals in this world that we hold most dear.

Cordially yours,

Bennett A. Cerf
RANDOM HOUSE, INC.

bac;pk

Benjamin baut eine Arche gegen die Sintflut des Faschismus

Walter Benjamin: Widmungen an Siegfried Kracauer, 1928 und ca. 1936 von Lorenz Wesemann (Bibliothek)

Manchmal produziert Geschichte in der Rückschau verführerisch dem Anschein nach Prophetisches – nur, dass es sich dabei nicht um Prophetie, sondern um historische Konstellationen handelt, die in der Rückschau verdichtet und des Zufalls entkleidet eine zukünftige Entwicklung zu meinen scheinen. Dies mag auch bei den beiden Widmungen Walter Benjamins, die hier wiedergegeben werden, der Fall sein.

1928 widmet Benjamin seine *Einbahnstraße* Siegfried Kracauer, damals Redakteur der *Frankfurter Zeitung*. Bereits zwei Jahre zuvor hatte ihm Benjamin einige Aphorismen übersandt, die am 14. April 1926 in der *Frankfurter Zeitung* unter dem Titel *Kleine Illuminationen* abgedruckt wurden. Drei Monate später berichtet er dem späteren Freund von den Fortschritten des Bandes, der Benjamins einzige literarische Buchpublikation zu Lebzeiten bleiben wird – den Titel *Einbahnstraße* erwähnt er in diesem Brief zum ersten Mal:

> Dieses soi-disant ›Aphorismenbuch‹, über dessen besondere und surprisenhafte Einrichtung ich noch nicht alles verraten darf, wird – und selbst das bitte ich Sie als persönliche Information aufzunehmen – ›Einbahnstraße‹ heißen. Es kommt vielleicht in seiner Gesamtheit noch mehr als im Einzelnen dem Orte unserer Reunion, den Sie irgend wo in unsere zukünftige Reiseroute einzeichnen, nahe. [...] ›Je vous attends là dessus‹ – ich bin auf Ihre Stellungnahme sehr neugierig.

Benjamin schreibt schon damals aus Paris. Die fertige *Einbahnstraße*, die Kracauer in der *Frankfurter Zeitung* besprechen wird, widmet Benjamin ihm 1928 »in der Hoffnung auch auf dieser europäischen Straße bisweilen, flanierend, ihm zu begegnen«. Die titelgebende Einbahnstraße wird im Buch nicht räumlich konkretisiert – die Widmung zeichnet sie zumindest als europäisch aus. Durch Brief und Widmung aber ist sie sowohl Teil einer geistigen wie geografischen Kartografie. Die Begegnung mag konkret auf Pariser Straßen erhofft – das Flanieren spräche dafür –, mag aber ebenso abstrahiert als intellektuelle Begegnung auf den jeweiligen Denk- und Leserouten Kracauers und Benjamins gedacht sein. Das Jahr 1933 lässt diese freie Mehrdeutigkeit zwischen Geografie und Geist zur harschen Konkretion exilierter Existenz werden: Beide Denker – Kracauer im Februar, Benjamin im September – sind gezwungen, Deutschland zu verlassen, beide fliehen in die ihnen bestens bekannte französische Hauptstadt. Walter Benjamin wird aus dem Exil nicht mehr zurückkehren und sich am 26. September 1940 in Port Bou auf der Flucht das Leben nehmen. Siegfried Kracauer wird nach New York entkommen, dort die US-amerikanische Staatsbürgerschaft annehmen und als Amerikaner ab den späten 50er-Jahren Europa und auch Deutschland bereisen.

In Paris treffen sich die beiden in den Jahren 1933 bis 1939 häufig, arbeiten in der Bibliothèque nationale und bewegen sich in überlappenden Exilantenkreisen. Dort widmet Benjamin Kracauer zum zweiten Mal ein Buch – diesmal seine unter dem Pseudonym Detlef Holz herausgegebenen

Deutschen Menschen, eine Sammlung von Briefen deutschsprachiger historischer Persönlichkeiten aus dem 19. Jahrhundert, die, wie Benjamin in seinem Vorwort schreibt, von der Epoche Zeugnis ablegen, »in der das Bürgertum sein geprägtes und gewichtiges Wort in die Waagschale der Geschichte zu legen hatte. Freilich schwerlich mehr als eben dieses Wort; darum ging sie unschön mit den Gründerjahren zu Ende.« Erneut waren Teile dieser Publikation in Jahren 1931 und 1932 in der *Frankfurter Zeitung* abgedruckt worden, auch damals schon als Versuch, eine deutsche bürgerliche Tradition zumindest im Zitat zu retten, die im Angesicht des drohenden Faschismus historisch gescheitert war. »Von Ehre ohne Ruhm / Von Größe ohne Glanz / Von Würde ohne Sold« lautet das Motto, unter dem Benjamin Briefe von u.a. Clemens Brentano, Annette von Droste-Hülshoff, Goethe, Hölderlin, Gottfried Keller, Metternich, Franz Overbeck, Johann Heinrich Voss und Karl Friedrich Zelter versammelt. Ohne also die Übersetzung ins Nationale, ins Historische der großen Erzählung, ohne uniformierte Würde stehen die Briefe für einen Humanismus ein, der sich in Schlichtheit ausdrückt und den rhetorischen Schmuck meidet (»so ist die Haltung dieser Bürger unverbraucht und von dem Raubbau unbetroffen geblieben, den das neunzehnte Jahrhundert in Zitaten und Hoftheatern mit den ›Klassikern‹ trieb«), genau dadurch aber den Blick freigibt auf von herrschender Geschichte bedrohte Haltungen. Freundschaft, Verlust und Liebe sind wiederkehrende Themen, die die großen Namen als Menschen mit vergangenen Leben lesbar machen.

»S. Kracauer diese Arche, die ich gebaut habe, als die Sintflut des Faschismus zu steigen begann«. Das Kracauer gewidmete Buch ist Versuch einer Rettung dessen, was sich nicht in die faschistische Logik von Eroberung und nationaler Größe, von Vernichtung und Sieg einspeisen lässt (›ohne Ruhm, ohne Glanz, ohne Sold‹). Es soll Zeugnisse einer Vergangenheit bewahren, die durch die deutsche Gegenwart zerstört worden ist. Eine Arche trotzt, indem sie spätere Anknüpfung verspricht, dem Schicksalhaften; sie ist immer auch Bild einer Selbstbehauptung im Angesicht einer größeren und aktuellen Macht. Die biblische Figur und die Rettung vergangener Äußerungen über eine Gegenwart der Vernichtung hinweg lassen die zweite der Thesen *Über den Begriff der Geschichte* anklingen, die Benjamin kurz vor seinem Tod im Winter 1939/40 verfasste:

> Die Vergangenheit führt einen heimlichen Index mit, durch den sie auf die Erlösung verwiesen wird. Streift denn nicht uns selber ein Hauch der Luft, die um die Früheren gewesen ist? ist nicht in Stimmen, denen wir unser Ohr schenken, ein Echo von nun verstummten? haben die Frauen, die wir umwerben, nicht Schwestern, die sie nicht mehr gekannt haben? Ist dem so, dann besteht eine geheime Verabredung zwischen den gewesenen Geschlechtern und unserem. Dann sind wir auf Erden erwartet worden. Dann ist uns wie jedem Geschlecht, das vor uns war, eine *schwache* messianische Kraft mitgegeben, an welche die Vergangenheit Anspruch hat. Billig ist dieser Anspruch nicht abzufertigen. Der historische Materialist weiß darum.

Arche und Archiv teilen sich den Klang wie auch im besten Fall die Funktion. Beide bewahren Überlieferung, beide bewahren Ansprüche der Vergangenheit auf – Hoffnungen (»Die Hoffnung erfreut das Herz« schreibt Samuel Collenbusch in einem Brief von 1795 an Kant, abgedruckt in *Deutsche Menschen*), die ja nie anders können, als über Gegenwart hinaus zu zielen. Der heimliche Index, der auf Erlösung verweist, kann nicht Schlüssel sein für eine Vergangenheit, die in den Besitzverhältnissen der Gegenwart aufgeht, er muss solche Hoffnung auffindbar machen, die die ihrige und die kommende und noch jede Gegenwart übersteigt. Eine Tätigkeit aber, die diesem Anspruch gerecht werden möchte, kann ohne aufmerksame Versenkung nicht auskommen, braucht die Lektüre, die den Echos der »nun verstummten« lauschen kann. Ein berühmtes Foto von Gisèle Freund zeigt Walter Benjamin über dem Zettelkatalog der Bibliothèque nationale, hochkonzentriert und ernst: Nicht das setzende Subjekt ist gefragt, sondern das rezipierende. Seine Heimlichkeit verlangt, dass man den Index entziffern können, dass man wissen muss, wo man nachzuschlagen hat. Der Index verweist auf Ebenen jenseits der Verfügbarkeit. Die Schwäche der »messianischen Kraft« lässt sich durchaus als Fähigkeit zur Behutsamkeit verstehen im Umgang mit dem, was vergangen ist. Dass Bewahrung und Behutsamkeit sich bedingen, dass sie andererseits aber kämpferische Tätigkeiten sein können, unterstreicht die sechste These mit den Sätzen:

> In jeder Epoche muß versucht werden, die Überlieferung von neuem dem Konformismus abzugewinnen, der im Begriff steht, sie zu überwältigen. [...] Nur *dem* Geschichtsschreiber wohnt die Gabe bei, im Vergangenen den Funken der Hoffnung anzufachen, der davon durchdrungen ist: auch die Toten werden vor dem Feind, wenn er siegt, nicht sicher sein. Und dieser Feind hat zu siegen nicht aufgehört.

Zu siegen hatte der Feind nicht aufgehört, als Benjamin diese Zeilen verfasste – zu siegen begonnen hatte er, als Benjamin seine *Folge von Briefen* Siegfried Kracauer widmete. »Je vous attends là dessus« hatte er ihm 1926 aus einem anderen, zukunftsoffeneren Paris geschrieben, und dass Kracauer »irgend wo in unsere zukünftige Reiseroute« einen »Ort der Reunion« anzeichne, dem die »Einbahnstraße« nahekomme. Diesen Ort jenseits der historischen Faktizität aufspüren zu wollen heißt, den »heimlichen Index« zu lesen. 1940 trafen sich die beiden Freunde noch oft in Marseille, nachdem die deutsche Armee sie aus Paris zur Flucht gezwungen hatte. Der eine überlebte, der andere nicht.

Zum Weiterlesen

↘ Walter Benjamin: Briefe an Siegfried Kracauer. Hrsg. vom Theodor W. Adorno Archiv. Marbach a.N. 1987.
↘ Walter Benjamin: Deutsche Menschen. Eine Folge von Briefen. Frankfurt a.M. 2019. [Die Erstausgabe erschien 1936 im schweizerischen Vita Nova Verlag.]

↘ Walter Benjamin: Über den Begriff der Geschichte. In: W.B.: Gesammelte Schriften. Bd. I.2. Hrsg. von R. Tiedemann und H. Schweppenhäuser. Frankfurt a.M. 1991. S. 691ff.

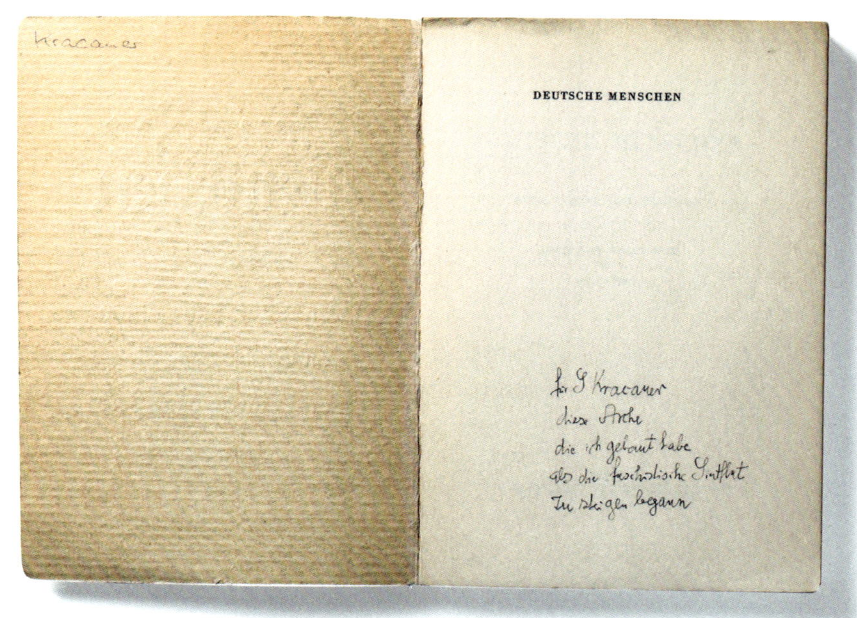

S Kracauer
in der Hoffnung, auch auf
dieser europäischen Strasse
bisweilen, flanierend, ihm
zu begegnen
10 Jan 1928 Walter Benjamin
TEPPICH
Einbahnstraße
Einbahnstra
STONE
nbahnstra
WALTER BENJAMIN
ERNST ROWOHLT VERLAG BERLIN

Roth hofft auf einen literarischen Nothelfer

Joseph Roth an Barthold Fles, Lwów, 26. Januar 1937 von Jan Bürger (Archiv)

Wenn man als Schriftsteller fliehen muss und es geschafft hat, sich im Ausland in Sicherheit zu bringen, bleiben in der Regel immer noch zwei existenzielle Probleme ungelöst: erstens die Sprache und zweitens das Geld. Die Sorge um die Sprache ist besonders vertrackt. Für Menschen, die nicht vom Schreiben leben, kommt es in der Fremde vor allem darauf an, die Sprache des Landes, das ihnen Schutz bietet, rudimentär zu verstehen, um im Alltag zu bestehen. Für Schriftsteller ist es meist noch wichtiger, den Kontakt zu jenem Sprachraum nicht zu verlieren, den sie unfreiwillig verlassen mussten. Denn die Sprache ist für sie nicht nur ein Mittel der Verständigung, sondern zugleich ihr Instrument und wichtigstes Arbeitsmittel. Sogar für einen prominenten Autor wie Joseph Roth war es nach 1933 ungeheuer schwer, seine Werke in Übersetzungen zu veröffentlichen; ganz zu schweigen von den niedrigen Auflagen, die er außerhalb Deutschlands absetzen konnte.

Im Grunde blieb Roth immer auf den deutschsprachigen Markt angewiesen, und da seine Bücher im Nationalsozialismus verboten waren, blieb ihm nur das vergleichsweise kleine Publikum in Österreich und der Schweiz. Hinzu kamen die wenigen emigrierten Leserinnen und Leser, die Roth mit Veröffentlichungen in deutschsprachigen Exilverlagen erreichen konnte, also vor allem mit dem Amsterdamer Querido Verlag, den er in seinem Brief an Barthold Fles vom 26. Januar 1937 erwähnt, und dem Verlag De Gemeenschap in Bilthoven.

Roth schrieb diesen Brief ausgerechnet in Lwów, dem heutigen ukrainischen Lwiw und einstigen Lemberg, also in jener Gegend, in der er 1894 geboren wurde und aufwuchs, in der er sich aber nach dem Ende der Habsburgermonarchie kaum noch zu Hause fühlte. »Die Hauptstraße hieß einmal ›Karl-Ludwigstraße‹, aus Loyalität gegenüber dem Herrscherhause«, schrieb Roth bereits 1924 über Lwów bzw. Lemberg in der *Frankfurter Zeitung*.

> Heute heißt sie ›Die Straße der Legionen‹. Es sind die polnischen Legionen gemeint. Hier war einmal der Korso der österreichischen Offiziere. Heute spazieren die polnischen Offiziere. Hier hörte man immer deutsch, polnisch, ruthenisch. Man spricht heute: polnisch, deutsch und ruthenisch. In der Nähe des Theaters, das am unteren Ende die Stadt abgrenzt, sprechen die Menschen jiddisch. Immer sprachen sie so in dieser Gegend.

Immerhin lebten dort noch einige seiner engsten Verwandten, weshalb er Lwów gern und regelmäßig besuchte. Die 1918 polnisch gewordene Stadt und vor allem jene mütterliche Familie Grübel boten Joseph Roth trotz der politischen Turbulenzen immer wieder eine gewisse Geborgenheit, sogar noch, als sich sein Leben tatsächlich in jene »Flucht ohne Ende« verwandelt hatte, die er bereits 1927 mit einem Romantitel beschworen hatte.

Am 27. Mai 1939 starb Joseph Roth in Paris, gerade mal 45 Jahre alt. Gut zwei Jahre zuvor, im Januar 1937, hatte er vielleicht noch nicht alle Hoffnung verloren. Er hatte sich mit der Schriftstellerin Irmgard Keun zusammengetan. Die beiden hielten sich vor allem in Ostende und Paris auf, wo sie in billigen Hotels wohnten. Und Roth hatte einen

Mann kennengelernt, von dem er sich eine entscheidende Unterstützung für seine schriftstellerische Zukunft erhoffen konnte: den ›Literary Agent‹ Barthold Fles, der sowohl in den Niederlanden als auch in den USA arbeitete und es sich zum Ziel gesetzt hatte, möglichst viele geflohene deutschsprachige Schriftsteller auf dem internationalen Markt durchzusetzen.

Mit ihm zusammen spekulierte Roth auf rasche und vor allem einträgliche Übersetzungen, denn im Gegensatz zu Kollegen wie Thomas Mann, Stefan Zweig oder Bertolt Brecht fehlte es ihm vor allem am Geld, seit der deutsche Zeitungsmarkt für ihn von einem Tag auf den anderen weggebrochen war. Trotz des internationalen Erfolgs seiner Romane *Hiob* (1930) und *Radetzkymarsch* (1932) hatte Roth nie auf die Einkünfte aus journalistischen Arbeiten verzichten können. Wenn es vor 1933 darum ging, seine Texte zu platzieren, trat Roth auf dem ihm vertrauten deutschen Markt so geschickt auf, dass er in der Weimarer Republik zu den am höchsten bezahlten Journalisten gehörte. Auf dem englischsprachigen Markt fühlte er sich hingegen vollkommen hilflos. Deshalb erschien ihm Barthold Fles so wichtig, deshalb drängte er seinem Geschäftspartner am 26. Januar 1937 die ›Freundschaft‹ geradezu auf. Es war die blanke Not des Exils, die Roths Zeilen bestimmte.

Mit Romanen wie *Das falsche Gewicht* (Amsterdam 1937), *Die Kapuzinergruft* (Bilthoven 1939) und *Die Geschichte von der 1002. Nacht* (Bilthoven 1939) gelangen Joseph Roth auch gegen Ende seines Lebens künstlerisch überragende Werke. Wirtschaftlich hingegen wurde seine Situation zusehends fatal. Dies war die Lage, in der er Barthold Fles kennenlernte – als eine Art Türhüter, der Einlass gewähren könnte in jenes internationale Literatur-Geschäft, dessen Gesetze Roth und vielen anderen Autoren fremd und oft auch zuwider waren. In seinem Fall hatte Fles als Vermittler sogar einigen Erfolg. Aber dagegen, dass der geniale Erzähler angesichts des sich abzeichnenden Kriegs bald allen Mut verlor und ihn zudem die Alkoholabhängigkeit ruinierte, konnte auch der versierteste Literaturagent nichts mehr ausrichten.

Zum Weiterlesen

↘ Joseph Roth / Stefan Zweig; »Jede Freundschaft mit mir ist verderblich«. Briefwechsel 1927–1938. Hrsg. von Madeleine Rietra und Rainer Joachim Siegel und mit einem Nachw. von Heinz Lunzer. Göttingen 2011.
↘ Joseph Roth: Pariser Nächte. Feuilletons und Briefe. Hrsg. und mit einem Nachw. von Jan Bürger. München 2018.
↘ Reisen in die Ukraine und nach Russland. Hrsg. und mit einem Nachw. von Jan Bürger. München 2015.

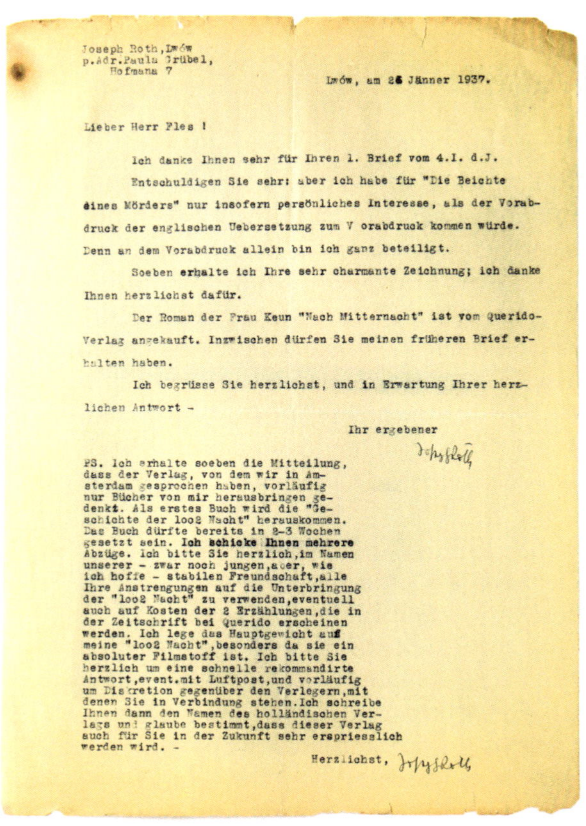

Joseph Roth, Lwów
p.Adr. Paula Grübel,
Hofmana 7

Lwów, am 26 Jänner 1937.

Lieber Herr Fles !

Ich danke Ihnen sehr für Ihren 1. Brief vom 4.I. d.J.

Entschuldigen Sie sehr: aber ich habe für "Die Beichte eines Mörders" nur insofern persönliches Interesse, als der Vorabdruck der englischen Uebersetzung zum V orabdruck kommen würde. Denn an dem Vorabdruck allein bin ich ganz beteiligt.

Soeben erhalte ich Ihre sehr charmante Zeichnung; ich danke Ihnen herzlichst dafür.

Der Roman der Frau Keun "Nach Mitternacht" ist vom Querido-Verlag angekauft. Inzwischen dürfen Sie meinen früheren Brief erhalten haben.

Ich begrüsse Sie herzlichst, und in Erwartung Ihrer herzlichen Antwort -

Ihr ergebener
Joseph Roth

PS. Ich erhalte soeben die Mitteilung, dass der Verlag, von dem wir in Amsterdam gesprochen haben, vorläufig nur Bücher von mir herausbringen gedenkt. Als erstes Buch wird die "Geschichte der 1002 Nacht" herauskommen. Das Buch dürfte bereits in 2-3 Wochen gesetzt sein. **Ich schicke Ihnen mehrere** Abzüge. Ich bitte Sie herzlich, im Namen unserer - zwar noch jungen, aber, wie ich hoffe - stabilen Freundschaft, alle Ihre Anstrengungen auf die Unterbringung der "1002 Nacht" zu verwenden, eventuell auch auf Kosten der 2 Erzählungen, die in der Zeitschrift bei Querido erscheinen werden. Ich lege das Hauptgewicht auf meine "1002 Nacht", besonders da sie ein absoluter Filmstoff ist. Ich bitte Sie herzlich um eine schnelle rekommandirte Antwort, event. mit Luftpost, und vorläufig um Diskretion gegenüber den Verlegern, mit denen Sie in Verbindung stehen. Ich schreibe Ihnen dann den Namen des holländischen Verlags und glaube bestimmt, dass dieser Verlag auch für Sie in der Zukunft sehr erspriesslich werden wird. -

Herzlichst, Joseph Roth

Domin erinnert ihren Mann an eine Abmachung

Hilde Domin an Erwin Walter Palm, Rom, 16. November 1937
von Linda Dürrwächter (Archiv)

Hilde Domin und Erwin Walter Palm verlassen im Herbst 1932 Deutschland und gehen – noch unverheiratet, nur verloben müssen sie sich schnell, das forderten die Eltern – nach Italien. Als Anlass wird Hilde Domin später die Reichstagswahlen im Juli 1932 nennen, aus denen die NSDAP als stärkste Partei hervorgegangen ist. Tatsächlich wollen der Student der Archäologie und die angehende Diplom-Volkswirtin aber wohl zunächst nur ein Jahr in Rom studieren. Doch durch die ›Machtergreifung‹ der Nationalsozialisten in Deutschland wird Italien notgedrungen zur neuen Heimat.

Hilde Domin, die damals noch Hilde Löwenstein heißt, dürfte sich in den ersten Jahren des nationalsozialistischen Regimes wie so viele Menschen aus assimilierten jüdischen Familien in erster Linie als politisch Andersdenkende bedroht gefühlt haben. Sie selbst scheint in Deutschland und Italien nicht Opfer von antisemitischen Übergriffen geworden zu sein, beobachtet jedoch genau, was in ihrer Umgebung geschieht. »Eben kaufte ich übrigens Obst bei der Italienerin«, schreibt sie noch aus Heidelberg am 22. September 1932 an Palm, »da kam ein Mann, wartete einen Moment, um dann urplötzlich mit dem Ausruf ›ich kaufe nicht bei Juden‹ zu verschwinden. Die Italienerin war nicht weniger verblüfft als ich.«

Das faschistische Italien als Exilland für die vom deutschen Nationalsozialismus Verfolgten zu wählen, scheint paradox. Doch Domin und Palm fühlen sich wohl und finden sich zurecht. Durch regelmäßige Überweisungen ihrer Familien haben sie genügend Geld zur Verfügung, um sich sogar Konzert- und Restaurantbesuche zu leisten. Die Politik hat nur wenig Einfluss auf ihr Leben. Allerdings ändert Domin den Schwerpunkt ihrer Forschungsarbeit, um Konflikte mit dem faschistischen Regime zu vermeiden: Statt mit Gegenwartsgeschichte befasst sie sich mit der Staatstheorie der Renaissance. Domin fasst ihre italienische Exilsituation in einem Interview von 1994 so zusammen: »Wenn man sich nicht um Politik kümmerte, hatte man seine Ruhe.«

Das Paar ist in den Jahren des Exils oft getrennt. Dann schicken sie sich Briefe. Ein Merkmal dieser Briefe ist die Sprachenvielfalt. Sie schreiben sich nicht nur in der Muttersprache Deutsch, sondern auch auf Spanisch, Italienisch, Griechisch und Französisch. Palm teilt Domins Affinität zu Sprachen. Das Paar diskutiert sogar das eine oder andere Eheproblem auf Englisch oder Französisch. So schreibt Domin ihrem Mann am 10. Februar 1936: »On ne te peut pas changer« (›man kann Dich nicht ändern‹).

In den Briefen geben sie sich meist zärtliche Spitznamen. »Hase«, »Häschen« nennt er sie und sie sich selbst zuweilen auch: »poverino hasino« zum Beispiel. Ihn bezeichnet sie manchmal als »Peterlein«, meistens aber als »Äffchen« oder »Affenpoet«. Im Brief vom 10. Februar 1936 wird er allerdings als »Pfau«, »Narziß« und »Redivivo« angesprochen. Es ist ein wütender Brief, in dem sie, die sich um Alltagsdinge wie etwa die Anmietung und Einrichtung einer gemeinsamen Wohnung in Rom alleine kümmert, ihm, der ihr aus Florenz vom »heiteren Dasein ohne Bücher« berichtete, unverblümt Müßiggang und Schlamperei vorwirft: »Ich verlange gar nicht den mindesten Dank für diese abscheuliche Strapaze, ich verlange ganz einfach, daß

Du Dich an unsere Abmachungen hältst und arbeitest.« Wissenschaftlich arbeiten ist damit gemeint; um alles andere kümmert selbstverständlich sie sich: Behördengänge, Haushalt, Kochen und trägt zusätzlich die finanzielle Verantwortung für sich und Palm. In ihren Briefen klagt Domin oft über Erschöpfung. »Sklaverei« nennt sie in einem Brief vom 1. November 1937 die Sprachstunden, die sie erteilt, und kündigt dann doch an, die Artikel ihres Mannes zu tippen oder einen anderen Auftrag für ihn zu erledigen. Sie unterscheidet sich in dieser Hinsicht wenig von der Mehrzahl der (Ehe-)Frauen im Exil.

Im Oktober 1936 heiraten das ›Häschen‹ und das ›Äffchen‹ nach etlichen Jahren ›wilder Ehe‹. An der Lebenssituation und der Arbeitsteilung scheint sich nichts geändert zu haben: In der hier abgebildeten Karte vom 16. November 1937 klagt Hilde Domin wieder über Müdigkeit:

> Ich bin so müde nach 7 Stunden. Ich will keine Dir mißfällige[n] Briefe schreiben, und zu andern reicht es nicht mehr, fürcht ich! So schicke ich Dir die Dioskuren als römischen Gruß. Immer wenn ich an [i]hnen vorbeigehe, bitte ich sie um ihre Gunst, und ich habe das Gefühl, sie hätten mich dies Jahr unter ihren besonderen Schutz genommen, sicher tut es ihnen leid, wie das arme Häschen dauernd so allein und so geschäftig dahinhoppelt.

»Derweil sammle ich denaro für Dich wie ein Hamster«, schreibt sie. »Da aber das Kind [das ist sie selbst] krank ist, hab ich noch nicht genug beisammen. Ich schicke spätestens Do. neues«, verspricht sie und endet mit mehrfachen Unendlichkeitszeichen und dem Bild eines Häschens.

1939 müssen Hilde Domin und Erwin Walter Palm Italien verlassen. Über London fliehen sie in die Dominikanische Republik (ihre Dankbarkeit drückt Domin später darin aus, dass sie den ›dichtenden Teil ihrer Persönlichkeit‹ nach dem Land benennt, das ihr Exil bot). 1954 kehrt das Paar nach Deutschland zurück.

Zum Weiterlesen

↘ Hilde Domin: Die Liebe im Exil. Briefe an Erwin Walter Palm aus den Jahren 1931–1959. Hrsg. von Jan Bürger und Frank Druffner. Frankfurt a.M. 2009.
↘ Hilde Domin: Gesammelte autobiographische Schriften. Fast ein Lebenslauf. München 1992.

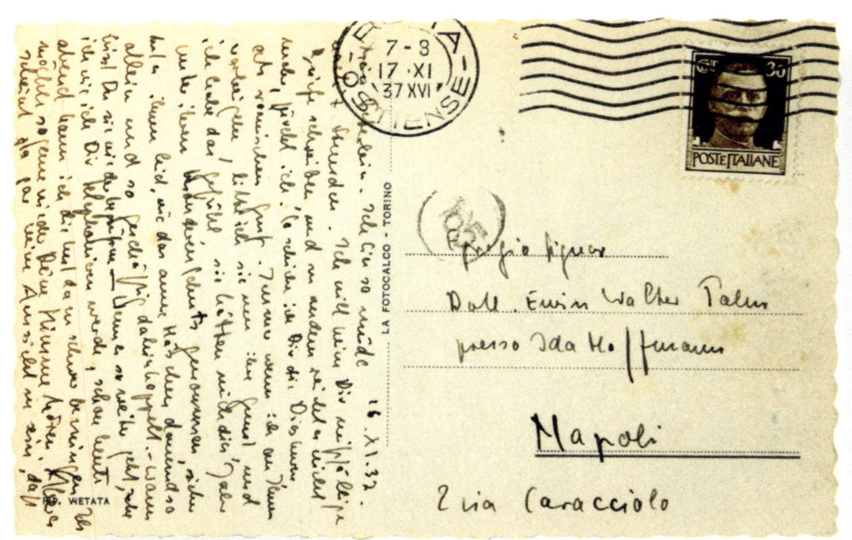

Roma – Il Campidoglio

Otten hofft auf »the big money«

Karl Otten an Claud W. Sykes, London, 30. Januar 1938 von Martin Kuhn (Museum)

Das Leben des 1889 in Oberkrüchten geborenen Expressionisten Karl Otten ist gezeichnet von Ortswechseln, Fluchtbewegungen und Exilerfahrung. Seine Kindheit verbringt er in Köln, Dortmund und Bochum. In Aachen ist er Schüler am Kaiser-Wilhelm-Gymnasium, wo er unter anderem Walter Hasenclever und Julius Talbot Keller kennenlernt, mit denen er 1910 den *Aachener Almanach* herausgibt. 1910 beginnt Otten zunächst ein Studium in München, wo er sich der anarchistischen Gruppe ›Tat‹ um Erich Mühsam anschließt. In dieser Zeit verkehrt er auch mit Frank Wedekind, Heinrich Mann und Franz Blei. 1913 setzt Otten sein Studium in Bonn fort. Von der Universität Bonn relegiert, wechselt er bereits 1914 wieder nach Straßburg. Aufgrund seiner pazifistischen Haltung wird der junge Karl schon während des Ersten Weltkriegs zweimal inhaftiert. Seit 1914 schreibt er für die expressionistische Zeitschrift *Die Aktion*, die ihm 1917 ein Sonderheft widmet, auf dessen Umschlag Otten in einer Zeichnung von Egon Schiele zu sehen ist. Sein pazifistischer Gedichtband *Die Thronerhebung des Herzens* erscheint im Verlag Die Aktion und wird 1918 vom preußischen Geheimdienst Abteilung IIIb beschlagnahmt.

Die wilden Zwanziger verbringt Otten in Berlin. Er schreibt für verschiedene Zeitschriften und arbeitet an Buch- und Dramenplänen. Als Anarchist und Kommunist warnt er vor dem Nationalsozialismus, vor dem er 1933, drei Tage bevor die Gestapo seine Berliner Wohnung durchsucht, flieht. Er emigriert über Paris nach Barcelona und weiter nach Cala Ratjada auf Mallorca. Nachdem das republikanische Mallorca im Spanischen Bürgerkrieg in die Hände des franquistischen Regimes fällt und Karl Otten erneut Inhaftierung fürchten muss, flieht er über Frankreich nach Großbritannien. Im Vereinigten Königreich bleibt seine Situation prekär. Als »suspect« steht Otten dort unter Beobachtung des britischen Geheimdienstes MI5. Deutsche anarchistische, pazifistische und kommunistische Schriftsteller werden auch im Vereinigten Königreich als Gefahrenherd betrachtet und als verdächtig eingestuft. 1937 entsteht in London – initiiert durch Otten – ein Treffpunkt deutscher Exilanten, in dem aktuelle politische Entwicklungen im Dritten Reich verfolgt und diskutiert werden. Dieser Kreis, vom MI5 als Carl Otten Group bezeichnet, steht schon bald unter Beobachtung. Beauftragt wird dazu der britische Schriftsteller und Übersetzer Claud W. Sykes. Als MI5-Agent soll er Kontakte zu deutschen Exilanten aufbauen.

Der im DLA erhaltene Briefwechsel zwischen Claud W. Sykes und Karl Otten zeigt, dass Sykes erfolgreich war. Zwischen 1937 und 1959 tauschen die beiden rund 50 Briefe aus. Besonders der Schriftwechsel aus den Jahren 1937 bis 1939 gibt Aufschluss über Ottens Versuche, im United Kingdom Geld zu verdienen. Sykes ist für Otten dabei vor allem eins: Übersetzer und Netzwerker.

In einem Brief vom 12. Oktober 1937 fordert Otten ihn auf, als sein »Vertreter (agent) dem Club zu schreiben, dass Sie ein Stück des und des Inhaltes mit einer besonders grossen Rolle für Paul Robeson haben und ob Sie nähere Vorschläge resp. Inhaltsangabe machen sollen«. Bei einer positiven Reaktion solle Sykes »den einen oder anderen Akt zur Kenntnisnahme übersetzen resp. vorlesen«. Der hier erwähnte Unity Theatre Club in London gründet sich 1936 aus dem Workers' Theatre Movement im östlichen London für die Arbeiterklasse. Die Stücke thematisieren vor allem zeitgenössische soziale und politische Probleme, sie wenden sich gegen den Nationalsozialismus und das Franco-Regime. Karl Otten möchte den bereits sehr erfolgreichen afroamerikanischen Schauspieler, Sänger und Bürgerrechtler Paul Robeson für sein antikoloniales Stück *Die Expedition nach San Domingo* gewinnen. Er versucht sich vor allem weitläufig zu vernetzen und Kontakte aufzubauen. Ein Angebot des S. Fischer Verlags erwägt er aus monetären Gründen abzulehnen, »[o]bwohl es [ihm] leid taete, denn schliesslich ist er der Verleger von Thomas Mann«. Eine weitere sichere Einnahmequelle sollen BBC-Radiosendungen werden: Unter einem Pseudonym oder – so der Vorschlag im Briefwechsel – im Namenspaar Otten-Sykes sollen im Jahr fünf bis sechs gut dotierte Radiosendungen entstehen, die man gleichzeitig auch noch nach Sydney verkaufen könne. Für die British Broadcasting Corporation schreibt Otten in dieser Zeit »in deutscher wie englischer Sprache Aufsätze, Artikel, Hörspiele und Features«, von denen sich knapp 180 Rundfunkmanuskripte erhalten haben. Auch in die USA versucht Otten seine Arbeiten zu verkaufen – über den Kontakt zu dem in die USA exilierten österreichischen Schriftsteller, Film- und Theaterregisseur Berthold Viertel und mit Sykes Hilfe.

Welch hohe Meinung Otten von Sykes hat, wird in dem hier abgebildeten Brief vom 30. Januar 1938 deutlich. Als »[l]ieber grosser Sykes« wird er von Otten tituliert. »Ihre Kritik ist mir wesentlicher als die aller Anderen, denn ich gebe die Hoffnung nicht auf, mit Ihnen als Uebersetzer hier auf die Bühne zu kommen und sie zu *erobern!* (resp[ectively] the big money)«.

Zum Weiterlesen

↘ Bernhard Zeller: Karl Otten. Werk und Leben. Mainz 1982.
↘ Martin Kuhn: Materialien aus Karl Ottens Nachlass zum politischen Kabarett ›Stacheldraht‹. In: #LiteraturBewegt: Lachen. Kabarett. Hrsg. von Heike Gfrereis, Anna Kinder und

Sandra Richter. Marbach a.N. 2019. S. 166–171. (Marbacher Magazin 165.166.)
↘ Richard Dove: »Fremd ist die Stadt und leer …«. Fünf deutsche und österreichische Schriftsteller im Londoner Exil 1933–1945 (Max Herrmann-Neiße, Alfred Kerr, Robert Neumann, Karl Otten, Stefan Zweig). Berlin 2004.

30. I. 38

Lieber Sykes,
ich habe eine grosse Bitte an Sie.
Ich weiss, dass Sie in groesster Arbeit sind und ich will Ihnen erklaeren, was los ist .
Ich sagte Ihnen, dass Gilbert Miller, der Manager, sich fuer mein Stueck interessiert. Er ist noch drei Wochen in Amerika. Nun war ich krank und unfaehig, mein Versprechen einzuhalten, ihm rechtzeitig das Scenario zu schicken. Sein Vertreter hier in London hat ihm aber mitgeteilt, dass es unterwegs sei. Nun bin ich sozusagen als "Luegner" gebrandmarkt, wenn ich nicht das Schiff am Donnerstag frueh erreiche.
Lieber grosser Sykes, sehen Sie sich die Synopsis an, das Ganze sind Fuenf bis sechs Seiten - k o e e n t e n S i e mich aus dieser Situation retten und diese Synopsis uebersetzen - ich lasse Ihnen jede Freiheit, sie dem englisch-amerikanischen Geschmack entsprechend zu wuerzen oder abzuschwaechen - aber bitte tun Sie es!
Dann senden Sie es bitte am Dienstag abend mit der letzten Post an

Mr. Albert Lieven
25, Randolph Crescent
London W 9.

Koennen Sie aber unter garkeinen Umstaenden, die Zeit dazu finden, dann schicken Sie bitte die Synopsis an mich zurueck.
Es hat mir sehr leid getan, dass die Zeit neulich zu kurz war und Sie nur einen Teil des Stuecks hoeren konnten. Ich sende es Ihnen deshalb heute, damit Sie es in Ruhe lesen koennen. Ich wuerde mich freuen, wenn wir bald darueber reden koennten oder falls Sie nicht nach London kommen, schreiben Sie mir doch Ihren Eindruck.
Ihre Kritik ist mir wesentlicher als die aller Anderen, denn ich gebe die Hoffnung nicht auf, mit Ihnen als Uebersetzer hier auf die Buehne zu kommen und sie zu e r o b e r n !(resp. the big money)
Deshalb ist es mir auch so wichtig, dass die Synopsis gut uebersetzt wird. Der Regisseur Viertel hat die Regie eines Stueckes

Josef und Gina Wurm schreiben an ihr Kind

Josef und Regina Wurm an Franz Wurm, Prag und Theresienstadt, 1939–44
von Nikola Herweg (Archiv)

Im April 1939 konnten Josef und Gina Wurm ihren einzigen Sohn, den 13-jährigen Franz, mit Hilfe des britischen Kinderhilfsprogramms nach London retten. Das Konvolut mit ihren Briefen aus dieser Zeit, das sich im Nachlass Franz Wurms erhalten hat, steht exemplarisch für die vielen Briefe, die Eltern, denen die Flucht aus dem nationalsozialistischen Herrschaftsgebiet nicht gelang, an ihre Kinder im Exil richteten.

Von November 1938 bis zur Kriegserklärung im September 1939 wurden etwa 10.000 als jüdisch verfolgte Kinder zwischen drei und 17 Jahren mit sogenannten Kindertransporten aus Deutschland, dem annektierten Österreich und den besetzten Teilen der Tschechoslowakei ins Exil nach Großbritannien geschickt.

Kinder, die eben noch von der Familie behütet und umsorgt wurden, waren von einem Tag auf den anderen (fast) auf sich selbst gestellt. »Mein lieber großer, kleiner Junge!«, spricht der Vater seinen Sohn an, und die Mutter nennt ihn »[k]leiner Mann – grosser Sohn«; meistens aber ist er für sie der »liebste Burschi«, »allerliebste Bub« oder

»Franzili«. Sie sei sehr traurig, dass er in London so einsam sei, schreibt sie am 25. April 1939:

> [E]s ist furchtbar schwer, sich in einer fremden Gegend mit einer ganz fremden Sprache einzugewöhnen. […] Ich will Dir nur immer wieder sagen, dass es den ganz grossen Leuten ebenso geht wie Dir […]. Ich hätte es sehr vorgezogen, diesen Start mit Dir zu erleben, aber es ist leider nicht möglich und es ist bei aller Bangigkeit und Sehnsucht doch ein sehr gutes Gefühl, Dich dort wohl geborgen zu wissen. […].

Bis September 1939 schrieben die Eltern fast täglich, erst nur auf Deutsch, später auch auf Französisch oder Englisch – an »[m]on cher garçon« oder »[d]ear Frank« – und einmal auch auf Tschechisch an »[m]ilý hochu«. Die Briefe sind nummeriert, um den Verlust einzelner Briefe nachvollziehen zu können. Ab 1940 war ein direkter Kontakt nicht mehr möglich, Briefe wurden nur noch selten und über Dritte verschickt. Die letzten Nachrichten der Eltern stammen aus Theresienstadt.

In den Marbacher Magazinen gibt es zahlreiche solcher Briefe: Briefe aus ausweglosen Situationen, aus Ghettos, aus Konzentrations- und Vernichtungslagern, Briefe, die einen Eindruck vermitteln von dem unsäglichen Leid, von dem verzweifelten Wunsch, dem fernen Kind nah zu sein, ihm Hoffnung zu vermitteln und gegen die zunehmende Entfremdung anzuschreiben.

Der Schriftsteller und Übersetzer Franz Wurm überlebte in Großbritannien, nahm 1947 die britische Staatsbürgerschaft an und übersiedelte 1949 in die Schweiz. 1959 erschien sein Lyrikdebüt *Anmeldung*. Seine Eltern Josef und Gina Wurm wurden 1944 in Auschwitz ermordet.

Zum Weiterlesen

↘ Franz Wurm: Anmeldung. Zürich 1959.
↘ Kindertransport 1938/39. Literatur und Zeugenschaft. Hannover 2019. (Der Deutschunterricht. Jg. 71. H. 6.)

25..IV..

G. W.

Franzili, eben kam Deine Karte und ich bin sehr traurig, dass Du noch immer so einsam bist, wenn ich auch nichts anderes erwartet habe. Denn es ist furchtbar schwer, sich in einer fremden Gegend mit einer ganz fremden Sprache einzugewöhnen, das weiss ich sehr genau, und ich bin ganz bei Dir in Gedanken, so sehr dass ich heute nacht eine glorreiche Idee hatte, deren Ausführung ich meinem Freund Hans anvertraut habe und die hoffentlich nicht lange auf sich warten lässt und Dir das gewünschte Vergnügen machen wird. - Kannst Du Dich denn noch mit niemand verständigen, ist kein Kind dort, das etwas versteht ausser Englisch? Ich will Dir nur immer wieder sagen, dass es den ganz grossen Leuten ebenso geht wie Dir, Bettina und Sogar Tante Helenka ist es so gegangen, weil alles so sehr fremd ist. Ich hätte es sehr vorgezogen, diesen Start mit Dir zu erleben, aber es ist leider nicht möglich und es ist bei aller Bangigkeit und Sehnsucht doch ein sehr gutes Gefühl, Dich dort wohl geborgen zu wissen, wenn es auch eine harte Schule für uns beide ist, das kannst Du mir glauben. Ich kann Dir allerhand berichten, so z. B. dass Mäxchen morgen mit der "Normandy" und seiner Frau nach Amerika fährt, Felix aber, so viel ich gehört habe, in England ist. Alle Leute versprechen, Dir zu schreiben, und ich hoffe, unser gestriger Brief mit Photos ist gut angekommen.
Heute ging eine halbe Tunneltorte ab, von der Du gewiss auch eine oder die andere Kostprobe hergeben wirst, aber ich sende sehr bald wieder etwas.

Deine Schulbücher lass Dir nur bei Dir, es ist doch ganz nett, etwas bei sich zu haben und ob Du sie nicht doch noch verwenden kannst

g.

11. listopadu 39.

Milý hochu,

tvůj do… jsme ti již potvrdili a těšíme se ,
že se ti ve… …sti podrobněji
jak tam žij…
tak předst…
musel bysi…

Cher François!

5/X/39.

…e arrivée par l'intermédiaire
…r et nous espérons que tu a
…école. Tu nous fera plaisir
…tu vas dans cette nouvelle
…l'étudier. Nous aimerions
…nouvel équipement dont
…s ou'oncle Frédéric a re-
…n manteau
…Gitta et
…che. Les
…commençons
…à l'ami
…e te prie
…rceque cela
…école et
…ment
…ton

30th of Sept. 1939.

Dear Frank,

We rece…
number 16 and we were…
have your new school-…
ready in the meantime…
glad about your cong…

G. W. Mon cher garçon,

30. IX. 39

nous avons re…
4 lettres…
…de du 17. IX
…, que
…tions
…de

5. IX. Sonntag
Liebster Burschi, gestern, mitten in herrliche Kopf-
weh, kamen zwei Briefe von Dir, die uns…
freut haben, besonders…
verbracht…
Idee der S…
dass ich D…
samt der d…
fuer mich…
welcher Sp…
wir lassen…
Karli ist i…
so lange es…
Auch von He…
sehr gefreu…
Wetter herb…
ueber dem Ta…
bleibt noch…
Tisch, wo…

ČESKOSLOVENSKO · TCHÉCOSLOVAQUIE
DOPISNICE
CARTE POSTALE
PRAHA 7
Letadlem
Par avion

Mr. Frank Wurm
CO. Mr. Walter Roff
83, London Road
…ltenham

56

12. VIII. 39

Kleiner Mann-grosser Sohn,
ich freue mich sehr mit Deinen guten Berichten, heute kam
…te und Brief, dass Du im Kino warst, freut mich sehr,
…Mikado kenne ich sehr gut, und Mr. Chips habe ich als
…gelesen. Gingen denn alle oder nur einzelne?-Der Brief
…Du nicht erhalten hast, wird sicher am Postamt in Tenby
…gen. - Du hast einmal etwas von einer Reise nach London
…aehnt- was hat es damit fuer eine Bewandtnis, ist das
…der Schule oder den Skauts aus oder auf eigene Faust?
…te sehr genaue Information, denn wenn das nur ein gros-
…ben wir es lieber auf, bis es
…Denn Fritzens uebersiedeln
…it in L. sein. Aber Du bist
…wir es sein koennen.
…h. und schreibe sie Dir heu-
…n, musst ihn aber daran erin-
…Dich kennt.
…sichtigung hier und fuhr ge-
…st sich weder sagen, wann
… Die Sorge ist sehr gross,
… Eben kommt Vater, also
…kann ich mich weiter mit Dir

Josef Wurm
Theresienstadt
Hauptstr. 26 b/2

JAGDFLIEGER
DAS GEBOT DER STUNDE
POSTKARTE
BERLIN
15.7.44
DEUTSCHES REICH

Rückantwort nur au…
Postkarten in deutscher Sprache…

Theresienstadt, am 10. III 1944.

Liebster Onkel

Ich bestätige dankend den Empfang ~~Ihres~~ (Deines) Paketes
vom März 1944.

Deine alte Gnia
Unterschrift.

Löwith hat nichts Ermunterndes zu berichten

Karl Löwith an Erich von Kahler, Sendai, 14. Mai 1939
von Ulrich von Bülow (Archiv)

Karl Löwith (1897–1973) wurde protestantisch getauft; als Gymnasiast meldete er sich 1914 freiwillig zum Kriegsdienst, danach studierte er bei Martin Heidegger und galt als sein Meisterschüler – all das nützte ihm jedoch nichts: Seine Eltern hatten jüdische Wurzeln, damit galt er nach den nationalsozialistischen Gesetzen als Jude und musste Deutschland verlassen. 1934 ging er als Rockefeller-Stipendiat nach Rom, 1936 bekam er durch einen glücklichen Zufall eine Stelle an der Universität im japanischen Sendai und konnte zusammen mit seiner Frau Ada nach Japan emigrieren. Der Adressat seines Briefs vom 14. Mai 1939 ist der Kulturphilosoph Erich von Kahler (1885–1970), mit dessen Frau Josefine (Fine) Löwith verwandt war.

Stilistisch wie inhaltlich kann dieser Brief exemplarisch für viele Exilbriefe stehen. Gleich zu Beginn betont Löwith, wie wichtig ihm Korrespondenzen sind, ansonsten lebe er »ja völlig isoliert, ohne jede Möglichkeit eines Austausches«. Offenbar hatte er einige Mühe, die aktuelle Adresse seines Briefpartners zu ermitteln. Das von ihm erwähnte Adressbüchlein, das sich in seinem Nachlass erhalten hat, zeigt, wie umfangreich sein Korrespondenznetz war und wie oft er Anschriften korrigieren musste.

Typisch für Exilbriefe ist der Austausch von Nachrichten über gemeinsame Bekannte und deren Schicksale. Gegenüber seinem Freund Kahler, der ebenfalls bereits mehrere Exilländer gesehen hatte, bevor er in Princeton eine dauerhafte Bleibe fand, genügen Stichworte und Andeutungen. Sie betreffen Kurt Singer (1886–1962), den Löwith in Sendai kennengelernt hatte, bevor er nach Australien ging, und Karl Wolfskehl, der schließlich in Neuseeland überlebte. Beide gehörten ebenso wie Kahler zum George-Kreis.

Charakteristisch für Exilbriefe ist weiterhin das Bemühen, die katastrophalen Zeitereignisse zu verstehen und zu ergründen, wie es so weit hatte kommen können. Erich von Kahler hatte 1937 in seinem Hauptwerk *Der deutsche Charakter in der Geschichte Europas* eine umfassende Kritik der autoritären Geistesart vorgelegt. Löwith empfiehlt ihm als Ergänzung das Buch *Deutsche und Juden* von Anton van Miller (d.i. Rudolf Bienenstein), das 1936 erschien, und Hermann Rauschnings *Die Revolution des Nihilismus. Kulisse und Wirklichkeit im Dritten Reich*. Löwith selbst arbeitete in Sendai neben den Lehrverpflichtungen an seinem Buch *Von Hegel bis Nietzsche*, einer umfassenden Darstellung der philosophischen Vorgeschichte des gegenwärtigen Unheils.

Im Mai 1939, einige Monate vor dem Beginn des Zweiten Weltkriegs, war Löwiths Zukunft in Japan ungewiss geworden. Sein Vertrag mit der Sendaier Universität war befristet, das neue Bündnis (die ›Achse‹) zwischen Deutschland und Japan verschlechterte seine Aussichten beträchtlich, und auch die Krankheit seiner Frau veranlasste ihn, sich mit Nachdruck nach einem neuen Zufluchtsort umzusehen. Der Theologe Paul Tillich, der bereits 1933 nach New York emigriert war, hatte zugesagt, sich für ihn einzusetzen, aber der Erfolg war fraglich. Ohne falsche Scham bittet Löwith Erich von Kahler gleich zweimal eindringlich um Hilfe, wohl wissend, dass dieser eng mit dem einflussreichen Thomas Mann befreundet war, der in dieser Zeit ebenfalls in Princeton wohnte.

Um an einer amerikanischen Hochschule angestellt zu werden, benötigte man nicht nur Fürsprecher, man musste auch durch Publikationen einen gewissen Bekanntheitsgrad erlangt haben. Das war unter den gegebenen Umständen ein Problem, denn die wenigen in Frage kommenden Exilverlage wie Vita Nova in Luzern oder der Europa Verlag von Emil Oprecht in Zürich kämpften selbst um ihr Überleben.

Löwith hatte Glück: Er konnte noch weitere zwei Jahre in Sendai bleiben. 1941 erschien im Europa Verlag sein Buch *Von Hegel bis Nietzsche.* Im selben Jahr gelang dem Ehepaar Löwith, kurz vor dem japanischen Überfall auf Pearl Harbour, die Flucht in die USA, wo Karl Löwith zunächst im Theological Seminary in Hartford, Conneticut, eine Anstellung fand. Diese verdankte er nicht nur der Vermittlung von Paul Tillich und Reinhold Niebuhr. Aus den Akten des Seminars geht hervor, dass eine nicht unbeträchtliche Rolle auch die Tatsache gespielt hat, dass das Streich-Ensemble der Theologen dringend Verstärkung brauchte und Ada Löwith eine sehr gute Geigerin war.

Transkription

14. Mai 39 Sendai, 41 Katahinacho

Lieber Erich,

endlich erhielt ich auf vielen Umwegen Deine neue Adresse. Mein Adressenbüchlein ist ein rechter Spiegel der Zeit – kaum 1 von früher stimmt noch, ein beständiger Wechsel + eine Zerstreuung in alle Teile der Welt. Immerhin wird Amerika immer mehr zum Sammelbecken u. ich denke auch wir treffen uns eines Tags wieder dorten. Herr Singer ist zwar noch in Tokyo, wird es aber wohl auch bald verlassen. Wirklich befreunden konnten wir uns nicht, aber hier + da gab es ein vernünftiges Gespräch. Was mich von ihm fernhielt war sowohl seine Stellung zum »Reich« wie zum Judentum. Was sagst Du übrigens zu Millers Buch? u. zu Rauschnings

»Revolution des Nihilismus«? Beide heben sich aus dem schmutzigen Strom der polit. Literatur bedeutend heraus. In Deinem grossen Werk hab ich erst kapitelweise gelesen, weil ich zu sehr mit dem Abschluss meiner Arbeit »Von Hegel bis Nietzsche« beschäftigt war. Dazu kam eine nun schon fast 1jährige Krankheit meiner Frau, die mir viel Sorge macht, weil sie tropisch-klimatisch bedingt + hier schwer zu heilen ist. Sie war – mit wenig Erfolg – lange in Tokyo in einem amerik. Hospital. Ich strebe fort von der Axe, Tillich gibt sich nebst einigen andern Mühe etwas für mich zu finden, bisher noch ohne Erfolg. Es ist sehr schwer bei der Fülle von neuen Emigranten + der Abseitigkeit meines Arbeitsgebietes. Wenn Du mich – sei es selbst oder indirekt – irgendwohin empfehlen kannst so tue es bitte. Meine Dokumente besitzt Tillich. Mein Vertrag hier endet im Herbst dieses Jahres. Habt Ihr Euch in Amerika schon leidlich eingerichtet? Und hast Du dort eine Art Lehrauftrag für Geschichte? Und weisst Du wo Dr. Burschell ist? Ich schickte ihm im Januar ein Msc. für das geplante Buch der Th. Mann-Gesellschaft – ich erhielt nie eine Antwort, wahrscheinlich hat es ihn nicht mehr in Prag erreicht. Und wer ist sonst noch von gemeinsamen Bekannten in Deiner Nähe? Ich lebe hier ja völlig isoliert, ohne jede Möglichkeit eines Austausches. Als mir kürzlich Rilkes Briefe von 1914–21 in die Hände fielen war ich betroffen über die Unüberlebtheit seiner Stimmungen + Gedanken. Seid ihr mit Wolfskehl in Verbindung?

Ich hatte meine Arbeit, in der all m. Studien der letzten 10 Jahre versammelt sind, an Vita Nova geschickt. Dr. Roessler war sehr davon angetan + gab sich alle Mühe um das umfangreiche Buch (ca 450 Druckseiten) zu verlegen. Heute erhielt ich seine Absage, die Kalkulation sei bei den verringerten Absatzmöglichkeiten allzu ungünstig. Er schätzt die Gesamtkosten auf ca 5000 Schw. Frc., sodass es bei einer Auflage von 1000 ca 16 Frc. kosten müsste u. um diesen Preis könne er es nicht ohne grosses Defizit verkaufen. Ich möchte es nun bei Oprecht versuchen u. Dich um Rat fragen. Hast Du ihm einen Zuschuss zahlen müssen + könntest Du mich ihm etwa empfehlen? Wenn ja, so tue es bitte umgehend. Das Msc. ist bei Dr. H. Barth (Zürcher Zeitg) jetzt. Es läge mir sehr daran es baldigst unterzubringen, weil das die einzige Chance ist, um mich mit Erfolg um eine neue Stelle bewerben zu können. Leider hab ich das letzte Inhaltsverzeichnis, das ich noch hatte, bereits an Tillich geschickt – vielleicht lässt du es Dir von ihm zur Einsicht schicken. (New York, City, 99 Claremont Avenue)

Ermunterndes hab ich von hier nicht zu berichten. Grüsse bitte Fine.

Herzliche Grüsse Dein Karl L.

↘ Karl Löwith: Von Rom nach Sendai. Von Japan nach Amerika. Reisetagebuch 1936 und 1941. Hrsg. von Klaus Stichweh und Ulrich von Bülow. Mit einem Essay von Adolf Muschg. Marbach a.N. 2001.
↘ Enrico Donaggio: Karl Löwith. Eine philosophische Biographie. Heidelberg 2021.
↘ Ulrich von Bülow: Der Philosoph inmitten der Geschichte. Versuch über Karl Löwith. Warmbronn 2021.

14. Mai 39 Sendai, 41 Katahiracho

Lieber Erich,

endlich erhielt ich auf vielen Umwegen Deine neue Adresse. Mein Adressenbüchlein ist ein rechter Spiegel der Zeitläufte: von früheren Anschriften noch, ein beständiger Wechsel + eine Zerstreuung in alle Teile der Welt. Inzwischen wird Amerika immer mehr zum Sammelbecken u. ich denke auch mit Hoffen daran eines Tags wieder landen. Herr Singer ist zwar noch in Tokyo, wird es aber wohl auch bald verlassen. Wirklich befreunden konnten wir uns nicht, aber hin + da gab es ein vernünftiges Gespräch. Was mich von ihm fernhielt war sowohl seine Stellung zum „Reich" als zum Judentum. Was sagst Du übrigens zu Hitlers Reich? u. zu Rauschnings „Revolution des Nihilismus"? Beide heben sich aus dem uferlosen Strom der polit. Literatur bedeutend heraus. Das [illegible] grossen Werk hab ich erst kapitelweise gelesen, weil ich ganz sehr mit dem Abschluss meiner Arbeit „Von Hegel bis Nietzsche" beschäftigt war. Dazu kam eine nun schon fast 1 jährige Krankheit meiner Frau, die mir viel Sorge macht, weil sie tropisch-klimatisch bedingt + kaum schwer zu heilen ist. Sie war – mit wenig Erfolg – lange in Tokyo in einem amerik. Hospital. Ich stehe fast vor der Axe, Tillich gibt sich wohl einige andere Mühe etwas für mich zu finden, leider noch ohne Erfolg. Es ist sehr schwer bei der Fülle von anderen Emigranten + der Abseitigkeit meines Arbeitsgebietes. Wenn Du mich – sei es direkt oder indirekt – irgendwohin empfehlen kannst so tue es bitte.x) Mein Vertrag hier endet im Herbst dieses Jahres. Habt Ihr Euch in Amerika schon leidlich eingerichtet? Und hast Du dort eine Art Lehrauftrag für Geschichte? Was weisst Du wo Dr. Rauschnig ist? Ich schickte ihm im Januar ein Ms. für das geplante Buch der Th. Mann-Gesellschaft – ich erhielt nie eine Antwort, wahrscheinlich hat es ihn nicht mehr in Prag erreicht. Und wer ist sonst noch von gemeinsamen Bekannten in Deiner Nähe? Ich lebe hier ja völlig isoliert, ohne jede Möglichkeit eines Austausches. Als mir kürzlich Rilkes Briefe von 1914–21 in die Hände fielen war ich betroffen über die Unverbindlichkeit seiner Stimmungen + Gedanken. Steht Ihr mit Wolfskehl in Verbindung?

Ich habe meine Arbeit, in der alle m. Studien der letzten 10 Jahre versammelt sind, an Vita Nova geschickt. Dr. Roessler war sehr davon angetan + gab sich alle Mühe um das umfangreiche Buch (ca 450 Druckseiten) zu verlegen. Heute erhielt ich eine Absage, die Kalkulation sei bei den verringerten Absatzmöglichkeiten allzu ungünstig. Er schätzt die Gesamtkosten auf ca 5000 Schw. Frc., sodass es bei einer Auflage von 1000 ca 16 Frs. kosten müsste u. zu diesem Preis könne er es nicht ohne grosses Defizit verkaufen. Ich möchte es nun bei Oprecht versuchen u. Dich um Rat fragen. Hast Du ihm einen Zuschuss zahlen müssen + könntest Du mich ihm etwa empfehlen? Wenn ja, so tue es bitte umgehend. Das Ms. ist bei Dr. H. Barth (Zürcher Post) jetzt. Es liegt mir sehr daran es baldigst unterzubringen, weil das die einzige Chance ist, um mich mit Erfolg um eine neue Stelle bewerben zu können. Leider habe ich das einzige Inhaltsverzeichnis, das ich noch hatte, kürzlich an Tillich geschickt – vielleicht lässt Du es Dir von ihm zur Einsicht schicken. (New York, City. 99 Claremont Avenue)

x) [illegible] grüsst Tillich.

Beiliegendes habe ich [illegible]

Grüsse bitte Deine Frau.

Herzlichst grüsst Dich Dein Karl L.

Frank sucht »useful liberal people«

Karl Frank an Diverse (Konvolut: Empfehlungsschreiben für die USA), Paris, 21. Mai 1939
von Eva Kissel (Bibliothek)

Hier abgebildet sind fünf maschinenschriftlich und vermutlich in unmittelbarer Abfolge verfasste Briefe des Publizisten und Psychologen Karl Borromäus Frank, der unter seinem Pseudonym Paul Hagen auftritt. Frank, der sich als politisch links Beheimateter und Mitglied der Widerstandsgruppe ›Neu Beginnen‹ (NB) 1939 selbst im Pariser Exil befindet, wendet sich postalisch und angesichts der Dramatik einer Flucht durchaus mit einer gewissen Leichtigkeit an Bekannte in New York, um sich für Carl Zuckmayer und dessen Familie einzusetzen. Diese besteht aus Franks geschiedener Frau Alice Herdan-Zuckmayer, der gemeinsamen Tochter Michaela und Alice Herdan-Zuckmayers Tochter aus ihrer zweiten Ehe mit Carl Zuckmayer, Maria Winnetou. In Franks Briefen geht es nicht in erster Linie um Unterkunftssorgen oder Fragen finanziell-materieller Art. Vielmehr steht die Kontaktvermittlung, das Einbinden in soziale Netzwerke, das Kennenlernen möglichst vieler »useful liberal people« im Vordergrund. Frank bittet um »any advice necessary for newcomers« und »[to] take [Zuckmayer] on one of [the] next trips to the reservations«. Gemeint sind die Reservate der indigenen Völker Amerikas, die ein großes Interessengebiet Zuckmayers sind. Die Briefe sind – trotz der Notsituation, aus der heraus sie motiviert sind – äußerst unaufdringlich gehalten. Von einer unterstützenden Kontaktvermittlung im Zuge eines nicht durch Flucht bedingten örtlichen oder beruflichen Neuanfangs unterscheiden sie sich nur insofern, als die freiheitlich-demokratische Gesinnung Zuckmayers Betonung findet. So wird Zuckmayer mehrfach als »one of the most outstanding authors of democratic Germany« vorgestellt.

Die Briefe zeigen, dass Exil nicht nur das in jeder Hinsicht schmerzhafte Wegbrechen von gewohnten Orten und wirtschaftlichen Sicherheiten sowie das Zurücklassen sozialer Umgebungen und stabilisierender Freundeskreise bedeutet – es zwingt auch, an anderer Stelle Netzwerke zu aktivieren und Kontakt aufzunehmen. Exil heißt ein Mehr an Kommunikation und eine Verdichtung von sozialem Austausch andernorts. Exil heißt, einen Brief zu schreiben, der mit »Love!« schließt.

Zum Weiterlesen

↘ Biographisches Handbuch der deutschsprachigen Emigration nach 1933 (= International biographical dictionary of central European emigrés 1933–1945). Bd. 1. Hrsg. vom Institut für Zeitgeschichte München und von der Research Foundation for Jewish Immigration unter der Gesamtleitung von Werner Röder und Herbert A. Strauss. München [u.a.] 1980.

Paris
May 21, 1939

Mr. and Mrs. Felix Cohen
2121 New York Ave. N.W.
Washington, D.C.

Dear Felix and Lucy:

This is to introduce to you a greenhorn in America, but one of the few real European experts on Red Indians! He once began to write about how the Americans liguidated the Indians. He is quite in love with them, even named his own daughter Winnetou, after the big chief of the Sioux. It is not necessary to give Mr. Carl Zuckmayer, better credentials for you. I hope that you will take him on one of your next trips to the reservations.

In addition to his qualifications on Indians, Carl Zuckmayer is one of the most outstanding authors of democratic Germany. That is why Mr. Hitler just expatriated him.

Best greetings,

Paul Hagen

Empfehlungen

Paris
May 21, 1939

Frank

Dear Mary and Jack:

This is Michi's mother and her husband, coming to the United States and bringing you the pleasure of at least one or two plays to start with, that you will like very much. Please introduce Zuckmayer to every decent person your inventious brain will think of.

Perhaps you can also give Liccie some advice about schools, etc. for Michi and possibly for their younger daughter, Winnetou.

Love!
Pare

Hiller schreibt einem totgeglaubten Freund

Kurt Hiller an Paul Zech, London, 28. Februar 1940 von Katharina Hertfelder (Museum)

Während des Zweiten Weltkriegs war der Postverkehr über Ländergrenzen hinweg oft sehr unzuverlässig oder gar ganz unterbrochen. Wer lange auf die Antwort eines Freundes wartete, konnte nie sicher sein, ob ein Brief verloren gegangen oder aber der Empfänger in der Zwischenzeit verstorben war. Diese Ungewissheit erlebte auch der Schriftsteller Kurt Hiller, als er weit über ein halbes Jahr auf eine Antwort seines Kollegen und Freundes Paul Zech wartete. Auf einer Postkarte vom 28. Februar 1940 hakt Hiller nach:

> Ich schrieb Ihnen (an die gleiche Adresse wie jetzt) sowohl auf Ihren Brief vom 3/VI 39, also wohl im Juli, als auch, trotz fehlender Antwort auf diesen Sommerbrief, in den ersten Dezembertagen. […] Sind beide Sendungen verloren gegangen? Einschreiben lassen übersteigt meine finanziellen Möglichkeiten, die äusserst beschränkte sind. Oder kam der Julibrief an, aber nicht Ihre Antwort darauf? Ich habe jedenfalls seit damals nichts mehr von Ihnen gehört, und gerade gestern abend, als mir eine Notiz über Sie wieder vor Augen kam,

dachte ich, Sie seien nun wohl tot. Wie schön, dass Sie leben!

Kurt Hiller, der im Londoner Exil lebte, hat also sowohl vor als auch nach dem Ausbruch des Krieges an Zech geschrieben und offenbar knapp acht Monate lang weder eine Nachricht noch ein Lebenszeichen von ihm erhalten. Zech selbst, der ins argentinische Exil gegangen war, machte sich in gleicher Weise Sorgen um seinen Freund Hiller und wandte sich daher an den Exilanten Max Herrmann-Neisse, der ebenfalls in London lebte. Bei ihm erkundigte sich Zech in einem Brief vom 14. November 1939 nach Hiller, von dem ihm »seit Monaten ein Lebenszeichen« fehlte. Herrmann-Neisse trat als Mittler auf und sorgte dafür, dass der postalische Austausch zwischen Hiller und Zech wieder in Gang kam. Hiller erwähnt Herrmann-Neisses Vermittlerfunktion direkt zu Beginn seiner Postkartennachricht an Zech: »[S]oeben teilt Herrmann-Neisse mir mit, Sie hätten ihm geschrieben, Sie seien seit Monaten ohne Nachricht von mir. Ich bin entsetzt.«

Derlei Kommunikationsschwierigkeiten und Verzögerungen auf dem Postweg mögen den jeweiligen Korrespondenzpartnern mitunter gelegen gekommen sein. Der Biograf Paul Zechs geht beispielsweise davon aus, dass Zech mehr Zeit als notwendig habe verstreichen lassen, um auf den »Julibrief« Hillers zu antworten, weil er mit dem Inhalt eines politischen Papiers, das Hiller zusammen mit seinem Brief geschickt hatte, nicht einverstanden gewesen sei. Ob das stimmt, lässt sich nicht mit Sicherheit feststellen.

Ein Grund für das Ausbleiben einer Antwort dürfte auf jeden Fall die Tatsache gewesen sein, dass Hiller umgezogen war und Zech seine neue Adresse nicht kannte. Hiller vermerkte diese ausdrücklich auf der Postkarte. Mit gleicher Post brachte er auch seine Enttäuschung über das Ausbleiben einer Reaktion Zechs zum Ausdruck: »Mein AnfangDezemberbrief [sic] enthielt ein äusserst wichtiges politisches Exposé, einen Appell zur Gründung eines Freiheitsbundes deutscher Sozialisten; ich rechnete mit Ihrem Mittun.« Zech ließ ihn daraufhin im März 1940 wissen, dass er dieses Schreiben zwar im Januar erhalten habe, aber noch am gleichen Tag ins Sanatorium habe gehen müssen. Er bat Hiller daher um Aufschub für sein Votum zu dessen Exposé, signalisierte aber gleichzeitig grundsätzliche Zustimmung, was wiederum dazu führte, dass Hiller sich nun seinerseits die Unstetigkeit der Postverbindung zunutze machte. Er schrieb am 22. April 1940 an Zech:

> Der Freiheitsbund Deutscher Sozialisten wird in wenigen Tagen formell konstituiert, und ich habe mir erlaubt, Sie in die Bundesleitung zu nehmen. […] [B]ei dieser entsetzlichen Postverbindung, [sic] blieb mir nichts anderes übrig als Ihren Namen in das Präsidium einzusetzen, zumal ich ja annehme, dass eine Besprechung zwischen uns sicher zum positiven Ergebnis geführt haben würde.

Man merkt, dass Hiller und Zech sich bereits seit Jahrzehnten kannten. Anders wäre eine solch stillschweigende Annahme Hillers nicht zu erklären. Hiller hatte Zech rund 30 Jahre zuvor zur Mitarbeit an der ersten expressionistischen Lyrikanthologie *Kondor* ermuntert, an der Zech sich mit sechs Gedichten beteiligte. Später schrieb Hiller in einem Brief aus dem Jahr 1962 an den Leiter der Marbacher Bibliothek, Paul Raabe, dass diese Zusammenarbeit für den *Kondor* »zum Samenkorn einer Freundschaft« (25.8.1962) zwischen ihm und Zech geworden sei. Im darauffolgenden Jahr ließ er Raabe wissen: »Ich besitze den kompletten Emigro-Briefwechsel zwischen Paul Zech (Buenos Aires) und mir […]. Der Zechsche, im Vertrauen, ist nicht zu interessant.« (11.10.1963) Diese Einschätzung Hillers ist erstaunlich, zumal er Raabe gegenüber bereits drei Jahre zuvor den Briefwechsel mit Zech schon einmal erwähnt hatte. Damals hatte er seine Korrespondenz mit Zech zwar als »litteratenklatschig« bezeichnet, fragte Raabe aber dennoch, ob es aus seiner Sicht einen deutschsprachigen Verlag gebe, »der so etwas herausbrächte« (21.5.1960).

Offenbar ist es zu einer solchen Veröffentlichung nie gekommen; aber sicher nicht, weil die Exilkorrespondenz

›nicht zu interessant‹ gewesen wäre – lässt sich doch allein an diesem Einzelbeispiel ablesen, wie mühevoll die briefliche Kommunikation zwischen verschiedenen Exilorten sein konnte.

Zum Weiterlesen

↘ Alfred Hübner: Die Leben des Paul Zech. Eine Biographie. Heidelberg 2021.
↘ Daniel Münzner: Kurt Hiller. Der Intellektuelle als Außenseiter. Göttingen 2015.
↘ Kurt Hiller / Paul Raabe: Ich war nie Expressionist. Kurt Hiller im Briefwechsel mit Paul Raabe 1959–1968. Hrsg. von Ricarda Dick und mit einem Nachw. von Paul Raabe. Göttingen 2010.

London NW 6
28/II 40

Lieber Paul Zech –

soeben teilt Hermann-Neisse mir mit, Sie hätten ihm geschrieben, Sie seien seit Monaten ohne Nachricht von mir. Ich bin entsetzt. Ich schrieb Ihnen (an die gleiche Adresse wie jetzt) sowohl auf Ihren Brief vom 3/VII 39, also wohl im Juli, als auch, trotz fehlender Antwort auf diesen Sommerbrief, in den ersten Dezembertagen. Mein Anfangdezember-brief enthielt ein äusserst wichtiges politisches Exposé, einen Appell zur Gründung eines Freiheitsbundes deutscher Schriftsteller, ich rechnete mit Ihrem Mittun. – Sind beide Sendungen verloren gegangen? Einschreiben lassen übersteigt meine finanziellen Möglichkeiten, die äusserst beschränkt sind. Oder kam der Julibrief an, aber nicht Ihre Antwort darauf? Ich habe jedenfalls seit damals nichts mehr von Ihnen gehört, und gerade gestern abend, als mir eine Notiz über Sie wieder vor Augen kam, dachte ich, Sie seien nun wohl tot. Wie schön, dass Sie leben! Und wie schön, dass

ich durch Sie (via Herrmann=N.) jetzt die Adresse meines alten Freundes Trajano er-fahren habe; noch heute schreib ich nach Brüssel.
In der Hoffnung, nun recht bald von Ihnen zu hören, und zwar nur Gutes, bin ich in alter Freundschaft herzlichst

Ihr

Kurt Hiller

(Neue Adresse!)

sent by Kurt Hiller
7, St. Lawrence Mansions
Priory Park Road
London N.W. 6

POST CARD

1940

Argentine

Señor Paul Zech
„Die Presse"
Calle Castelli 360
Buenos Aires

POSTAGE ½D REVENUE

ONE PENNY

Lustig schickt ein S.O.S.

Jan Lustig an Manfred George, Figueira da Foz, 27. Juni 1940 von Inga Wagner (Archiv)

»[D]ieser Brief ist ein S.O.S.«, schreibt Jan Lustig (1902–1979) am 27. Juni 1940 aus Portugal an seinen Freund Manfred George (1893–1965) und bittet ihn, sich an den Jewish Joint zu wenden, um ihm eine Einreise in die USA zu ermöglichen. Nach einer zweiwöchigen dramatischen Flucht von Paris über Südfrankreich und Spanien ist Lustig gerade im portugiesischen Figueira da Foz angekommen.

Der aus Brünn stammende, heute weitestgehend vergessene Jan Lustig war im Berlin der 20er- und frühen 30er-Jahre ein angesehener Filmkritiker und Autor. Seine Freundschaft zu Manfred George geht auf die gemeinsame Zeit in der Feuilletonredaktion der Berliner Zeitung *Tempo* zurück. Beide emigrierten unmittelbar nach der Machtübernahme der Nationalsozialisten 1933. George floh zunächst nach Prag und 1938 auf Umwegen über mehrere Länder in die USA, wo er in New York 1939 Chefredakteur der deutsch-jüdischen Exilzeitung *Aufbau* wurde.

Jan Lustig hatte zunächst das französische Exil gewählt und in Paris schnell Kontakte und ein neues Wirkungsfeld gefunden. Als Drehbuchautor genoss er bald einen guten Ruf. Mit dem Einmarsch der deutschen Truppen in Paris musste er jedoch erneut fliehen. George gegenüber berichtet er:

> Wir, eine Gruppe von jüdischen Emigranten, sind nach abenteuerlicher, aufreibender Flucht aus Frankreich hierhergelangt, die meisten ohne alle Habe, ohne Geld, gerade noch das nackte Leben rettend. Wir haben zum zweiten Male alles verloren. Aber das hat für uns im Augenblick keine Bedeutung. Wir sind frei, wir sind den Nazis entwischt – fünf Minuten vor zwölf. Die Einzelheiten dieser Flucht zu erzählen, die grauenhaften Tragödien, die sich dabei abspielten – das alles für später.

Die Einzelheiten hat Lustig detailliert in einem Tagebuch festgehalten, das unter dem Titel Ein Rosenkranz von Glücksfällen. Protokoll einer Flucht postum von Erich A. Frey herausgegeben wurde. Zudem findet sich eine erschütternde Schilderung von Flucht und verzweifelter Lage in einem anderen ›S.O.S.-Brief‹ vom 28. Juni 1940 an die befreundete Drehbuchautorin Irma von Cube. An George schreibt er weiter:

> Ein Wunder ist geschehen, die Portugiesen haben uns im letzten Moment in ihr Land gelassen. Nach 30 Tagen aber wird dieser Traum zu Ende sein. Man hat uns das Transit-Visum nur unter der Bedingung gegeben, daß wir uns nach 4 Wochen nach Uebersee einschiffen. Diese Bedingung wird sehr streng eingehalten werden. Uns einschiffen - wohin? Kein Land nimmt uns auf. Niemand kümmert sich um uns, keine Organisation wird eine Tragödie verhindern können, die beispiellos ist. Wir sind hier abgeschnitten von aller Welt, dürfen nicht einmal nach Lissabon. Unnötig zu sagen, daß wir hier nicht arbeiten dürfen, also bald verhungern können.
>
> Lieber Doktor, Sie müssen sofort für uns handeln. Alarmieren Sie bitte sofort Jewish Joint, Dorothy Thompson, Knickerbocker und alle jüdischen und amerikanischen Stellen, die Sie dafür für geeignet halten. Wir haben keine andere Hoffnung.

Lustigs Brief verdeutlicht auf erschütternde Weise das Schicksal der verfolgten jüdischen Exilanten, darunter vieler Intellektueller und Künstler, die 1940 diesen letzten Fluchtweg über Portugal genommen hatten. In seinen Hilferuf schließt Lustig andere Flüchtlinge mit ein, die wie er in Figueira da Foz gestrandet sind und die er im Brief benennt:

> Mit uns sind ein paar hundert jüdische Tschechen, Oesterreicher usw., darunter sehr wertvolle Menschen, die gerettet werden müssen. Ich nenne Ihnen u.a. Hugo Haas, den berühmten Schauspieler aus Prag (»Weiße Krankheit«), seine entzückende Frau, geborene Prinzessin Bibikoff, einst Star des »Blauen Vogels« von Jushnij, Ruth Thomas, die Sie aus Paris kennen, Otto Eis (Film) und Thorberg und viele, viele andere. Lieber Doktor, bitte antworten Sie sofort per Clipper(?), poste restante Figueira da Foz, Portugal, adressieren Sie an mich oder Till, wir beide können als Vertrauensleute den dortigen Organisationen gegenüber auftreten. Doktor, ich zähle auf Sie. Tausend Grüße von Lottchen und mir an Sie und Ihre Lieben. Ihr Lustig.

Am Ende des Briefs sind einige Zeilen von Eugen Tillinger angefügt, einem befreundeten Journalisten, der die Dramatik der Lage unterstreicht und ebenfalls um Hilfe bittet: »Dies ist ein wirklicher S.O.S. Brief. Bitte auf jeden Fall sofort antworten. [...] Wenn New-York nicht möglich, wären wir mit Canada glücklich. Wir rechnen mit Ihnen.« Einen weiteren Appell ergänzte am oberen Rand der ersten Seite Ruth Thomas – vermutlich die Schauspielerin und Tänzerin Ruth Jungk (1913–1995), Künstlername: ›Ruth Thomas‹.

Tatsächlich gelingt Lustig die Weiterflucht. Durch die Vermittlung von Irma von Cube organisiert ihm das Emergency Rescue Committee in New York in Zusammenarbeit mit dem European Film Fund in Hollywood ein Visum und einen Arbeitsvertrag bei Metro-Goldwyn-Mayer. Als Drehbuchautor ist Lustig an MGM-Produktionen wie dem Oscar-nominierten Film The White Cliffs of Dover beteiligt.

1958 wechselt Lustig zu Paramount Pictures, kehrt aber schon ein Jahr später, nach dem Tod seiner ersten Frau Charlotte (Lottchen) Weinberg, nach Deutschland zurück. Lustig lässt sich in München nieder, wo er sich auf die Arbeit an Drehbüchern, die Übersetzungen von Theaterstücken ins Deutsche und auf das Schreiben von Erzählungen konzentriert.

Beeindruckend ist, wie Jan Lustig es trotz aller widrigen und tragischen Umstände immer wieder schaffte, sich neu zu erfinden und erfolgreich aufzustellen. Zur Hilfe kam ihm dabei sein Sprachtalent. Anders als vielen seiner Kollegen gelangen ihm die Wechsel in die jeweils neue Sprache und Kultur offensichtlich mühelos.

Zum Weiterlesen

↘ Jan Lustig: Ein Rosenkranz von Glücksfällen. Protokoll einer Flucht. Hrsg. und mit einem Nachw. von Erich A. Frey, Bonn 2001.

Pensão Cafe-Europa
AMARAL, FILHOS & C.ª
Rua Cândido dos Reis, 52—Bairro Novo
FIGUEIRA DA FOZ
TELEFONE, 265

A pensão que melhor serve. — Explêndidos quartos mobilados — Casas de banho — Serviço esmerado — Serviço permanente a todos os comboios — Esmerado serviço permanente de restaurante

Lustig
Tillinger.

Figueira da Foz, Portugal,
27. Juni 1940

Lieber Doktor Georg,

Dieser Brief ist ein S.O.S.

Wir, eine Gruppe von jüdischen Emigranten, sind nach abenteuerlicher, aufreibender Flucht aus Frankreich hierhergelangt, die meisten ohne alle Habe, ohne Geld, gerade noch das nackte Leben rettend. Wir haben zum größten Teile alles verloren. Aber das hat für uns im Augenblick keine Bedeutung. Wir sind frei, wir sind den Nazis entwischt – fünf Minuten vor zwölf. Die Einzelheiten dieser Flucht zu erzählen, die grauenhaften Tragödien, die sich dabei abspielten – das alles für später. Ein Wunder ist geschehen, die Portugiesen haben uns im letzten Moment in ihr Land gelassen. Nach 30 Tagen aber wird dieser Traum zu Ende sein. Man hat uns das Transit-Visum nur unter der Bedingung gegeben, daß wir uns nach 4 Wochen nach Übersee einschiffen. Diese Bedingung wird sehr streng eingehalten werden. Uns einschiffen – wohin? Kein Land nimmt uns auf. Niemand kümmert sich um uns, keine Organisation wird eine Tragödie verhindern können, die beispiellos ist. Wir sind hier abgeschnitten von aller Welt, dürfen nicht einmal nach Lissabon. Unnötig zu sagen, daß wir hier nicht arbeiten dürfen, also bald verhungern können.

Lieber Doktor, Sie müssen sofort für uns

Wir gelten hier als berühmte Leute, man verlangt Interviews von uns u.s.w.

handeln. Alarmieren Sie bitte sofort Jewish Joint, Dorothy Thompson, Knickerbocker und alle jüdischen und amerikanischen Stellen, die Sie dafür für geeignet halten. Wir haben keine andere Hoffnung. Meine Frau hat die unsagbaren Strapazen der Flucht heldenhaft getragen, sie grüßt sehr herzlich. Ebenso unser alter Freund Tillinger, mit dem zusammen ich diesen Brief schreibe und der die Idee hatte, sich an Jewish Joint, Thompson usw. zu wenden. Lieber Doktor, ich glaube, daß Bruno Herlig ein energischer Mann und wirklicher Freund Sie bei dieser Aktion unterstützen kann. Bitte verständigen Sie ihn gleich. Vielleicht kann man die amerikanische Presse in Bewegung setzen; nur bitte ich, aus Rücksicht auf unsere Leute weder meinen noch Tillingers Namen zu nennen. Mit uns sind ein paar hundert jüdische Tschechen, Oesterreicher usw., darunter sehr wertvolle Menschen, die gerettet werden müssen. Ich nenne Ihnen u.a. Hugo Haas, den berühmten Schauspieler aus Prag („Weiße Krankheit"), seine entzückende Frau, geborene Prinzessin Bibikoff, einst Star des „Blauen Vogels" von Jushni, Ruth Thomas, die Sie aus Paris kennen, Otto Bis (Film) und Norberg und viele, viele andere. Lieber Doktor, bitte antworten Sie sofort per Clipper, poste restante Figueira da Foz, Portugal, adressieren Sie an mich oder Till, wir beide können als Vertrauensleute den dortigen Organisationen gegenüber auftreten. Doktor, ich zähle auf Sie. Tausend Grüße von Lottchen und mir an Sie und Ihre Lieben. Ihr

Lustig

Doktor, wohlverstanden, es handelt sich nicht um Geld, sondern um die Einreise nach U.S.A.!

Lieber Dr. my,

Kein Tag, keine Stunde ist zu verlieren. Dies ist ein wirklicher S.O.S. Brief. Bitte auf jeden Fall sofort antworten (Clipper) und beim Jewish Joint und den anderen Stellen Lustig's und meinen Namen als Vertrauenspersonen nennen. Wenn New-York nicht möglich, wären wir mit Canada glücklich. Wir rechnen mit Ihnen.

Herzlichst Ihr alter

Till

Berend fühlt sich fast wie ein Fahnenflüchtiger

Eduard Berend an Bertha Badt-Strauss und Bruno Strauss, Genf, 18. Juli 1940 von Ruth Doersing (Archiv)

»Fast wie ein Fahnenflüchtiger« fühlt sich Eduard Berend, der im Juli 1940 aus Genf an seine Freunde, die Publizistin Bertha Badt-Strauss und deren Ehemann, den Germanisten Bruno Strauss, schreibt. Wie Berend wurde das Ehepaar im NS-Staat als jüdisch verfolgt und hatte noch im Herbst 1939 über London in die USA emigrieren können.

Auf den ersten Blick stimmen für Berend, am 5. Dezember 1883 in Hannover geboren und aus einer jüdischen Familie stammend, die äußeren Bedingungen des rettenden Exils: Noch Ende 1939 kann er nach der späten – seine Verdienste im Ersten Weltkrieg hatten ihn lange geschützt – Entlassung aus dem Dienst und der Inhaftierung im »Schutzhaftlager« Sachsenhausen das nationalsozialistische Deutschland verlassen; dabei unterstützen ihn verschiedene Freunde, unter anderem der Basler Romanist Albert Béguin, der Berends Bibliothek aufnimmt, und nicht zuletzt der bereits 1930 in die USA emigrierte Literaturwissenschaftler Heinrich Meyer, der das notwendige Affidavit besorgt. Bei seinen Freunden Paul und Helene Neuburger in Genf findet Berend Aufnahme, seine ›Sachen‹ und insbesondere seine Bibliothek und die Jean-Paul-Sammlung kann er retten – und selbst die Tatsache, dass er keine Arbeitserlaubnis hat, kommt ihm gewissermaßen zugute, denn so kann er seine wissenschaftliche Arbeit in einer örtlichen Bibliothek fortsetzen. Sein (wenn auch knappes) wirtschaftliches Überleben ist durch Zuwendungen Verwandter gesichert. Auch Bekannte hat es nach Genf verschlagen, in eine Gegend, die für Berend »wie ein großer Garten« ist.

Damit sind die nach der Maslowschen Bedürfnispyramide wesentlichen Bedürfnisse erfüllt – dennoch, vielleicht auch gerade deshalb, sorgt Eduard Berend sich sehr: Von seinem in London lebenden Bruder, dem Musiker und Musikwissenschaftler Fritz Berend, der über Italien 1939 nach England gelangt war, hat er längere Zeit nichts gehört. Die Schwester Anna lebt in prekären Verhältnissen in Berlin, muss gar eine Gräfin pflegen, obwohl sie selber schwach ist; der Bruder Franz befindet sich in Hamburg in ständiger Angst vor Bombenangriffen. Beide, die ihm so sehr nahestehende Anna und auch Franz, werden den Holocaust nicht überleben. Berends »schwerste Sorge«, eine Verschleppung der jüdischen Bevölkerung nach Galizien, wird von der Realität, dem systematischen Massenmord an der als jüdisch deklarierten Bevölkerung, bei Weitem übertroffen.

Nach dem Krieg wird die Erarbeitung einer historisch-kritischen Ausgabe der Werke Jean Pauls, mit dem Berend sich bereits in seiner Dissertation beschäftigt hatte, erneut aufgenommen. Wieder fungiert Eduard Berend – wie bereits von 1927 bis 1938 als Angestellter der Preußischen Akademie der Wissenschaften – als Herausgeber. 1956, mit 72 Jahren, schließlich erhält Eduard Berend von Bernhard Zeller, dem Gründungsdirektor des Deutschen Literaturarchivs, eine Einladung nach Marbach, die ihm auch eine monatliche Rentenzahlung garantiert. Hier stellt er im Frühjahr 1957 in einem Arbeitszimmer unter dem Dach des Schiller-Nationalmuseums seine Bibliothek und die Jean-Paul-Sammlung auf und arbeitet fortan an der Fertigstellung der Jean-Paul-Ausgabe. Bis zu seinem Tod am

23. September 1973, wenige Monate vor seinem 90. Geburtstag, lebt Berend – mittlerweile hochgeehrt – in Marbach am Neckar, dort ist auch sein Grab. Das Deutsche Literaturarchiv Marbach verwahrt seinen Nachlass und mit ihm auch das Jean-Paul-Archiv.

Zum Weiterlesen

↘ Eduard Berend / Heinrich Meyer: Briefwechsel 1938–1972. Hrsg. von Meike G. Werner. Göttingen 2013. (Marbacher Schriften N.F. 10.)
↘ Bernhard Zeller: Marbacher Memorabilien. 2 Bde. Marbach a.N. 1995 und 2000.

Genf, 18. Juli 40.
4, Chemin Kermely.

Liebe Frau Bertha! Lieber Herr Doktor, oder man muss jetzt wohl sagen: Professor! Von meinem Freunde Meyer in Houston weiss ich Ihre Adresse, und dass Sie nun glücklich drüben gelandet sind. Es würde mich <u>sehr</u> freuen, wenn Sie mir selber recht bald einmal ausführlich berichten würden, was Sie alles erlebt haben, und wie Sie sich drüben einleben und fühlen. Sie können sich denken, wie brennend mich das alles interessiert. Ich kann mir denken, dass Sie wenig freie Zeit haben; aber dafür müssen Sie doch einmal ein Stündchen erübrigen. Ich will mit gutem Beispiel voran gehen. Sie werden sich erinnern, dass mir im Juli vorigen Jahres die Schweiz, dank den Bemühungen meiner hiesigen Freunde und dem von Dr. Meyer ausgestellten, von Herrn A.Bath supportierten Affidavit einen dreijährigen Aufenthalt in Genf bewilligte. Die Formalitäten der Ausreise, deren Langwierigkeit Sie ja aus eigner Erfahrung kennen, zogen sich bis über Kriegsausbruch hin. Nun annullierte die Schweiz zunächst alle bereits erteilten Einreiseerlaubnisse. Ich musste ein neues Gesuch einreichen, das wieder von meinen Freunden lebhaft unterstützt wurde. Im Dezember erhielt ich die endgültige Erlaubnis, und es ging nun alles unerwartet glatt. Dass mir die Trennung von meiner Schwester sehr, sehr schwer geworden ist, brauche ich Ihnen nicht zu sagen; aber es wäre ja heller Wahnsinn gwesen, von der mir gebotenen Chance keinen Gebrauch zu machen. Am 21. Dez. fuhr ich ab, hielt mich einige Tage in Basel, Zürich und Bern auf, wo ich überall alte Bekannte begrüsste und neue Beziehungen anknüpfte, und traf am letzten Tage des Jahres hier in Genf ein. Ich wohne bei meinen Freunden Neuburger, die schon fünf Jahre hier sind und eine hübsche, komfortable Dreizimmerwohnung in hübscher Lage haben. Es geht natürlich etwas eng her, und besonders die Unterbringung meiner Sachen, die im Januar heil und ganz aus Deutschland eintrafen, machte grosse Schwierigkeiten; den grössten Teil meiner Bibliothek musste ich in Basel bei meinem Gönner, Prof. Béguin, lassen. Aber im grossen und ganzen lebe ich hier ganz behaglich. Arbeitserlaubnis habe ich natürlich nicht; aber ich kann auf der Bibliothek wissenschaftlich arbeiten und hoffe, dass ich einiges von dem, was ich schreibe, in amerikanischen Zeitschriften werde unterbringen können. Daneben treibe ich eifrig Französisch und namentlich Englisch. Dass das in meinem Aletr nicht mehr so ganz leicht geht, werden Sie ja auch am eignen Leibe oder Geiste erfahren haben. Von einer Kautionssumme, die ein Verwandter von mir zur Verfügung gestellt hat, erhalte ich monatlich 150 fr. ausbezahlt, womit ich recht gut auskommen kann, da Frau Neuburger ausgezeichnet zu wirtschaften versteht. An Bekannten fehlt es mir auch nicht, und es sind manche interssanten und lieben Menschen darunter. Die herrliche Stadt und noch herrlichere Umgegend geniesse ich natürlich auch nach Möglichkeit, zumal da das Wetter den ganzen Frühling über vorwiegend schön war und erst in der letzten Zeit sich etwas verschlechtert hat. Zu weiteren Ausflügen reicht freilich das Geld nicht, sie werden auch durch die Sperrung der Grenzen, die ja hier dicht an der Stadt liegen,erschwert; aber die Nähe bietet schon genug Sehenswertes. Die ganze Gegend ist ja wie ein grosser Garten, in dem wieder die herrlichsten kleineren Gärten liegen. So könnte ich mich eigentlich über gar nichts beklagen, wenn nicht die Sorge um die Entwicklung der politischen Verhältnisse und besonders um meine Geschwister wäre. Mein Musikbruder ist noch in London, und ich brauche Ihnen nicht zu sagen, wie sehr ich um ihn in Sorge bin. Interniert scheint er nicht zu sein. Er hatte sich aus Emigranten ein kleines Kammerorchester gebildet,das Konzerte für wohltätige Zwecke veranstaltete; und am 30. Mai hat er sogar noch eine unbekannte Mozart-Oper in einem grossen Theater zum besten des Roten Kreuzes mit Erfolg dirigiert. Nun bin ich aber schon

6

seit Wochen ohne Nachricht von ihm. Er hoffte schon bald für U.S.A. an die Reihe zu kommen; aber er hat noch kein Affidavit auftreiben können, und vorläufig wird ja wohl überhaupt keine Uebersiedelung möglich sein. Ist Ihr Sohn noch in England? Haben Sie ihn dort noch gesucht, bevor Sie den Ozean kreuzten? Das müssen Sie mir alles ausführlich erzählen. – Meine Schwester hat einen harten Winter hinter sich. In der Grunewald-Wohnung gab es bei der grossen Kälte einen Bruch des Heizrohrs, die Zimmer wurden teilweise überschwemmt, wochenlang waren sie ohne alle Heizung, und die so liebevoll gepflegten Pflanzen im Wintergarten sind alle erfroren. Dazu war die Gräfin Stamati (die frühere Untermieterin, jetzige Wohnungsinhaberin) schwer krank, und meine Schwester musste sie pflegen und den ganzen Haushalt allein besorgen. Dazu die Ernährungsschwierigkeiten und sonstigen Sorgen. Das einzig Gute daran war, dass sie durch alle diese Dinge über den Kummer über mein Wegsein leichter hinweggekommen ist. Jetzt geht es ihr etwas besser, sie war sogar einige Wochen in einer Art Sommerfrische in der Nähe von Hamburg als paying guest bei entfernten Bekannten und hat sich dort etwas erholt. Aber ihr Gewicht, das immer schon niedrig war, hat sehr abgenommen. – Dann ist noch mein Bruder in Hamburg, der fast Nacht für Nacht im Keller verbringen muss wegen der ständigen englischen Fliegerangriffe. Die schwerste Sorge ist die anscheinend immer noch drohende Verschleppung der Juden nach Galizien. Ich komme mir bei alledem fast wie ein Fahnenflüchtiger vor und sinne Tag und Nacht darüber nach, wie ich helfen könnte, sehe aber vorläufig gar keine Möglichkeit dazu. Die Einreisemöglichkeiten in die Schweiz sind jetzt strenger als je, und mit U.S.A. wird es noch lange dauern, auch haben meine Geschwister noch keine Affidavits, und ich weiss ja nicht einmal, ob das für mich von Dr. Meyer ausgestellte ausreichen wird, da die Anforderungen inzwischen sehr erhöht sein sollen. Herr Meyer schrieb mir neulich, vielleicht würde mir Herr Bath, der sehr einflussreich sei, eine Bibliothekarstelle verschaffen können. Ich wage das nicht zu hoffen, möchte Sie aber doch bitten, bei Gelegenheit einmal mit Ihrem Vetter über meinen Fall zu sprechen. Vielleicht können Sie mir auch sonst auf Grund Ihrer bisherigen Erfahrungen Ratschläge erteilen, wofür ich sehr dankbar wäre. Es scheint ja, nach allem was ich höre, drüben sowohl der Deutschen- wie der Judenhass sehr im Wachsen begriffen zu sein, was für einen, der beides ist, keine angenehmen Perspektiven eröffnet..... Seien Sie beide herzlich gegrüsst und lassen Sie nicht zu lange auf Antwort warten

Ihren

Eduard Berend

Erna und Alfred Döblin machen den Sohn Peter zum Regisseur ihrer Flucht

Erna und Alfred Döblin an Peter Döblin, Lissabon, 12. August 1940
von Vera Hildenbrandt (Museum)

Als Erna und Alfred Döblin am 12. August 1940 einen gemeinsamen Brief an ihren Sohn Peter schreiben, haben sie eine abenteuerliche Flucht durch Frankreich hinter sich. Als »une, mais non: deux Odyssées par la France d'aujourd'hui« bezeichnet Alfred Döblin in einem Brief an den französischen Germanisten Robert Minder diese Flucht, die seine zweite Exilzeit einleitet. Einen Tag nach dem Reichstagsbrand am 27. Februar 1933 war Döblin aus Berlin zunächst in die Schweiz geflohen, Anfang September dann mit seiner Familie von Zürich nach Paris übergesiedelt. Knapp sieben Jahre später zwingt der Einmarsch der Deutschen in Frankreich die Döblins nun erneut zur Flucht. Die »Fahrt ins Unbekannte« bis hin zur »Rettung« beschreibt Döblin ausführlich im ersten Buch seiner autobiografischen Schrift *Schicksalsreise*, das 1940/41 in Hollywood entsteht.

Am 26. Mai 1940 brechen Erna und Alfred Döblin mit dem jüngsten Sohn Stefan von ihrem Wohnort Saint-Germain-en-Laye in Richtung Paris auf. Während Erna und Stefan gleich weiterreisen nach Le Puy, bleibt Alfred, der seit Kriegsbeginn im französischen Informationsministerium beschäftigt ist, noch einige Tage in Paris. Als die Pariser Behörden evakuiert werden, verlässt aber auch er gemeinsam mit den Kollegen seiner Dienststelle am 10. Juni die Stadt. Mit dem Zug geht es von Paris nach Tours, von Tours mit dem Lastwagen weiter nach Moulins, von Moulins mit dem Viehwagen nach Cahors. In Cahors trennt er sich am 20. Juni von seinen Kollegen, um auf eigene Faust zu Erna und Stefan zu fahren, die er noch immer in Le Puy wähnt. Nach einer Irrfahrt über Rodez und Mende kommt er am 24. Juni in Le Puy an und erfährt, dass Erna und Stefan drei Tage zuvor auf der Suche nach ihm in Richtung Rodez abgereist sind. Döblin will ihnen nach, strandet aber, dem physischen und psychischen Zusammenbruch nahe, in Mende, wo er die Suche nach der Familie aufgibt und für etwa zwei Wochen im Flüchtlingslager Camp de la Vernède unterkommt. Es sind, wie er am 30. Juni 1940 an Robert Minder schreibt, die schwärzesten Tage seines Lebens. Anfang Juli erhält er ein Telegramm seiner Frau aus Toulouse. In der südfranzösischen Stadt trifft er am 10. Juli nach Wochen der Ungewissheit und des Umherirrens Frau und Kind wieder. Noch am selben Tag beschließt die Familie, »so schnell wie möglich Frankreich zu verlassen und nach Amerika zu gehen«. Peter, der älteste Sohn der Döblins, der seit 1934 als Buchgestalter in den USA lebt, wird telegrafisch um das nötige Reisegeld und um Unterstützung bei der Beschaffung der Visa gebeten.

Die Flucht geht weiter von Toulouse über Marseille, Port Bou, Barcelona und Madrid nach Lissabon, wo die Familie am 3. August 1940 eintrifft. Eine Zeit zermürbenden Wartens beginnt – der Fortsetzungsbrief, den Erna und Alfred Döblin im Wechsel an Peter schreiben, legt beredt Zeugnis davon ab. Erna beginnt, klagt auf Französisch über den quälenden Aufenthalt in der Stadt, die Tag und Nacht von einem Höllenlärm erfüllt sei, über das für die Familie viel zu teure Leben, und schließt damit, dass sie an ihre Söhne denke.

Gemeint sind Wolfgang und Klaus, die beide zur französischen Armee eingezogen worden waren und von denen sie länger nicht gehört hat. Von Klaus erhalten die Eltern noch vor ihrer Ausreise in die USA die Nachricht, dass seine Einheit nach dem Waffenstillstand am 22. Juni 1940 aufgelöst wurde. Zu Wolfgang ist seit Mai 1940 jeder Kontakt abgebrochen.

Als Erna endet, setzt Alfred an. Er schreibt auf Deutsch, fragt den seit sechs Jahren in den USA lebenden Sohn ein bisschen scherzhaft, ob er »noch deutsch lesen« könne, bevor auch er dazu übergeht, die schwierige Situation der Familie zu schildern, die vergeblichen Versuche, an Schiffbilletts zu kommen, für die ihnen zudem die nötigen finanziellen Mittel fehlen. Er bittet Peter um »die Adresse von Rosin«, von dem er sich Hilfe erhofft. Noch einmal übernimmt Erna, ›verlängert‹ den Brief – wieder auf Französisch –, berichtet aufgewühlt von Polizeibesuchen, fürchtet, gar nicht mehr rechtzeitig aus Europa herauszukommen. Wie sehr Alfred die Besorgnis seiner Frau teilt, wird dadurch deutlich, dass er erneut aufgreift, was sie sagt, und mit Verweis auf die »Tortur«, der man ausgesetzt war und ist, die Bitte um Unterstützung und die Adresse der Rosins eindringlich wiederholt. So sind es eigentlich vier Briefe in einem – zwei Ernas und zwei Alfreds –, die im Wechsel und mit steigender Intensität in den Hilferuf münden: »Was man will, ist: wegkommen und wenigstens äußerlich zur Ruhe kommen.«

Dass Alfred, Erna und Stefan Döblin schließlich »wegkommen« und sich am 3. September 1940 auf der ›Nea Hellas‹ nach New York einschiffen können, ist vielen zu verdanken: Peter Döblin und dem ehemaligen Berliner Bankier Arthur Rosin, mit dem Döblin seit Anfang der 30er-Jahre befreundet ist, Hermann Kesten, Lotte Lehmann und Bruno Walter, Max Reinhardt und William Dieterle, die das Affidavit für die Einreisevisa übernahmen, und vermutlich weiteren Helferinnen und Helfern.

Für fünf Jahre lassen die Döblins Europa hinter sich, bevor sie im Oktober 1945 aus dem amerikanischen Exil zurückkehren. Im November 1945 tritt Alfred Döblin seinen

Dienst als Chargé de Mission im Bureau des Lettres der Direction de l'Education Publique in Baden-Baden an. Erna Döblin bleibt zunächst in Paris. Deutschland und die Deutschen sind ihr verhasst, haben sie ihr doch den Sohn Wolfgang genommen: Im März 1945 erfahren die Döblins nach Jahren der Ungewissheit, dass Wolfgang, wohl aus Angst, der Wehrmacht in die Hände zu fallen, am 21. Juni 1940 im Vogesendorf Housseras Selbstmord begangen hat – in der Zeit ihrer verzweifelten Flucht durch Frankreich. Ende Februar 1946 folgt Erna ihrem Mann zwar nach Baden-Baden, doch wird es für sie keine Heimkehr. Sie sehnt sich nach Frankreich, dem Land, dessen Staatsbürgerschaft die Familie seit Oktober 1936 besitzt, dem Land, dessen Sprache Erna in den Jahren zwischen 1933 und 1940 zum gemeinsamen Idiom mit den Söhnen wurde, dem Land, in dem Wolfgang beerdigt ist. »Meine Frau hängt ja mit jeder Fiber ihres Herzens an Frankreich«, schrieb Alfred bereits am 28. September 1942 an die Rosins. Ernas enges »Gefühl zu dem Land« bleibt auch nach dem Zweiten Weltkrieg, wird noch verstärkt durch ihr wachsendes Unbehagen an Deutschland in der Adenauer-Ära, durch ihren tiefen Argwohn gegenüber dem Demokratisierungswillen der Deutschen, durch die mangelnde Wahrnehmung von Alfreds Werk. Im Jahr 1953 übersiedeln die Döblins wieder nach Paris. Am 28. April 1953 erklärt Alfred Döblin in einem Abschiedsbrief an den damaligen Bundespräsidenten Theodor Heuss:

> Vor etwa sieben Jahren meldete ich mich bei Ihnen, der damals in Stuttgart saß, von Baden-Baden aus und kündigte Ihnen meine Rückkehr nach Deutschland an. Es war ein übereilter Brief. Es wurde keine Rückkehr, sondern ein etwas verlängerter Besuch. Ich kann nach den sieben Jahren, jetzt, wo ich mein Domizil in Deutschland wieder aufgebe, mir resumieren [sic]: es war ein lehrreicher Besuch, aber ich bin in diesem Lande, in dem ich und meine Eltern geboren sind, überflüssig.

Zum Weiterlesen

↘ Alfred Döblin: Briefe. Olten 1970.
↘ Alfred Döblin: Briefe II. Düsseldorf/Zürich 2001.
↘ Alfred Döblin: Schicksalsreise. Bericht und Bekenntnis. Solothurn/Düsseldorf 1993.

Lisbon, le 12 août 40
(poste restante)

Cher Pierre, nous sommes assez déçus, c'est un séjour pénible et on ne sait pas quand il prendra fin. J'ai demandé aujourd'hui d'abord chez Beckmann le prochain départ possible; on m'a dit qu'il y a chaque jeudi un bâteau, mais qu'ils sont tous pris jusqu'au commencement du mois d'Octobre. Puis je suis allé chez Cook où l'on me proposait un bâteau grecque partant le 30 août (mauvais bâteau à ce qu'il me semble).
En tout cas je prie ceux qui s'intéressent pour nous de ne pas traîner infiniment l'affaire et de vouloir [illegible] le plus tôt possible nous faire savoir la durée de notre séjour à Lisbonne. Nous avons dû prendre – cela va sans dire – une pension tout bon marché qui est encore très cher pour nous. Si nous étions obligés de rester encore des semaines nous pourrions au moins nous retirer de cet enfer dans un village des environs. Nous osons à peine prendre une tasse de café, ainsi la ville nous n'offre rien que son bruit infernal nuit et jour.
Pauvre petit Pierre, nous te char-

[illegible]. Je suis triste, je pense à nos [illegible]
Maman

Lieber Peter, ich hoffe, Du kannst auch noch Deutsch lesen? – Wir kommen eben von einem Gang durch die Stadt zurück und waren bei der Agentur Beckmann (amerik. Linien) und bei Cook, um uns über Abfahrtszeiten zu erkundigen. Die Lokale überfüllt, förmlicher Ansturm; Mama schrieb schon: amerikan. Schiff augenblicklich frühestens Ende September, bei Cook ein griech. Schiff (19000 ton.) 30. August. Minimalpreis bei Beckmann ca 250 Doll., bei Cook 255 Doll. Man drängte uns, rasch einen Antrag auf die 3 Plätze zu stellen, aber das können wir natürlich nicht. Das griech. Schiff scheint mir wegen der Neutralitätsfrage nicht ganz sicher. Andererseits können wir hier nicht zu lange bleiben; das Leben kostet trotz äusserster Einschränkung. Du musst wissen, wir kamen an unser Restkonto Crédit Lyonnais nicht heran, weil die Verbindung zur zone occupée kaum funktioniert, auch ist ja das franz. Geld furchtbar entwertet, wie wir erst unterwegs erfuhren. – Schreib mir doch die Adresse von Rosin, ich weiss sie nicht genau. – Es ist sehr schwer so herumzugehen, warten, nicht arbeiten zu können. – Aber ich begreife gut; wer soll schliesslich ohne weiteres für uns den Betrag stellen; früher gab der Joint Billets, jetzt weiss ich nicht. – Schreibe uns doch mal, wie weit Ihr mit der Sache seid. – Lieber Peter herzlichen Dank für Deinen Glückwunsch! Ich hoffe, es kommen noch bessere Zeiten, und es ist noch nicht aller Tage Abend! Dein Papa.

Pinthus rettet seine Bibliothek

Kurt Pinthus an Fritz von Unruh,
New York, 8. November 1940 [Entwurf]
und Fritz von Unruh, Widmung
an Kurt Pinthus, 1952
von Ilka Schiele (Bibliothek) und
Sarah Gaber (Forschung)

»Möge dieser Friede noch in unserem Leben eine Wirklichkeit werden. Für Kurt Pinthus, freundschaftlichst Ihr Fritz von Unruh«. Es sind nur wenige Zeilen, mit denen Fritz von Unruh im Juli 1952 ein Exemplar seines schmalen Bändchens *Friede auf Erden!* (1948) versah, bevor er es auf die Reise zu Kurt Pinthus nach New York schickte. Und doch steckt in dieser kurzen Autorenwidmung ein großer Wunsch: die Hoffnung auf ein friedliches Zusammenleben, die erst vor dem kriegsgebeutelten und von Fluchterfahrungen geprägten Schicksal der beiden Männer an Kontur gewinnt. Dessen eingedenk wird der handschriftliche Gruß Fritz von Unruhs zu einem Exilbrief in nuce: eine Botschaft in eine neue Heimat und eine Botschaft über die Gründe für Krieg und Exil gleichermaßen. Eingesehen werden kann der Band mit der besonderen Autorenwidmung noch heute – als Bestandteil von Kurt Pinthus' Bibliothek im DLA Marbach, die im MWW-Projekt *Transatlantischer Bücherverkehr* erschlossen und erforscht wird.

Die politischen Wechselfälle des 20. Jahrhunderts haben sich bereits früh in die Lebensläufe von Pinthus und Unruh eingeschrieben: Wie viele der um 1885 Geborenen ziehen sie als junge Männer freiwillig und euphorisch in den Ersten Weltkrieg. Als Unruh im dritten Kriegsjahr verwundet wurde, vollzog er jedoch eine fundamentale pazifistische Kehrtwende, die sein Schreiben von da an bestimmen sollte. Antimilitaristische Themen prägen auch die Dramen, die Unruh gegen Ende der 10er-Jahre im avantgardistischen Kurt Wolff Verlag platzierte, wo zur gleichen Zeit Kurt Pinthus als Lektor tätig war. Trotz gemeinsamer Bekannter aus dem Umkreis der (ehemaligen) expressionistischen Zirkel kam es jedoch erst 1932 in Italien zu einem persönlichen Kennenlernen der beiden Männer. In einem Brief an Pinthus aus dem Jahr 1961 erinnerte sich Unruh an diese Begegnung am Vorabend der Hitlerdiktatur, gegen die beide Männer – der eine als leidenschaftlicher Pazifist, der andere als Fürsprecher einer deutsch-jüdischen Literatur – öffentlich Stellung bezogen:

> Ich erinnere es wehmütig, wie Sie im Herbst 1932 meine Frau und mich in Zoagli besuchten. Dort lernten wir uns kennen […]. Meine Rede im Sportpalast Berlin gegen Hitler war schon ein paar Monate verklungen und wir fühlten, dass es nun aller geistigen Anstrengungen bedurfte um den Deutschen überhaupt noch gegen die sich wie eine mittelalterliche Pest rasch verbreitende ›braune Aera‹ ein Heilserum reichen zu können.

Kein Jahr später brannte bei den Bücherverbrennungen der Nationalsozialisten sowohl das Frühwerk Unruhs als auch die von Pinthus herausgegebene Anthologie *Menschheitsdämmerung*, die noch heute als *die* Anthologie expressionistischer Lyrik schlechthin gilt. Vor den Repressalien in Deutschland floh Unruh zunächst nach Italien, Südfrankreich und Spanien, bevor er 1940 in die USA gelangte, wo es zu einem zufälligen Wiedersehen mit Pinthus kam. Dieser war bereits 1937 unter dem Vorwand einer Studienreise erstmalig an die amerikanische Ostküste gereist, um vor Ort seine Emigration vorzubereiten. In einem Brief, den Pinthus am 8. November 1940 an Unruh schickte, wird die geteilte Exil-Station New York als persönlicher Glücksfall bezeichnet, der doch eine überpersönliche Dimension besitzt: Am anderen Atlantikufer konnte die in Deutschland als ›entartet‹ verfemte expressionistische Generationsgemeinschaft fortbestehen. Für diese Art literarischer ›Kontinuitätsstrategie‹ zentral wurde für Pinthus zudem seine knapp 9.000 Bände umfassende Privatbibliothek, die er – auch dies steht in dem besagten Brief an Unruh – »mit allen Ihre[n] Büchern«, darunter wertvollen Erstausgaben der historischen Avantgarde, »durch einen wuesten Husarenstreich aus Naziland heruebergerettet« hatte.

So teilt die Bibliothek das Exilschicksal ihres Besitzers: Als Kurt Pinthus im Mai 1938 dauerhaft in die USA emigrierte, gelang es ihm – auf bisher noch ungeklärte Art und Weise –, auch seine Bibliothek mitzunehmen. Deren Bücher wurden hier nicht nur zentraler Bestandteil seiner Lehrtätigkeiten an der New School for Social Research und der Columbia University in New York, sondern dienten ihm außerdem als Ausstellungsstücke und ›Zeitzeugen‹: Mit ihren Werken sicherte Pinthus gleichsam den darin repräsentierten Autorinnen und Autoren einen Platz im kulturellen Gedächtnis. Die Bibliothek wuchs während Pinthus' Aufenthalt an der amerikanischen Ostküste stetig, nicht zuletzt, weil er in seiner Arbeit nun auch auf fremdsprachige Literatur angewiesen war, und ihr Charakter veränderte sich mit dem Exil. Das Herzstück bildeten zwar nach wie vor deutsche Autorinnen und Autoren des frühen 20. Jahrhunderts, doch wurden diese beispielsweise durch weltliterarische Werke ergänzt. Auch haben die wiederholten Reisen und unsachgemäße Lagerung ihre Spuren an den Bänden aus Pinthus' Bibliothek hinterlassen: Staub und Schmutz, fehlende Buchrücken und Einbände, gerissene oder ganz fehlende Seiten und brüchiges Papier, das bei der kleinsten Berührung auseinanderfällt, erzählen die Translokationsgeschichte der Bücher auf ganz eigene Weise. Im Vergleich zu anderen ist das kleine hellblaue Bändchen von Fritz von Unruh gut erhalten, der feste Einband scheint es vor groben Schäden bewahrt zu haben.

Nachdem Kurt Pinthus das Deutsche Literaturarchiv ab Ende der 50er-Jahre wiederholt zu Forschungszwecken besucht hatte, entschied er sich 1967 nach langem Überlegen und entgegen jahrelangen Vorbehalten, nach Deutschland zurückzukehren und sich in Marbach niederzulassen. Dass auch Pinthus' Bibliothek erneut die Reise über den Atlantik antreten konnte, ist unter anderem dem damaligen Direktor des DLA, Bernhard Zeller, zu verdanken, der in der umfangreichen Sammlung eine Bereicherung für die Marbacher Bestände erkannte und sie auch anderen Forschenden zur Verfügung stellen wollte. Kurt Pinthus, der 1975 starb, hinterließ seine Bibliothek dem DLA. Bereits fünf Jahre zuvor war Fritz von Unruh verstorben, ebenfalls in Deutschland, wohin auch er in den 60-er Jahren remigriert war. Mit den politischen Entwicklungen der jungen Bundesrepublik, der Restauration und Wiederbewaffnung konnte Unruh sich jedoch nur schwer versöhnen. Der Wunsch nach Frieden, von dem die Autorenwidmung des Bändchen spricht, ist demnach ein Appell nicht nur für die Vergangenheit, sondern auch für eine historische und bewegte Gegenwart.

Zum Weiterlesen

↘ Susanna Brogi: Transitzone »Exil«. Kurt Pinthus' Autorenbibliothek zwischen bibliophiler Repräsentation und politischer Zeugenschaft. In: Ulrike Gleixner/Constanze Baum/Jörn Münkner und Hole Rößler (Hrsg.): Biographien des Buches. Göttingen 2017. S. 285–310.

↘ Madeleine Brook/Caroline Jessen: Kurt Pinthus 1886–1975. Wegbereiter des literarischen Expressionismus. https://www.tsurikrufn.de/portraits/pinthus/ (18.10.2022)

↘ Ilka Schiele: Autorenbibliothek Kurt Pinthus. https://www.mww-forschung.de/blog/-/blogs/autorenbibliothek-kurt-pinthus (18.10.2022)

↘ Karola Schulz: Fast ein Revolutionär. Fritz von Unruh zwischen Exil und Remigration (1932–1962). München 1995.

FRITZ VON UNRUH

FRIEDE AUF ERDEN!

PEACE ON EARTH!

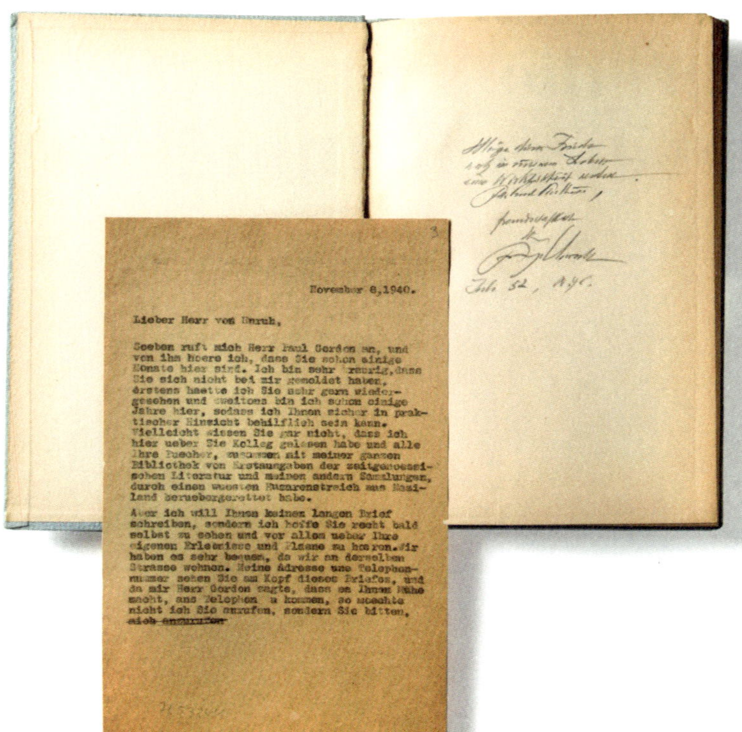

November 8,1940.

Lieber Herr von Unruh,

Soeben ruft mich Herr Paul Gordon an, und von ihm hoere ich, dass Sie schon einige Monate hier sind. Ich bin sehr traurig, dass Sie sich nicht bei mir gemeldet haben, erstens haette ich Sie sehr gern wiedergesehen und zweitens bin ich schon einige Jahre hier, sodass ich Ihnen sicher in praktischer Hinsicht behilflich sein kann. Vielleicht wissen Sie gar nicht, dass ich hier ueber Sie Kolleg gelesen habe und alle Ihre Buecher, zusammen mit meiner ganzen Bibliothek von Erstausgaben der zeitgenoessischen Literatur und meinen andern Sammlungen, durch einen wuesten Husarenstreich aus Naziland heruebergerettet habe.

Aber ich will Ihnen keinen langen Brief schreiben, sondern ich hoffe Sie recht bald selbst zu sehen und vor allem ueber Ihre eigenen Erlebnisse und Plaene zu hoeren. Wir haben es sehr bequem, da wir an derselben Strasse wohnen. Meine Adresse und Telephonnummer sehen Sie am Kopf dieses Briefes, und da mir Herr Gordon sagte, dass es Ihnen Mühe macht, ans Telephon zu kommen, so moechte nicht ich Sie anrufen, sondern Sie bitten, ~~sich anzurufen~~

Arendt telegraphiert die Nachricht ihrer Rettung

Hannah Arendt an Günther Anders, New York, 23. Mai 1941 von Bianca Grosser (Archiv)

Am 23. Mai 1941 schickt Hannah Arendt ihrem geschiedenen ersten Ehemann Günther Anders ein Telegramm mit dem Text »SIND GERETTET WOHNEN 317 WEST 95 HANNAH.«

Nach mehreren Versuchen und auf Umwegen über Frankreich, Spanien und Portugal war sie zusammen mit ihrem zweiten Mann Heinrich Blücher endlich mit dem Schiff aus Lissabon in New York angekommen. In der 95th Street fanden die Flüchtlinge in zwei möblierten Zimmern eine erste Unterkunft. Günther Anders, der bereits 1936 in die USA emigriert war, hatte Arendt bei der Flucht aus Europa mit Geld und Einreisepapieren unterstützt. Während Anders 1950 nach Europa zurückkehrte, blieb Arendt in New York.

Der Briefwechsel der beiden, der trotz ihrer Scheidung 1937 erst mit Arendts Tod im Jahr 1975 endet, liegt nicht in Marbach, sondern in Wien und in Washington. In Marbach gibt es allerdings einen kleinen Teilnachlass von Hannah Arendt. Die freundschaftliche Verbindung zwischen der jüdischen deutsch-US-amerikanischen Philosophin und dem Marbacher Archiv hat eine lange Geschichte: Arendt vermittelte u.a. die Nachlässe ihrer Lehrer Martin Heidegger und Karl Jaspers nach Marbach; 1975 – wenige Monate vor ihrem Tod – besuchte sie das Deutsche Literaturarchiv und verbrachte einen ganzen Monat in Marbach. Nach dem Besuch schrieb sie dem damaligen Direktor Bernhard Zeller einen Brief und bedankte sich für den Aufenthalt mit dem Satz: »Es war eine schöne Zeit hier und ich denke zärtlich an alle zurück.«

Das abgebildete Telegramm stammt aus dem Nachlass von Günther Anders, der in der Österreichischen Nationalbibliothek in Wien aufbewahrt wird. Es wird immer wieder für Ausstellungen von anderen Institutionen angefragt. Am 9. Mai 2011 sah ich es im Rahmen einer Mitarbeiterführung im Literaturmuseum der Moderne in der Ausstellung ›Schicksal. Sieben mal sieben unhintergehbare Dinge‹ zum ersten Mal und war sehr ergriffen.

Zum Weiterlesen

↘ Hannah Arendt / Günther Anders: Schreib doch mal hard facts über Dich. Briefe 1939 bis 1975. Hrsg. von Kerstin Putz. München 2016.
↘ Ulrich von Bülow: Hannah Arendt in Marbach. Marbach a.N. 2015. (Spuren 105.)

CLASS OF SERVICE

This is a full-rate Telegram or Cablegram unless its deferred character is indicated by a suitable symbol above or preceding the address.

WESTERN UNION

1201

.(19)

R. B. WHITE, PRESIDENT — NEWCOMB CARLTON, CHAIRMAN OF THE BOARD — J. C. WILLEVER, FIRST VICE-PRESIDENT

SYMBOLS

DL = Day Letter
NT = Overnight Telegram
LC = Deferred Cable
NLT = Cable Night Letter
Ship Radiogram

The filing time shown in the date line on telegrams and day letters is STANDARD TIME at point of origin. Time of receipt is STANDARD TIME at point of destination

SN205 6=FI NEWYORK NY 23 120P

1941 MA 23 AM 11 20

STERN=

WILL CALL HD OFS HD=

SIND GERETTET WOHNEN 317 WEST 95=

=HANNAH.

SIND GERETTET WOHNEN 317 95.

THE COMPANY WILL APPRECIATE SUGGESTIONS FROM ITS PATRONS CONCERNING ITS SERVICE

Kesten vermittelt Albert Ehrenstein an das ERC

Hermann Kesten an Kurt Pinthus, New York, 24. Januar 1941
von Vera Hildenbrandt (Museum)

Der kleine, quirlige Hermann Kesten war zeitlebens ein empathischer Zeitgenosse, ein unermüdlicher Helfer, ein Genie der Freundschaft, ein begnadeter Netzwerker, ein Agent der Literatur und des literarischen Lebens. Im September 1928 wird der Sohn einer ostjüdischen Kaufmannsfamilie Lektor beim Gustav Kiepenheuer Verlag. Mit großem Engagement und einer ausgeprägten Spürnase für neue Talente trägt er dazu bei, dass – so Marcel Reich-Ranicki rückblickend – der Kiepenheuer Verlag »zum Zentrum der modernen deutschen Literatur« wird. Kesten selbst wird dabei zu einem zentralen Knotenpunkt der literarischen Szene. Der bleibt er auch, als der Kiepenheuer Verlag nach der nationalsozialistischen Machtübernahme in Auflösung begriffen ist, weil 80 Prozent der Verlagsproduktion in Deutschland verboten werden, und Kesten selbst im März 1933 ins Ausland fliehen muss.

Er pflegt sein Netz der jetzt »weitverstreute[n] Freunde«, indem er – wie er es in seinem kurzen, in der Nachkriegszeit verfassten Text *»La doulce France« oder Exil in Frankreich* rückblickend beschreibt – beständig unterwegs ist zu und in den literarischen Metropolen des Exils, indem er »nach Amsterdam, nach London, nach Brüssel, und in jenes Fischerdorf nahe Toulon, Sanary sur/mer« fährt. Als Mitbegründer und Lektor der deutschen Abteilung des Verlags Allert de Lange in Amsterdam wirbt er ab Mai 1933 erneut um Autoren, gibt einigen, die in Deutschland nicht mehr publizieren können – etwa Egon Erwin Kisch, Alfred Polgar und Joseph Roth – ein neues Verlagszuhause.

Kesten pflegt sein Netz aber auch und vor allem durch extensives Schreiben und Empfangen von Briefen. Diese Briefe dokumentieren eindrücklich, wie er – selbst Flüchtling, dem das eigene Schreiben zunehmend schwerer wird und der immer wieder in finanziellen Nöten ist – ab 1933 vielen Anlaufstelle, Helfer, Retter wird. Aufgrund seines unermüdlichen Engagements für seine Mitexilanten und die im Exil entstehende Literatur wird er von Stefan Zweig in einem Brief vom 22. Februar 1941 als »Schutzvater«, ja als »Schutzheiliger aller über die Welt Versprengten« apostrophiert. War er dies ab 1933 zunächst als Lektor bei Allert de Lange, wird er es wenige Wochen nach seiner Flucht aus Europa im Mai 1940 als Berater des Emergency Rescue Committee (ERC). Im ehrenamtlichen Dienst dieser Ende Juni 1940 in New York gegründeten Hilfsorganisation verhilft Kesten zahlreichen Freunden und Schriftstellerkollegen, die nach dem am 22. Juni 1940 geschlossenen Waffenstillstandsabkommen zwischen Deutschland und Frankreich von der Auslieferung an Deutschland bedroht sind, zur Flucht aus Frankreich in die USA. Sein Brief an Kurt Pinthus vom 24. Januar 1941 zeugt von dieser Tätigkeit.

Kesten, seit 1933 ein Emigrant, der »im Wandern« wohnt, der zu Hause ist in Hotels und an Kaffeehaustischen, dankt Pinthus auf einem Briefbogen des am Central Park gelegenen New Yorker Hotels Park Plaza für einen biografischen Abriss über Albert Ehrenstein, den Kesten als Berater des ERC dorthin weitergeleitet hat. Ehrenstein, der sich seit 1938 immer wieder um ein Affidavit für die Ausreise nach Amerika bemüht, ist zu diesem Zeitpunkt noch in Europa. Im November 1940 wendet er sich an das ERC in der Hoffnung, mit dessen Unterstützung ein Ausreisevisum zu erhalten. Als er keine Antwort erhält, bittet er die in Brasilien lebende Lisa Arnhold, sich für ihn einzusetzen: »[I]ch benötige raschestens irgend ein Übersee-Visum (Schanghai genügt längst nicht mehr), ich will und muß nach Amerika«, schreibt er ihr am 30. November 1940 aus Zürich. Lisa Arnhold wiederum wendet sich an Kurt Pinthus, der am 17. Januar 1941 ein Affidavit für Ehrenstein ausstellt, in dem er nicht nur auf dessen literarischen Werdegang eingeht, sondern auch versichert, dass er jüdischer Exilant, liberaler Demokrat und Gegner des Faschismus sei. Hermann Kesten schließt sich Pinthus an und stellt Ehrensteins Fall für das ERC ausführlich dar. Am 31. März 1941 erhält Ehrenstein ein Notvisum in die USA.

Kestens Brief an Pinthus ist nur einer der vielen in den Jahren zwischen 1933 und 1945 entstandenen Briefe, die ihn als zentrale Figur des literarischen Lebens und Überlebens im Exil ausweisen und zugleich die besondere Bedeutung des Mediums Brief in politisch schwierigen und existenziell bedrohlichen Zeiten verdeutlichen. Exilbriefe bieten Raum für Sorgen und Nöte, Hoffnungen und Enttäuschungen, politische Positionen und ästhetische Programme. Sie sind Dokumente der Selbstvergewisserung und Neuorientierung, Belege der Freundschaft und der Auseinandersetzung, sind Hilferufe und Dankesbezeugungen, können über das Bestehen oder Scheitern in der Fremde entscheiden. Nach eigenen Angaben verfasst und erhält Hermann Kesten in der Zeit des Dritten Reichs »weit mehr als zehntausend« solcher Briefe, von denen sich »wie durch ein kleines Wunder einige tausend erhalten« haben.

Im Jahr 1964 wählt er aus diesen einigen tausend Schreiben 59 eigene und 239 an ihn gerichtete Briefe von knapp 100 Autorinnen und Autoren aus – sein Brief vom 24. Januar 1941 an Kurt Pinthus ist nicht darunter – und gibt sie in dem Band *Deutsche Literatur im Exil. Briefe europäischer Autoren 1933–1949* heraus. Er wählt jene Briefe aus, »die am anschaulichsten das Schicksal der deutschen Literatur darstellen, ihre Ideale, ihre Konflikte, ihre Leiden, ihre Triumphe«. Und er publiziert seine Exilbriefanthologie – die erste Anthologie dieser Art nach dem Zweiten

Weltkrieg – mit der Intention, »jenen, die nicht im Exil waren, eine Vorstellung davon [zu] vermitteln, was es heißt, ein deutscher Dichter im Exil zu sein«.

Zum Weiterlesen

↘ Hermann Kesten: Deutsche Literatur im Exil. Briefe europäischer Autoren. Wien/München/Basel 1964.
↘ Hermann Kesten: »La doulce France« oder Exil in Frankreich. In: Walter Fähnders / Hendrik Weber (Hrsg.): Dichter – Literat – Emigrant. Über Hermann Kesten. Mit einer Kesten-Bibliographie. Bielefeld 2005. S. 227–236.

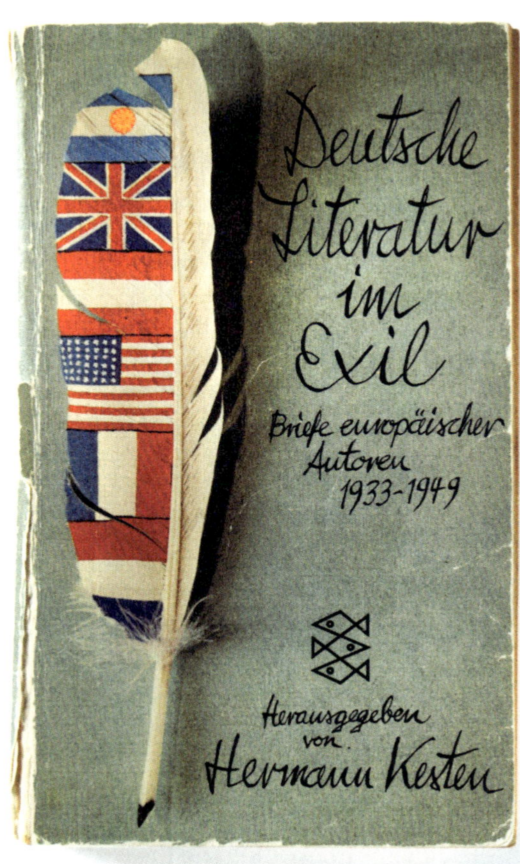

Hermann Kesten

OPPOSITE AMERICAN MUSEUM NATURAL HISTORY
AT THE GATEWAY TO
CENTRAL PARK

2

TELEPHONE ENDICOTT 2-3700
HOTEL PARK PLAZA
50-58 WEST SEVENTY-SEVENTH ST.
NEW YORK

24.I.1941.

Lieber Herr Dr. Pinthus,

danke Ihnen bestens für den biographischen Sketch für Ehrenstein, den ich dem Emergency Rescue Committee übergab 1

Meinen besonderen Dank will ich Ihnen noch wiederholen für die schöne und würdige Weise, mit der Sie uns alle eingeführt haben. Ich habe mit grösstem Interesse Ihren gescheiten und treffenden Formulierungen gelauscht.

Ich hoffe, Sie bald einmal wiederzusehen und grüsse Sie schönstens Ihr

H Kesten

1 Sie haben nur ein Exemplar geschickt, man braucht noch 2 Kopien. Bitte senden Sie diese dem Emergency Rescue Committee 122 East 42 th str. NYC.

THE BEST HOME AWAY FROM HOME IS A GOOD HOTEL

Stefan Zweig verabschiedet sich als allzu Ungeduldiger

Stefan Zweig an die Nachwelt, Petrópolis, 22. Februar 1942
von Anja Stix (Projekt Peter Handke Notizbücher. Digitale Edition)

Gemeinsam mit seiner Frau schied Stefan Zweig im Februar 1942 freiwillig aus dem Leben. In seinem Abschiedsbrief nimmt der Weltautor die Möglichkeit wahr, dem Land Brasilien, das ihm Exil gewährte, zu danken. Der hier gezeigte Abschiedsbrief ist nur einer von vielen, die der Autor in verschiedenen Sprachen verfasst hatte. Die handschriftlich abgegebene Erklärung (*Declaracão*) zeugt auch von der Intention des Autographensammlers Zweig: Selbst kurz vor seinem Tod ist der Stilwille anhaltend. Zweig schafft einen wohlgeformten Text und lässt in diesem Entwurf den Weg dorthin (durch Streichungen) sichtbar werden.

Zweig, der stets als Weltbürger dargestellt wird, greift in seinem Brief das Konzept der Heimat beziehungsweise der Heimatlosigkeit auf und nimmt hierbei nicht nur Bezug auf die örtliche, sondern auch auf die sprachliche Heimat. Er schreibt vom Untergang seiner »geistigen Heimat Europa«, welche »sich selbst vernichtet« habe, und konstatiert, dass er in Brasilien die Möglichkeit gehabt hätte, sich ein Leben aufzubauen, jedoch die Kraft dazu nicht mehr findet. Darüber hinaus erwähnt Zweig »lange Jahre heimatlosen Wanderns« und bezeichnet sich am Ende des Briefs als »allzu Ungeduldigen«, der in den Tod vorausgeht.

Der Autor nimmt in recht nüchterner Weise Abschied von der Welt, aber auch Abschied von seinen Freunden: »Mögen sie die Morgenröte noch sehen nach der langen Nacht.«

Zum Weiterlesen

↘ Stefan Zweig: Brasilien. Ein Land der Zukunft. Stockholm 1941.
↘ Stefan Zweig – Weltautor. Hrsg. von Bernhard Fetz, Arnhilt Inguglia-Höfle und Arturo Larcati. Wien 2021.

Declaracão (Abschrift, Copia)

Ehe ich aus freiem Willen und mit klaren Sinnen aus dem Leben scheide, drängt es mich eine letzte Pflicht zu erfüllen: diesem wundervollen Lande Brasilien innig zu danken, das mir und meiner Arbeit so gute und gastliche Rast gewährt. Mit jedem Tage habe ich dies Land mehr lieben gelernt und nirgends hätte ich mir lieber mein Leben vom Grunde aus neu aufgebaut, nachdem die Welt meiner eigenen Sprache für mich untergegangen ist und meine geistige Heimat Europa sich selbst vernichtet.

Aber nach dem sechzigsten Jahr bedürfte es besonderer Kräfte, um noch einmal völlig neu zu beginnen. Und die meinen sind durch die langen Jahre heimatlosen Wanderns erschöpft. So halte ich es für besser, rechtzeitig und in aufrechter Haltung ein Leben abzuschliessen, dem geistige Arbeit die lauterste Freude und persönliche Freiheit das höchste Gut dieser Erde gewesen.

Ich grüsse alle meine Freunde! Mögen sie die Morgenröte noch sehen nach der langen Nacht! Ich, allzu Ungeduldiger, gehe ihnen voraus.

Stefan Zweig

Petropolis 22. II 1942

Die Familie Ilse Aichingers darf sich nur in 25 Wörtern mitteilen

Klara Kremer an Ilse und Berta Aichinger, London, 18. Mai 1943
von Claudia Gratz (Archiv)

Dies ist einer von rund 20 Rot-Kreuz-Briefen, die die Familie von Ilse Aichinger in den Jahren 1940 bis 1944 wechselte.

Während es Aichingers Tante Klara Kremer und ihre Zwillingsschwester Helga schafften, 1939 nach London ins Exil zu flüchten, blieb der restliche Teil der Familie um Ilse Aichinger – die Mutter Berta Aichinger, die Großmutter Gisela Kremer, die Tante Erna Kremer und der Onkel Felix Kremer – im nationalsozialistischen Wien zurück. Die Trennung belastete alle Familienmitglieder sehr. Nach der Deportation der Großmutter, der Tante und des Onkels im Mai 1942 wuchs die Verzweiflung.

Hinzu kam, dass das In-Kontakt-Bleiben mit Ausbruch des Zweiten Weltkrieges immer schwieriger wurde. Nach Beginn des Westfeldzugs im Mai 1940 wurde der Postverkehr zwischen Deutschland und Großbritannien ganz eingestellt, so dass ab Mai 1940 ›normale‹ Briefe nur noch vereinzelt über das neutrale Portugal und über Mittelspersonen ankamen.

Das Internationale Rote Kreuz hatte bereits 1936 einen Nachrichtendienst gegründet, der es nahen Verwandten, die in miteinander verfeindeten Staaten lebten, ermöglichen sollte, in Kontakt zu bleiben. So konnten auch Emigranten mit ihren im Deutschen Reich zurückgebliebenen und teilweise sogar deportierten Familienangehörigen Nachrichten austauschen.

Die Familie Ilse Aichingers nutzte diesen Weg, um die Verbindung zu halten und die jeweils anderen wenigstens ein bisschen am eigenen Leben und vor allem an den schönen Ereignissen teilhaben zu lassen. Erlaubt waren bei diesen Briefen allerdings maximal 25 Wörter und nur politisch neutrale Inhalte. Auch in dem hier gezeigten Brief vom Mai 1943 gibt es deshalb die typischen knappen, alles Überflüssige weglassenden Formulierungen: »ohne Nachricht anderen besorgt«; »Ruthi entzueckend besonders liebes sonniges Kind«; »Walter Helgas alter braver vernuenftiger Junge«.

Ilse und Berta Aichinger in Wien hatten keine oder kaum Kenntnis davon, dass Helga den ihnen völlig unbekannten Walter geheiratet und ein Kind – Ruth bzw. zärtlich: Ruthi – bekommen hatte. Umgekehrt wusste Klara Kremer in London nicht, dass ihre Mutter und ihre Geschwister deportiert worden waren, und machte sich große Sorgen. Auf früheren Rot-Kreuz-Nachrichten hatten oft noch alle unterschrieben; das Fehlen der Namen sprach für sich. Dass Gisela, Erna und Felix Kremer vermutlich gleich nach der Ankunft im Vernichtungslager Maly Trostinec ermordet wurden, erfuhr die Familie erst Jahre später, nach dem Ende des Zweiten Weltkriegs.

Zum Weiterlesen

↘ Ilse und Helga Aichinger: »Ich schreib für Dich und jedes Wort aus Liebe«. Briefwechsel zwischen Wien und London 1939–1947. Hrsg., kommentiert und mit einem Nachw. versehen von Nikola Herweg. Wien 2021.

From :

WAR ORGANISATION OF THE BRITISH RED CROSS AND ORDER OF ST. JOHN

To :

Comité International de la Croix Rouge Genève

Foreign Relations Department. PASSED P.168

Expéditeur SENDER Absender

Name / Nom: KREMER

Christian name / Vorname Prénom: KLARA

Address / Adresse: RED X MESSAGE BUREAU. 13. 27, HEATH STREET, N.W.3

MESSAGE Mitteilung

(Not more than 25 words) (25 mots au maximum) (Nicht über 25 Worte)

ILSLEIN BERTA DANK GEBURTSTAGSWUENSCHE OHNE NACHRICHT ANDEREN BESORGT HELGA MEINE NAEHE RUTHI ENTZUECKEND BESONDERS LIEBES SONNIGES KIND WALTER HELGAS ALTER BRAVER VERNUENFTIGER JUNGE KUESSE Klara

Date Datum 18·5·1943

Destinataire ADDRESSEE Empfänger

Name / Nom: AICHINGER

Christian name / Vorname Prénom: ILSE

Address / Adresse: WIEN I MARC AURELSTRASSE 10 OSTMARK

Reply overleaf (not more than 25 words)
Réponse au verso (25 mots au maximum)
Antwort umseitig (nicht über 25 Worte)

7 JUIN 1943

Thomas Mann klagt über die transatlantische Postsperre

Thomas Mann an Hermann Hesse, Pacific Palisades, Calif., 8. April 1945 von Katharina Hertfelder (Museum)

Exakt einen Monat vor dem Kriegsende in Europa schickte Thomas Mann den hier abgebildeten Brief an Hermann Hesse, in dem er sich über eine monatelang dauernde Postsperre beklagt:

> Lieber Herr Hesse, lange haben Sie nichts von dem nach Wildwest verschlagenen Bruder – oder doch Cousin – im Geiste gehört und hatten doch soviel Recht zu der Erwartung, etwas von ihm zu hören, nach dem erstaunlichen Geschenk, das Sie der geistigen Welt und auch ihm, auch mir, mit Ihrem köstlich reifen und reichen Roman-Monument vom ›Glasperlenspiel‹ gemacht. Aber, Sie wissen, der Verkehr mit der Schweiz war Monate lang abgeschnitten – wenigstens so, daß auf unserer Seite keine Post angenommen wurde –, und dazu, noch während die Sperre dauerte, geriet ich in eine Krankheitsperiode, einsetzend vorigen Herbst. […].

Mann entschuldigte sich bei Hesse für sein langes Schweigen, das zwar ursprünglich durch die Postsperre verursacht, aber durch seine Krankheit noch verlängert worden war. Die Korrespondenz mit seinem ›Cousin im Geiste‹ war insbesondere während der Kriegsjahre von der ständigen Sorge geprägt, dass die postalische Verbindung über den Atlantik abreißen könnte. Am 13. Februar 1940 schrieb beispielsweise Hesse an Mann: »Seien Sie Beide [gemeint sind Mann und seine Frau Katia] herzlich gegrüßt, solang noch eine Post zu Ihnen hinüber geht!« Diesen Brief hatte Hesse wohl ursprünglich ohne Datierung abgesendet, denn Mann antwortet darauf am 2. Januar 1941:

> Lieber Hermann Hesse, Ihren Brief mit der schönen Kopf-Zeichnung, die die häusliche Atmosphäre des Schreibers bringt, habe ich richtig erhalten und große Freude daran gehabt. Er war nicht datiert und ›opened by Examiner‹, wahrscheinlich auf Bermuda, und ich weiß nicht, wie lange er gebraucht hat, den Weg zu mir zu finden. Möchten zu irgend einer Frist auch diese Dankeszeilen noch richtig in Ihre Hände gelangen, um Ihnen zu sagen, wie oft unsere Gedanken zu Ihnen und überhaupt in das Schweizerland gehen, dem fünf Lebensjahre uns so herzlich verbunden haben.

Thomas Mann antwortete erst knapp elf Monate später, und zwar in dem Bewusstsein, dass sein Briefwechsel mit Hesse mitten im Atlantik Mitleser hatte. Am deutlichsten wurde dieser Umstand im Jahr des Kriegsendes, als Hesse den Mann'schen Brief vom April 1945 mit bunten Streifen überzogen in seiner Post vorfand. Wie auch in dem Brief, den Charlotte Dieterle am 19. Juni 1945 an Paul Zech geschickt hatte, hatten hier wohl Zensoren vermeintliche Geheimbotschaften sichtbar machen wollen und dadurch farbliche Spuren ihres Mitlesens hinterlassen. Da Mann schon im Januar 1941 nicht wusste, wie lange Hesses Brief auf dem Postweg zu ihm gewesen war, wurde die Kommunikation zwischen den beiden mit Fortdauer des Krieges immer schwieriger und Manns Sorge, ob er Hesse (je) wiedersehen könne, immer größer. Mann ging in seinen Briefen dazu über, fast formelhaft seiner Hoffnung auf ein Wiedersehen Ausdruck zu verleihen. Seinen Brief vom 2. Januar 1941 schließt er beispielsweise mit den Worten: »Leben Sie wohl, lieber Herr Hesse, und lassen Sie uns auf ein Wiedersehen hoffen! Sie werden hierher nicht kommen, warum sollten Sie. Aber vielleicht gibt uns die Weltgeschichte doch noch einmal den Weg zu Ihnen frei.« Auch für seinen Brief vom 8. April 1945 findet er einen ähnlichen Abschluss: »Leben Sie recht wohl, lieber Herr Hesse! Halten Sie sich gut, wie ich versuchen will, es zu tun, damit wir uns wiedersehen!«

Manns Hoffnung sollte sich erfüllen. Nach seiner Remigration in die Schweiz im Jahr 1952 trafen sich die Nobelpreisträger der Jahre 1929 und 1946 regelmäßig zusammen mit ihren Familien in Montagnola.

Zum Weiterlesen

↘ Hermann Hesse / Thomas Mann: Briefwechsel. Hrsg. von Anni Carlsson und Volker Michels. Frankfurt a.M. [3]2002.
↘ Thomas Mann in Amerika. Hrsg. von Ulrich Raulff und Ellen Strittmatter. Marbach a.N. 2018. (Marbacher Magazin 163/164.)
↘ Volker Michels: »Spitzbübischer Spötter« und »treuherzige Nachtigall«. Thomas Mann und Hermann Hesse. In: Thomas Mann Jahrbuch 26 (2013). S. 169–189.

einer sehr rührenden – ist also eine jener Orgelphantasien auf sämtlichen Inhalten und Werten unserer Kultur", auf der Entwicklungsstufe des Spiels, wo die Fähigkeit zur Universalität, das Schweben über den Fakultäten" erreicht ist. Ein solches Schweben kommt natürlich der Ironie gleich, die das feierlich gedankenschwere Ganze doch zu einem Kunst-Spass voller Verschmitztheit macht und die Quelle seiner Komik als Parodie des Biographischen und der gravitätischen Forscher-Attitüde ist. Die Leute werden nicht zu lachen wagen, und Sie werden sich heimlich ärgern über ihren stockernsten Respekt. Ich kenne das.

Bestürzung war auch unter den Gefühlen, mit denen ich das Werk las, – über eine Nähe und Verwandtschaft, die mich nicht zum ersten Mal beeindruckt, diesmal aber auf besonders präzise und gegenständliche Weise. Ist es nicht sonderbar, dass ich

THOMAS MANN

1550 SAN REMO DRIVE
PACIFIC PALISADES, CALIFORNIA

8. April 1945

Lieber Herr Hesse,

lange haben Sie nichts von dem nach Wildwest verschlagenen Bruder – oder doch Cousin – im Geiste gehört und hatten doch soviel Recht zu der Erwartung, etwas von ihm hören, nach dem erstaunlichen Geschenk, das Sie der geistigen Welt und auch ihm, auch mir, mit Ihrem köstlich reifen und reichen Roman-Monument vom „Glasperlenspiel" gemacht. Aber, Sie wissen, der Verkehr mit der Schweiz war Monate lang abgeschnitten – wenigstens so, dass auf unserer Seite keine Post angenommen wurde –, und dann noch während die Sperre dauerte, geriet ich in eine Krankheitsperiode, einsetzend vorigen Herbst mit einer Intestinal-Grippe, die an sich kaum eine Woche dauerte, von der ich mich aber, wie das wohl in unseren Jahren geht, nur sehr langsam erholte und tatsächlich bis zum heutigen Tage nur so leidlich erholt habe. Dazu verhalf auch eine anschliessende Zahnkrise – was wollen Sie, eine finale Regime-Aenderung, die den Wiedergewinn der verlorenen 10 Pfund Körpergewichts verhinderte. Kurzum, es handelte sich offenbar um einen, gleichgültig wie, eingekleideten Altersschub, gegen den garnichts zu sagen ist, und nach welchem mir nun bis zum gottseligen Einnicken die Hosen um den Leib herum zu weit bleiben sollen. Dabei sehe ich aus wie 55 besonders wenn frisch rasiert und mein Doktor, der von der modernen Idee des völligen Unterschieds zwischen rein zahlenmässigem und biologischem „Alter" ergriffen ist, rät mir bei jedem Besuch, mir keine Schwachheiten einzubilden. Nun, man muss nur leicht neugierig zusehen, wie es mit einem gemeint ist. The readiness is all.

Mit Ihnen war es grossartig und wundervoll gemeint. In einer Zeit, wo andere ermüden, (und auch die „Wanderjahre", die sich zum Vergleich so nahe legen, sind doch ein hoch-müdes wundervoll sklerotisches Sammelsurium) haben Sie Ihr Lebenswerk übergipfelt und gekrönt mit einer geistigen Dichtung, – zwar romantisch verwuchert und arabeskenreich, aber doch völlig zusammengehalten, ein in sich ruhendes, kugelrundes Meisterwerk, worin Sie mit eigener Hand die hoch aufgelaufene Summe Ihres Lebens Ihrer Existenz ziehen".

Das Buch kam damals ganz unverhofft, ich hatte nicht gedacht, es so bald nach seinem Erscheinen in Händen zu haben. Wie ich neugierig war! Es gab verschiedene Beschäftigungen damit, rasche und langsame. Ich liebe die ernste Verspieltheit, in der es lebt, sie ist mir heimatlich vertraut. Zweifellos hat es ja selbst sehr viel von einer Glasperlenspiel-Partie und zwar seit Jahr und Tag, seit dem Abschluss meiner „orientalistischen" Periode schon, an einem Roman schreibe, einem rechten „Büchlein", das sowohl die Form der Biographie hat wie auch von Musik handelt.[2] Der Titel lautet:

Doktor Faustus
Das Leben des deutschen Tonsetzers
Adrian Leverkühn
erzählt von einem Freunde.

Es ist die Geschichte einer Teufelsverschreibung. Der „Held" teilt das Schicksal Nietzsches und Hugo Wolfs, und sein Leben, von einer reinen, liebenden, humanistischen Seele berichtet, ist etwas sehr Anti-Humanistisches, Rausch und Collaps. Sapienti sat. Man kann sich nichts Verschiedeneres denken, und dabei ist die Aehnlichkeit frappant – wie das unter Brüdern so vorkommt. –

Zum Schluss: Es ist kein Wunder, dass ein so „schwebendes" Werk wie das Ihre sich gegen die „Politisierung des Geistes" stellt. Nun gut, man muss sich nur über die Meinung verständigen. Wir haben alle, unter argem Druck, eine Art von Vereinfachung erfahren. Wir haben das Böse in seiner ganzen Scheusslichkeit erlebt und dabei – es ist ein verschämtes Geständnis – unsere Liebe zum Guten entdeckt. Ist „Geist" das Prinzip, die Macht, die das Gute will, die sorgende Achtsamkeit auf Veränderungen im Bilde der Wahrheit, „Gottessorge" mit einem Wort, die auf die Annäherung an das zeitlich Rechte, Geforderte, Fällige dringt, dann ist er politisch, ob er den Titel nun hübsch findet oder nicht. Ich glaube, nichts Lebendes kommt heute ums Politische herum. Die Weigerung ist auch Politik; man treibt damit die Politik der bösen Sache.

Verlangt es uns nicht alle, aus dem Leben zu scheiden mit der Erfahrung, dass zwar auf dem Stern, dessen flüchtige Bekanntschaft wir machten, allerlei literarisch nicht Einwandfreies möglich ist, dass aber Eines, Dieses, das äusserst Schändliche und Verkehrte, das durch und durch Bruchhafte, denn doch nicht darauf möglich war, sondern mit vereinten Kräften hinweggefegt wurde? Für mein Teil möchte ich zu diesem Ausgang sogar etwas beigetragen haben, – wenn es das ist, was Sie „Politisierung des Geistes" nennen.

Leben Sie recht wohl, lieber Herr Hesse! Halten Sie sich gut, wie ich versuchen will, es zu tun, damit wir uns wiedersehen!

Ihr

Thomas von der Trave

Dieterle wartet auf das Ende des Krieges

Charlotte Dieterle an Paul Zech, Hollywood, Calif., 19. Juni 1945 von Katharina Hertfelder (Museum)

Bunte Streifen über den ermunternden Worten eines Durchhalteappells haben den Schriftsteller Paul Zech im Sommer 1945 möglicherweise weniger verwundert als heutige Leserinnen und Leser. Was es mit den Streifen genau auf sich hat, lässt sich nicht mit Sicherheit sagen, sie sind jedoch zweifellos ein Blickfang und fesseln bei der Lektüre dieses außergewöhnlichen Exilbriefs. Man ist ständig geneigt, zwischen dem Erfassen der Schreibmaschinenschrift und dem Betrachten der Streifen hin- und herzuspringen.

Hermann Hesse hat einen in ähnlicher Weise markierten Brief von Thomas Mann erhalten, der auf den 8. April 1945 datiert ist und somit nur etwa zwei Monate früher verfasst wurde. Neben der zeitlichen Nähe, in der die beiden Briefe entstanden sind, besteht eine weitere Gemeinsamkeit darin, dass sie beide in einem Stadtteil von Los Angeles geschrieben worden sind. Charlotte Dieterle, die Frau des damals allseits bekannten Regisseurs William Dieterle, wohnte in Hollywood und Thomas Mann in Pacific Palisades, beide schrieben also aus ihrem kalifornischen Exil.

Diese Gemeinsamkeiten von Entstehungsort und -zeit sowie von Sprache und Herkunftsland der Absenderseiten lassen zwar einen Zusammenhang zwischen den beiden Streifenmarkierungen vermuten, allerdings unterscheiden sich die Streifen in den beiden Briefen leicht hinsichtlich ihrer Farbe sowie ihrer Anordnung auf den Briefseiten.

Beim Brief an Hesse nimmt man an, dass die Streifen von der Zensur des amerikanischen Militärs stammen. Ob sich diese Erklärung auch auf den Brief der Schauspielerin Charlotte Dieterle übertragen lässt? Vermutlich handelt es sich in beiden Fällen um eine Form der chemischen Überprüfung zur Erkennung heimlicher Botschaften in Briefen. Amerikanische Zensoren setzten diese ein.

Sicher ist, dass das Ehepaar Dieterle von 1940 bis zu seiner Remigration im Jahr 1958 vom FBI überwacht wurde. Im Juni 1940 kappte Dieterle in einer öffentlichen Erklärung die Verbindung zu seinem Heimatland, indem er schrieb: »I can think of Germany no longer as being the nation which I once loved. I see it only as the most terrible and despicable menace ever to have confronted humanity.« Obwohl er bis dahin als politisch links orientiert galt und somit zur Zielscheibe antikommunistischer Attacken wurde, verdächtigte man ihn der Agententätigkeit für Nazideutschland und tat seine Erklärung als karrieristische Taktiererei ab. Ein Spezialagent sollte ermitteln, ob Dieterle eher als Bedrohung von links oder von rechts einzustufen wäre.

Ab dem 9. Februar 1945 ging die Überwachung sogar so weit, dass William Dieterles gesamte Korrespondenz – und somit vermutlich auch die seiner Frau – kontrolliert wurde. Auf die Dieterles waren mehrere Special Agents des FBI angesetzt, unter anderem in Los Angeles, San Francisco, San Diego, New York und Little Rock. Anlass für die Anordnung der Postkontrolle soll die Tatsache gewesen sein, dass Dieterle außergewöhnlich viel Post aus dem In- und Ausland erhalten habe; die Überwachung in den Jahren zuvor diente jedoch der vermeintlichen Aufdeckung eventueller Spionage-Aktivitäten der Dieterles.

1930 hatten sie ein Angebot der Warner Bros. angenommen und waren zunächst keine Exilanten im engeren Sinne, allerdings wurden sie zu Schlüsselfiguren für viele emigrierte Persönlichkeiten. Ab 1935 führten sie ein Hilfsbüro, um Bedürftigen mit Finanzhilfen über Mexiko die Einwanderung in die Vereinigten Staaten zu ermöglichen. Der Komponist Friedrich Hollaender kam beispielsweise selbst in den Genuss dieser Unterstützung und erinnert sich in *Von Kopf bis Fuß. Mein Leben mit Text und Musik* dankbar an die »hilfreichen Hände der Dieterles« bzw. an seine »naturalisierten Schutzengel«.

Als solche müssen die Dieterles auch Paul Zech erschienen sein. Zech hatte Deutschland 1933 nicht – wie er später behauptete – als verfemter und ›verbrannter‹ Dichter verlassen, sondern als Bücherdieb auf der Flucht vor der Justiz. Dennoch kam auch er in den Genuss der Hilfsbereitschaft der Dieterles. So erhielt er von Februar 1941 bis ins Jahr 1945 monatlich 30 Dollar vom European Film Fund, dessen Vize-Präsidentin Charlotte Dieterle war. Zusätzlich versuchte Zech, die Kontakte William Dieterles in die amerikanische Filmwelt zu nutzen, um mit Filmskripten Geld zu verdienen. Auf einen solchen Versuch Zechs schickte Charlotte Dieterle ihm im Dezember 1944 eine briefliche Rückmeldung, in der sie ihm mitteilte, dass mit seiner Einsendung kein Publikum zu begeistern sei. Schon in diesem Brief greift sie das Thema Remigration auf.

Auch am 19. Juni 1945 kommt sie ausführlich auf die Möglichkeit der Remigration zurück. Sie schreibt gleich zu Beginn ihres Briefs an Zech:

> In Ihrem Brief ist noch von dem Fall von Berlin die Rede. Das ist nun auch schon wieder eine Weile her, und man ist noch muede von der Spannung, mit der man das Ende der Hitlerei erwartet hat. Wir alle hatten es uns wohl ein wenig anders vorgestellt, vor allem so, dass man einen klareren Ausblick auf das Künftige, Bessere bekaeme. [...] Viele sind in der gleichen Situation, die schreiben, weil Schreiben ihr Element ist, ohne zu wissen, an wen sie sich mit dem Geschriebenen eigentlich wen-

den und ob ihr Produkt je das Licht der Welt erblicken wird. Aber wo soll das neue Deutschland anknuepfen, wenn nicht an die geistigen Fuehrer, die die Heimat verlassen haben, um an Kultur zu retten was zu retten war. Es heisst also, noch ein wenig zu warten, wenn auch die Geduld erschoepft zu sein scheint. [...] Aber es kann doch nicht mehr lange dauern, bis die einzelnen Schriftsteller wissen werden, fuer wen sie eigentlich schreiben und wie die Resonanz ist. Von hier aus sieht man jetzt mit Spannung den Ereignissen im Fernen Osten entgegen, von deren Entwicklung das Ende des Krieges abhaengt. Das heisst, man wartet eben auch hier, wie man ueberall wartet, auf das Ende des Krieges.

Charlotte Dieterles Ausführungen machen deutlich, dass das Warten auf das Kriegsende – das erst durch die japanische Kapitulation am 2. September 1945 auch im pazifischen Raum eintrat – von der anderen Seite des Atlantiks aus den Exilierten ein Höchstmaß an Geduld abverlangte. Zech selbst konnte sich den lang gehegten Wunsch der Remigration nicht erfüllen: Er starb 1946 im argentinischen Exil in Buenos Aires.

Ich danke Peter Kühlhorn von der Arbeitsgemeinschaft USA/Canada des Bundes Deutscher Philatelisten e. V. für seinen Hinweis auf die Praxis der chemischen Zensur.

Zum Weiterlesen

↘ Kora Busch: Paul Zechs Exilwerk. Zwischen postkolonialer Anerkennung und exotistischer Vereinnahmung indigener Völker Lateinamerikas. Frankfurt a.M. 2017.
↘ Friedrich Hollaender: Von Kopf bis Fuß. Mein Leben mit Text und Musik. München 1965.
↘ Alfred Hübner: Die Leben des Paul Zech. Eine Biographie. Heidelberg 2021.
↘ Marta Mierendorf: William Dieterle – Vergessene Schlüsselfigur der Emigration. Seine Beziehungen zu exilierten Autoren. In: Donald G. Daviau / Ludwig M. Fischer: Das Exilerlebnis. Verhandlungen des 4. Symposium über deutsche und österreichische Exilliteratur, Columbia (SC) 1982. S. 81–100.

↘ Larissa Schütze: William Dieterle und die deutschsprachige Emigration in Hollywood. Antifaschistische Filmarbeit bei Warner Bros. Pictures, 1930–1940. Stuttgart 2015.

CHARLOTTE DIETERLE
3351 NORTH KNOLL DRIVE
HOLLYWOOD 28, CALIFORNIA

19. Juni 1945

Lieber Her Zech:

In Ihrem Brief ist noch von dem Fall von Berlin die Rede. Das ist nun auch schon wieder eine Weile her, und man ist noch muede von der Spannung, mit der man das Ende der Hitlerei erwartet hat. Wir alle hatten es uns wohl ein wenig anders vorgestellt, vor allem so, dass man einen klareren Ausblick auf das Künftige, Bessere bekaeme. Natuerlich wird man ungeduldig, weil man eben schon zu lange wartet. Und natuerlich moechten Sie mit dabei sein, mitwirken an dem Aufbau ; endlich heraus aus dem Provisorium und hinein in einen mehr konkreten Wirkungskreis. Aber die Chance wird kommen, des bin ich gewiss, und man wird Menschen Ihrer Art notwendig gebrauchen. Viele sind in der gleichen Situation, die schreiben, weil Schreiben ihr Element ist, ohne zu wissen, an wen sie sich mit dem Geschriebenen eigentlich wenden und ob ihr Produkt je das Licht der Welt erblicken wird. Aber wo soll das neue Deutschland anknuepfen, wenn nicht an die geistigen Fuehrer, die die Heimat verlassen haben, um an Kultur zu retten was zu retten war. Es heisst also, noch ein wenig zu warten, wenn auch die Geduld erschoepft zu sein scheint. - Da Sie Stefan Zweig erwaehnten - dass er nicht die Kraft hatte, durchzuhalten, hat doch wohl - und das brauche ich Ihnen wohl nicht zu sagen - andere Gruende gehabt. Seine Welt ging in Truemmer, er wollte das Neue nicht zur Kenntnis nehmen. Sein letztes Buch gibt einen deutlichen Einblick in seine tragische Situation.- Wir sind uebrigens Abonnenten der "Internationalen Literatur", aber sie ist lange nicht mehr so vielfaeltig, weil - ich nehmen an wegen der Transport-Schwierigkeiten - ~~da~~ doch nur eine kleine Gruppe von Schriftstellern daran mitarbeitet. Der Boden ist zwar einwandfrei - wie Sie schreiben - aber auch nicht sehr fruchtbar, wenn ich an die letzten Produkte von Becher denke. "One Man Show" ist an sich ein schwieriges Unternehmen, aber besonders fuer einen Lyriker, damit meine ich, dass er zuviel dichtet und die Qualitaet war entsprechend in der letzten Zeit. Aber es kann doch nicht mehr lange dauern, bis die einzelnen Schriftsteller wissen werden, fuer wen sie eigentlich schreiben und wie die Resonanz ist.

Von hier aus sieht man jetzt mit Spannung den Ereignissen im Fernen Osten entgegen, von deren Entwicklung das Ende des Krieges abhaengt. Das heisst, man wartet eben auch hier, wie man ueberall wartet, auf das Ende des Krieges.

(wenden)

Auch hier, wie ueberall, ein Provisorium. -Wir haben uns gerade ein Grundstueck gekauft, ein Stueck Land mit Feldern und allerlei Viehzeug, zum ersten Mal etwas Eigenes, und wir freuen uns schon auf das geruhsamere Leben etwas entfernter von der Stadt. - Mein Mann hat gerade einen neuen Film angefangen, und zwar handelt es sich um einen Stoff von Pirandello : "WIE ZUVOR,BESSER ALS ZUVOR" so ungefaehr ist der Titel uebersetzt. Es ist nicht immer leicht, in Hollywood Themen zu bekommen, die man gerne haben moechte. Pirandello, wenn er auch nicht gerade aktuell ist, ist gutes Buehnenmaterial, und man ist zufrieden, wenn man nicht mit reinem Unsinn seine Kraft und Zeit verschwenden muss. Ich selbst bin sehr beschaeftigt mit viel zu vielen Aktivitaeten, als dass ich sie im Einzelnen beschreiben kann. Und jetzt kommt noch die Vorbereitung fuer das neue Wohnhaus dazu (wir muessen etwas anbauen) und all die vielen komplizierten Dinge, die mit einem Abbau und Wiederaufbau zusammenhaengen.

Und Sie, wie geht es Ihnen in Buenos Aires? Lassen Sie bald von sich hoeren.

Mit herzlichsten Gruessen
Ihre,
Charlotte Dieterle

Brecht hat Peter Suhrkamps Hilfe nicht vergessen

Bertolt Brecht an Peter Suhrkamp, USA, Winter 1945/46
von Heike Gfrereis (Literatur im öffentlichen Raum)

1919 lernen sich der 28-jährige Peter Suhrkamp und der sieben Jahre jüngere Bertolt Brecht in München kennen. Ende der 20er-Jahre arbeiten sie in Berlin unter anderem für den *UHU*, das »Neue Magazin des Ullstein-Verlags«, zusammen und skizzieren eine Theorie des Radios, die vorwegnimmt, was heute durch das Internet Realität geworden ist: »Der Rundfunk wäre der denkbar großartigste Kommunikationsapparat des öffentlichen Lebens, ein ungeheures Kanalsystem, das heißt, er wäre es, wenn er es verstünde, nicht nur auszusenden, sondern auch zu empfangen, also den Zuhörer nicht nur hören, sondern auch sprechen zu machen und ihn nicht zu isolieren, sondern ihn auch in Beziehung zu setzen.«

Kurz darauf machen die politischen Ereignisse allerdings erst einmal alle Träume von einer offenen, interaktiven Kommunikation zunichte. In der Nacht vom 27. auf den 28. Februar 1933, einem Rosenmontag, brennt in Berlin der Reichstag. Am Folgetag setzt die regierende NSDAP mit einer Notverordnung »zur Abwehr kommunistischer staatsgefährdender Gewaltakte« das Recht auf freie Meinungsäußerung außer Kraft und erklärt unter anderem Hausdurchsuchungen, Beschlagnahmungen und die Todesstrafe wegen Hochverrats für zulässig. Noch während der Reichstag brennt, verstecken sich der mit dem Kommunismus sympathisierende Brecht und seine Ehefrau Helene Weigel in Suhrkamps Berliner Wohnung. Am Morgen steigen sie in den Zug nach Prag. Über Wien und die Schweiz fliehen sie weiter nach Dänemark, später nach Schweden und Finnland und 1941 über Moskau und Wladiwostok in die USA, nach Los Angeles und New York.

Suhrkamp bleibt in Deutschland, wo er nach der Emigration von Gottfried Bermann Fischer den S. Fischer Verlag in Berlin leitet, 1944 verhaftet und bis Februar 1945 im KZ Sachsenhausen interniert wird. Schon kurz nach Kriegsende beginnt er mit dem Wiederaufbau des Verlags, aus dem 1950 nach der Trennung vom S. Fischer Verlag der Suhrkamp Verlag hervorgehen wird, und schreibt seinen früheren Autoren. Sein erster Brief an Brecht nach dem Krieg ist nicht überliefert, wohl aber Suhrkamps Antwort auf den hier abgebildeten Brief vom Winter 45/46:

> Für die Menschenkenntnis allgemein ist es hier nach wie vor ein äusserst reiches Terrain. Einem Idealisten könnte es wahrhaftig schwer fallen, weiter zu leben. Was mich persönlich betrifft: objektiv betrachtet – 1.80 gross und 50 Kilo schwer – mag es fraglich erscheinen, wie ich diesen Winter durchkomme, aber ich selbst stehe auffällig unbesorgt vor dieser sibirischen Finsternis. Die Zeit hat mir eine gute Portion Vertrauen ins tragende Leben trotz allem erhalten. Und nun möchte ich Sie auch unbedingt noch treffen. Schieben Sie es nicht zu lange auf. Sehen Sie zu, wenn Sie überhaupt kommen wollen, es im späten Frühjahr oder im frühen Sommer wenigstens möglich zu machen. Vorher würde das Leben für Sie hier zu strapaziös sein.

Brecht, der die USA nach einem Verhör durch McCarthys ›Ausschuss zur Untersuchung unamerikanischer Betätigung‹ Ende Oktober 1947 verlassen wird, wird einer der ersten und bis heute wichtigsten Autoren des neuen Verlags. Suhrkamp antwortet er im Oktober 1945: »ich habe Ihnen Ihre Hilfe bei meiner Flucht nicht vergessen. [...] Natürlich schrieb ich eine Menge und ich hoffe, wir können einiges davon zusammen durchnehmen. (Nebenbei: sagen Sie, wo immer Sie das können, dass ich dringend bitte, keine größere Arbeit von mir, alt oder neu, aufzuführen ohne dass ich Stellung dazu nehmen kann. Alles braucht Änderungen.)« Von etwa 1935 an hat Brecht an jedem seiner Exil-Arbeitsplätze eine chinesische Zeichnung aufgehängt, *Der Zweifler*: »Ich, sagte er uns / Bin der Zweifler, ich zweifle, ob / Die Arbeit gelungen ist, die eure Tage verschlungen hat. / [...] Nachdenklich betrachten wir mit Neugier den zweifelnden / Blauen Mann auf der Leinwand, sahen uns an und / Begannen von vorne.«

Zum Weiterlesen

↘ Bertolt Brecht: Der Rundfunk als Kommunikationsapparat. In: B.B.: Gesammelte Werke in 20 Bänden. Bd. 18. Frankfurt a.M. 1967 S. 127–134.

↘ Briefe an Bertolt Brecht im Exil (1933–1949). Hrsg. von Hermann Haarmann und Christoph Hesse. Berlin 2014.

Bert Brecht

Lieber Suhrkamp,

Ihr Brief ist der erste, der mich aus D. erreicht und Sie waren einer der Letzten, die ich in D. sah - ging ich doch von Ihrer Wohnung an die Bahn am Tag nach dem Reichstagsbrand; ich habe Ihnen Ihre Hilfe bei meiner Flucht nicht vergessen.

Fünf Jahre hielten wir uns in Dänemark auf, 1 Jahr in Schweden, 1 Jahr in Finnland, wartend auf Visa und wir sind jetzt an vier Jahre in den USA, in Kalifornien. Natürlich schrieb ich eine Menge und ich hoffe, wir können einiges davon zusammen durchnehmen. (Nebenbei: sagen Sie, wo immer Sie das können, dass ich dringend bitte, keine grössere Arbeit von mir, alt oder neu, aufzuführen ohne dass ich dazu Stellung nehmen kann. Alles braucht Änderungen.)

Nichts erfahren kann ich über Kaspar Neher, von dem ich nur hoffe, dass er sich aus dummer Politik gehalten hat, da ich sehr mit ihm rechne. Tatsächlich kann ich mir Theater ohne seine Bilder kaum vorstellen.

Ich bin sicher, dass Sie Ihering von mir grüssen können.

Und Legal, der schliesslich der Aufführung von Mann ist Mann seine Verabschiedung vom Staatstheater zu verdanken hatte.

Was ist aus Hesse Burri geworden? Und was aus Dr. Muellereisert?

Wahrscheinlich ist es Ihnen unmöglich, zu korrespondieren?

Wir sind sehr besorgt um Ihr Wohlergehen und das der anderen Freunde und hoffen, Ihnen Packete zukommen lassen zu können sobald das erlaubt sein wird.

Und auf Wiedersehen!

Ihr

brecht

Okt. 45

Adresse: B.B. 1o63 - 26 th Street Santa Monica, California, USA
(Vielleicht nimmt der amerikanische Referent für Theater Mitteilungen an mich entgegen?) Mr. Edwards Hogan, APO
Hier leben noch: Heinrich Mann, Feuchtwanger, Leonhard Frank, Kortner, Eisler.
Döblin fährt nach Frankreich ab – er ist französischer Staatsbürger.

Schoeps versucht, sich in einen »sinnvollen Lebenszusammenhang einzugliedern«

Hans-Joachim Schoeps an Margarete Susman, Uppsala, 21. Mai 1946
von Dorit Krusche (Archiv)

Hans-Joachim Schoeps (1909–1980) war einer der ersten und einer der wenigen im Exil lebenden Juden, die in der unmittelbaren Nachkriegszeit nach Deutschland zurückkehrten. Jüdische Freunde und Bekannte waren erstaunt bis entsetzt, hatten doch die nationalsozialistischen Mordpläne jeden einzelnen von ihnen und nahestehende Menschen betroffen, von denen viele nicht überlebten. Die in großen Teilen der Bevölkerung immer noch tief verankerte Judenfeindschaft war bei ersten Kontaktaufnahmen jüdischer Autorinnen und Autoren nach Deutschland deutlich spürbar. Und die von Frank Thiess schon 1945 angestoßene Diskussion um Exil und innere Emigration trug nicht zur Entstehung neuen Vertrauens bei. Gershom Scholem schrieb am 6. November 1949 an Hans-Joachim Schoeps: »Ich staune, daß Sie in dieser Luft atmen können.« Schon in der Bildsprache dieser Äußerung schwingt der Gastod von Millionen Menschen mit. Auch Max Brod, mit dem der sehr junge Hans-Joachim Schoeps 1931 den Erzählband *Beim Bau der chinesischen Mauer* aus dem Nachlass Franz Kafkas herausgegeben hatte, konnte kein Verständnis für dessen Entscheidung zur Rückkehr nach Deutschland aufbringen.

Schoeps, der schon mit 14 Jahren der männerbündischen Freideutschen Jugend beitrat, muss sehr frühreif gewesen sein. Seine Texte und Briefe aus den frühen 30er-Jahren – er war damals erst Anfang zwanzig – zeichnen sich durch enormes Wissen, differenzierte Sprachfähigkeit und großes Selbstbewusstsein aus. Seine Publikationsliste der Vorkriegszeit ist erstaunlich lang, die Vielzahl von Kontakten zu Persönlichkeiten des öffentlichen Lebens bemerkenswert. In dieser Zeit lernte er auch Margarete Susman (1872–1966; verheiratete und geschiedene von Bendemann) in Frankfurt kennen, nachdem er ihre *Frauen der Romantik* in der Zeitschrift *Der Ring* 1932 positiv besprochen hatte. Sie führte ihn in den Kreis um ihre Freundin Gertrud Kantorowicz ein, wo er auch Bernhard Groethuysen traf, einen engen Freund Susmans. Groethuysen wurde einer seiner akademischen Lehrer, von dem er noch viele Jahrzehnte später schwärmte.

Der erste erhaltene Brief von Schoeps an Susman stammt aus dem Herbst des Jahres 1935 und enthält die Bitte, einen Aufsatz über die *Mütter der Zwölftausend* (gemeint waren die im Ersten Weltkrieg gefallenen Juden) für das Buch *Jüdische Mütter* zu schreiben, das zu Chanukka erscheinen sollte. Schoeps hatte im Frühjahr 1933 den nationaldeutschen Bund ›Der deutsche Vortrupp. Gefolgschaft deutscher Juden‹ gegründet, der ab Herbst die Zeitschrift *Der deutsche Vortrupp* herausgab und zu dem auch der später gegründete gleichnamige Verlag gehörte. Mehrfach und demonstrativ erscheint das Adjektiv ›deutsch‹ im Namen der von Schoeps gegründeten Organisationen und Publikationen. Es stand beschwörend für die Zugehörigkeit der hier versammelten Juden zu Deutschland und Preußen, zu deutscher Tradition und zu einer nationalen Gefolgschaft, die sich – und ihm – die Nationalsozialisten bald verbaten, so dass der Verlag später nur noch *Vortrupp-*

Verlag heißen durfte. Ab 1938 konnte dieser, durch immer schärfere Restriktionen bedingt, nicht mehr publizieren.

Nur durch die Hilfe eines Mitarbeiters des Auswärtigen Amts konnte Hans-Joachim Schoeps am Weihnachtsabend 1938 nach Schweden fliehen, um der sicheren Verhaftung und Deportation zu entgehen. Margarete Susman hatte Deutschland schon fünf Jahre früher verlassen und war nach Zürich gegangen, wo sie aufgewachsen war. Den Artikel über die Mütter der gefallenen jüdischen Frontsoldaten hat sie nicht geschrieben, und man kann sicher davon ausgehen, dass sie Schoeps' politische Meinungen und Ambitionen nicht teilte. Dennoch war sie es, die den Kontakt zu ihm nach dem Krieg wieder aufnahm.

Schoeps' Antwort – das hier vorgestellte Schreiben vom 21. Mai 1946 – sollte der Anfang eines neuen Austauschs sein, vorsichtig formuliert und Verbindendes betonend. Dabei erzählt der Brief ebenso viel, wie er verschweigt. Schoeps' Ehe mit der Frau »aus der Familie von Mendelsohn-Bartholdy, die irgendwie auch mit den Bendemanns verwandt ist«, aus der die beiden Söhne hervorgingen, war im Frühjahr 1946 – nicht zuletzt aufgrund seiner homosexuellen Präferenzen – bereits gescheitert, und der später alleinerziehende Vater bemühte sich intensiv um eine Übersiedlung nach Deutschland.

Schoeps erzählt auch vom Tod seiner Eltern in verschiedenen Konzentrationslagern, »das Traurigste, was mir zustiess in den bösen Jahren«, aber er kommentiert diesen persönlichen Verlust nicht und leitet keine politischen Schlussfolgerungen daraus ab. Nach Deutschland möchte er zurückkehren, weil es ihm in Schweden nicht gelungen sei, »mich in einen sinnvollen Lebenszusammenhang einzugliedern«.

Die Frage nach dem Verbleib und dem Überleben von gemeinsamen Bekannten ist ein Spezifikum vieler Exilbriefe. Schoeps erkundigt sich nach der Familie Rosenzweig, auch nach Gertrud Kantorowicz (die im KZ Theresienstadt ums Leben kam) und Bernhard Groethuysen, die beide wie Susman zum Kreis um Georg Simmel gehört hatten.

Schon bald nach seiner Rückkehr beginnt Schoeps neue Projekte zu planen: Im August 1947 bittet er Susman um einen Nachruf auf den inzwischen verstorbenen Bernhard Groethuysen, in dem sie »den persönlichen Eindruck seiner Menschlichkeit und den sachlichen Gehalt seines Philosophierens als Dilthey-Schüler kurz skizzieren« solle.

Anders als 1935 ist Susman dieses Mal bereit, etwas zu schreiben: Der Nachruf erscheint im ersten Heft von Schoeps' neu gegründeter *Zeitschrift für Religion und Geistesgeschichte*. Susman beschreibt den Philosophen darin als »einen der letzten echten Europäer«, dessen Philosophie »ohne jede nationale Prägung« auskomme und für den es »die größte Sünde gegen den menschlichen Geist selbst ist, auf dem Weg durch die Welt bei einem einzelnen Gegenstand haltzumachen, sich vor ihm niederzuwerfen und aus ihm ein Idol zu machen«. Der Text ist eine Würdigung des unabhängigen Denkens und Fragens des Philosophen Bernhard Groethuysen und gleichzeitig eine Botschaft an die Leserinnen und Leser der neuen Zeitschrift wie an ihren Herausgeber.

Zum Weiterlesen

↘ Hans-Joachim Schoeps: Ja – nein – und trotzdem. Erinnerungen, Begegnungen, Erfahrungen. Mainz 1974.
↘ Hans-Joachim Schoeps: Rückblicke: Die letzten dreißig Jahre (1925–1955) und danach. Berlin 1963.
↘ Julius H. Schoeps: Über Juden und Deutsche. Historisch-politische Betrachtungen. Hildesheim/Zürich/New York 2010.
↘ Margarete Susman: In Memoriam Bernhard Groethuysen. In: Zeitschrift für Religions- und Geistesgeschichte 1 (1948). H. 1. S. 79–85.
↘ Micha Brumlik: Preußisch, konservativ, jüdisch. Hans-Joachim Schoeps' Leben und Werk. Wien/Köln/Weimar 2019.

↘ Wider den Zeitgeist. Studien zum Leben und Werk von Hans-Joachim Schoeps (1909–1980). Hrsg. von Gideon Botsch [u.a.]. Hildesheim [u.a.] 2009.
↘»Ich staune, dass Sie in dieser Luft atmen können«. Jüdische Intellektuelle in Deutschland nach 1945. Hrsg. von Monika Boll und Raphael Gross. Frankfurt a.M. 2013.

Uppsala, Folkungagatan 6c
den 21.V.46.

Verehrte, liebe Frau von Bendemann!

Nehmen Sie bitte vielen Dank für Ihren lb. Brief, der eine große Freude für mich war.

Ich werde Ihr Buch mit der Andacht lesen, die ich dem entgegenbringe, das von Ihnen kommt. Von einer "Kritik" kann natürlich keine Rede sein, sondern nur von einem "Aufmerksam-machen", wie das geistlichen Dingen angemessen ist.

Selber lasse ich jetzt wieder mehr erscheinen, nachdem ich die letzten 7 Jahre die unvergleichliche Gunst hatte, ziemlich ungestört wissenschaftlich arbeiten zu dürfen. Und da ist mancher alte Plan fertiggeworden. Alles was Sie interessieren kann, werde ich Ihnen immer zugehen lassen.

Zu berichten von mir selber: Ja ich weiß garnicht mal ob Sie wissen, daß ich 1941 heiratete und schon zwei große Jungen von 4 und 2½ Jahren habe. Meine Frau stammt übrigens aus der Familie von Mendelssohn-Bartholdy, die irgendwie auch mit den Bendemann verwandt ist.

Das Traurigste, was mir zustieß in den bösen Jahren war dies, daß mein Vater in Theresienstadt verstarb und meine geliebte Mutter noch ganz zuletzt nach Auschwitz deportiert und dort vergast wurde. Sie war noch so jung (58 Jahre) und ganz auf das Wiedersehen mit uns eingestellt.

Selber will ich trotzdem wieder nach Deutschland zurückkehren. Es ist mir trotz vieler Freundschaft, die mir hier entgegenkam, nicht gelungen mich in einen sinnvollen Lebenszusammenhang einzugliedern. Ich stehe in Unterhandlungen über eine Professur in Heidelberg oder anderswo. – Meine Familie soll freilich vorläufig noch in Schweden bleiben.

Ich wollte noch gern fragen: Haben Sie noch Kontakt mit B. Groethuysen? Wenn ja grüßen Sie ihn bitte sehr. Auch für seine Adresse wäre ich dankbar. Lebt Frau Dr. Kantorowicz noch bei der wir uns einmal in Berlin getroffen hatten? Und wissen Sie etwas über Frau Dr Rosenzweig und den Sohn Raphael? Brieflichen Kontakt habe ich mit Eduard Strauß in New York und Dr Baeck in London.

Ich würde mich sehr freuen, wenn Sie wieder einmal an mich schreiben wollen. Ich hoffe sehr daß der Sommer Sie gesundheitlich weiter kräftigen wird und Sie uns – das "uns" meint eine heute weltweit zerstreute Schar von deutschen Juden – noch lange erhalten bleiben.

Recht herzlich grüßt Sie – auch namens meiner Frau

Ihr
Ihnen getreulich verbundener

Hans Joachim Schoeps

P. S.

Kennen Sie meine Schrift von 1939 über den modernen Menschen + die Verkündigung der Religionen oder nur die von 1942 über die Tempelzerstörung des Jahres 70 usw?

Blum beklagt in Shanghai die anti-chinesische Atmosphäre

Klara Blum an Joint Distribution Commitee, Shanghai, 30. August 1948 [Abschrift] von Xiaocui Qiu (Verwaltung)

Shanghai als Zufluchtsort des jüdischen Exils ist wenig bekannt. Die Metropole im Fernen Osten war – weil keine Visa verlangt wurden – die letzte Zuflucht für die ›kleinen Leute‹, die weder Verbindungen noch finanzielle Mittel hatten.

Einerseits bot China als armes Agrarland und Kriegsgebiet schwierige Lebensbedingungen, andererseits konnten die Geflüchteten dort und insbesondere in Shanghai Arbeit finden und sich ein soziales und kulturelles Leben aufbauen. Ab 1941 verschlechterte sich die Situation, als die bis dahin geteilte Stadt vollständig unter japanische Kontrolle geriet und die Einreise ohne Visum und Quotierung nicht mehr möglich war. Unter der Herrschaft des mit dem nationalsozialistischen Deutschland verbündeten Japan wurden die Shanghaier Juden nun ins Hongkou-›Ghetto‹ gezwungen. Die Geflüchteten betrachteten Shanghai meistens nur als Transit-Land, wer irgendwie konnte, emigrierte weiter. Nach der Befreiung im September 1945 verließen fast alle Juden die Stadt. Klara Blum allerdings bewegte sich in die Gegenrichtung.

Geboren 1904 in der Bukowina, in Czernowitz, schrieb und dichtete Klara Blum bereits als Jugendliche. 1913 flüchtete sie mit ihrer Mutter nach Wien, wo sie 1923 das Abitur machte. 1929 reiste sie für wenige Monate nach Palästina. 1933 wurde Blums Gedicht *Ballade vom Gehorsamen* ausgezeichnet; als Preis erhielt sie eine zweimonatige Studienreise in die Sowjetunion. Aus zwei Monaten wurden 11 Jahre (1934–45); und aus einer Stipendiatin in Moskau wurde eine Exilantin. Erst 1945 konnte die aus einer jüdischen Familie stammende Blum Moskau verlassen und erreichte über mehrere Stationen – Prag, Warschau, Paris – 1947 Shanghai.

Als Blum in Shanghai ankam, war die Atmosphäre dort bedrückend. Die schlechten Lebensumstände und der inzwischen ausgebrochene Bürgerkrieg bedeuteten für die Exilanten, die zu dieser Zeit China noch nicht hatten verlassen können, eine tiefe Aussichtslosigkeit. Während sich die Spaltung zwischen den europäischen und chinesischen Einwohnern unter diesen Bedingungen vertiefte, suchte Blum die Nähe zu den Einheimischen.

In einem Brief vom 30. August 1948 an die jüdisch-amerikanische Hilfsorganisation Joint Distribution Commitee (JDC) beschreibt Blum die Stimmung in der Stadt so:

> »Unfortunately there is a very anti-Chinese atmosphere among many of the refugees. And I, working through all my life for peace and international understanding and against racism and national prejudice can no longer endure it.«

Die feindliche Stimmung nicht mehr ertragen könnend, bittet sie um eine andere Unterkunft: »another house with only Chinese inhabitants«.

Der Brief zeigt die Komplexität bzw. die Schwierigkeit der damaligen Lage. Tatsächlich war es aber nicht allein

Blums Einsatz für Frieden und Völkerverständigung sowie gegen Rassismus und nationale Vorurteile, der sie dazu bewegte, eine andere Unterkunft zu beantragen. Hauptgrund war der, der sie auch gegen den (Rückkehrer-)Strom hatte nach Shanghai kommen lassen: »Der Zweck meiner Chinareise ist ein doppelter: einen Roman über dieses Land zu schreiben und festzustellen, ob mein Mann, der chinesische Theaterregisseur Chang Hsiang noch lebt.« Schon im Oktober 1946 hatte sie dies Manfred George, dem Chefredakteur der deutschen-jüdischen Exilzeitung *Aufbau*, aus Paris berichtet.

Den chinesischen Theaterregisseur Chang Hsiang, besser bekannt als Zhu Rangcheng (朱穰丞 1901–1943), hatte die überzeugte Kommunistin aus der Bukowina 1937 in Moskau kennengelernt. Vier Monate danach verschwand Zhu spurlos. Blum glaubte, er, der Revolutionär, sei in politischer Mission überstürzt nach China abberufen worden. Bis zu ihrem Tod wusste sie nicht, dass er bereits 1943 in ein stalinistisches Lager verschleppt und ermordet worden war.

> Ich atme tief, vom alten Wahn befreit,
> Dein Auge leuchtet schräg, das schwarzgesternte.
> Ich liebte nie mein Volk so echt wie heut,
> Da ich die andern Völker lieben lernte.
> (Aus Blums Gedicht *Das Nationale Lied*, 1938)

Die Liebe zu Zhu schlug sich in Klara Blums literarischen Werken nieder und bewegte sie zu ihrem abenteuerlichen Leben in China: zunächst in Shanghai, wo sie ihren autofiktionalen Roman *Der Hirte und die Weberin* (1951) schrieb, später in der Bibliothek des ersten Fremdspracheninstituts Chinas (heute: Shanghai International Studies University) arbeitete und von Februar bis September 1952 an der Fudan Universität Deutsch unterrichtete. In Beiping (heute Beijing) setzte sie ihre Suche nach Zhu fort; doch ihr Mann – der er für sie auch ohne Hochzeit war – blieb weiterhin unauffindbar. In Nanjing, wohin sie im Zuge der Hochschulreform als Deutschprofessorin an die Nanking Universität versetzt wurde, wurde sie eingebürgert und erhielt offiziell den Namen Dshu Bai-Lan bzw. Zhu Bailan 朱白兰. Den Nachnamen adaptierte sie von ihrem verschollenen Mann, den Vornamen Bai-lan entlieh sie von einer typischen Pflanze Südchinas: Der weiße Jade-Orchideenbaum oder weiße Champaca trägt duftende Blüten und gilt als Nutzpflanze, wodurch er ein Sinnbild für Klara Blums Leben zu sein scheint.

1957 wurde Blum nach Guangzhou berufen, wo sie sich an der Gründung des germanistischen Instituts der Sun-Yat-sen Universität beteiligte und bis zu ihrem Lebensende blieb. Dort verfasste sie weitere literarische Werke, darunter die Novellensammlung *Das Lied von Hongkong* und ihren bisher nur teilveröffentlichten Roman *Schicksalsüberwinder*, dessen Manuskript im Deutschen Literaturarchiv Marbach aufbewahrt wird.

Zum Weiterlesen

↘ Dshu Bai-Lan (d.i. Klara Blum): Das Lied von Hongkong. Novellen. Mit 8 Scherenschnitten von Dhan Jung-schou und Lo Shuee-jü. Rudolstadt 1959.
↘ Klara Blum: Der Hirte und die Weberin. Ein Roman. Rudolstadt 1951.
↘ Zhu Bailan zai Zhongshan Daxue [Klara Blum an der Sun-Yat-sen Universität]. Hrsg. von Jia Lin und Nianci Peng. Guangzhou 2021.
↘ Zhidong Yang: Klara Blum–Zhu Bailan (1904–1971). Frankfurt a.M. 1996.

Copy

30. VIII. 1948

American Jewish Joint Distribution Committee
Housing Department.

Will you have the great kindness and consider my request for being moved to another house with only chinese inhabitants?

Unfortunately there is a very anti-Chinese atmosphere among many of the refugees. And I, working through all my life for peace and international understanding and againt racism and national prejudice can no longer endure it.
If I need to confirm my request in a more detailed way I am always ready, of course, to call on your office for this purpose.
With many thanks beforehand I am very sincerely yours
Klara Blum
Member of the P.E.N.-Club

50/10 Ward Rd.

Urbancic dankt mit einem Gedicht

Melitta Urbancic an Karl Jaspers, Reykjavík, 20. April 1956 von Gunilla Eschenbach (Archiv)

Per Luftpost schickt Melitta Urbancic geb. Grünbaum (1902–1984) ein Briefgedicht an ihren früheren akademischen Lehrer Karl Jaspers aus Reykjavík, Island. Poststempel ist der 20. April 1956. Jaspers lebt zu dieser Zeit in Basel. Das Gedicht ist in verschiedenen Fassungen überliefert, Melitta Urbancic hat es häufiger versandt und in ihre Gedichtsammlung *Ferne Nähe* aufgenommen. Die Begleitzeilen »Die obigen Verse gehören Ihnen [...]« legen eine Widmung des Gedichts an Karl Jaspers nahe. Von dem Gedicht gibt es mehrere Titelvarianten (»Einem Heimatlosen«, »Freunde«). In diesem Luftpostbrief ist der Titel mit einem emphatischen Ausrufezeichen versehen. Auch metrisch weichen die Fassungen voneinander ab. In der an Jaspers gerichteten Fassung orientiert sich die Form an Hölderlin, sowohl in der Sprache als auch in der antikisierenden Metrik. Inhaltlich bleiben sich die Fassungen gleich. Es handelt sich bei diesem Text um eine Freundschaftsklage der besonderen Art. Nicht der bestimmte abwesende Freund wird beklagt, sondern die Abwesenheit einer Möglichkeit zur Freundschaft überhaupt. Die Klage des Sprecher-Ichs ist ein Selbstgespräch. Das angesprochene Du ist nur das eigene Ich aus der Rückschau betrachtet. Auf diese Weise wird in der Organisation der Sprechinstanzen bereits die Isolation spürbar, die das Ich beklagt. Selbst wenn die materiellen Bedürfnisse befriedigt sind, sind damit nicht alle Bedingungen für produktives Schaffen und innere Befriedigung erfüllt. Eine tröstliche Perspektive bietet sich dem Sprecher-Ich in dem in der Schlussstrophe raunend artikulierten Wissen um die Gemeinschaft »zeitlos verschwisterter Freunde«; ein Grundmotiv des Exils, das wir etwa auch aus der Dichtung Karl Wolfskehls kennen.

Bitterkeit über ihre Einsamkeit im isländischen Exil und in der Nach-Exil-Zeit drückt Melitta Urbancic in vielen ihrer Briefe an Jaspers – 12 Briefe und eine Karte aus der Zeit von 1954 bis 1967 sind in seinem Nachlass enthalten – direkt und ungeschminkt aus. Melitta Urbancic blickt gnadenlos auf die isländische Gesellschaft, die ihr oberflächlich und unfähig zu philosophischer Reflexion erscheint (Brief vom 15. Juni 1964). Die isländische Landschaft bleibt hiervon ausgenommen. Urbancic weiß, dass sie die Liebe zur nordischen Landschaft mit Karl Jaspers teilt. Mit Imkerei, Bildhauerei und literarischen Übersetzungen sowie ihrer eigenen schöpferischen literarischen Tätigkeit, dem Dichten, führt sie ein anderes Leben, als sie es getan hätte, hätte sie ihre 1928 begonnene Schauspielkarriere und das Leben an der Seite ihres erfolgreichen Mannes in deutschen und österreichischen Metropolen weitergeführt. Womöglich kommt sie gerade durch diese Lebensführung der Existenzphilosophie Karl Jaspers' und seiner Kritik an oberflächlichen menschlichen Beziehungen nahe. Freilich: Kommunikation, ein zentraler Begriff in Jaspers' später Philosophie, ist immer auf ein Du gerichtet. An diesem Begriff arbeitet sie sich deshalb ab: »Vielleicht ziehen Sie die Grenzen wahrhafter ›Kommunikation‹ sehr weit, über Räume und Zeiten hinweg, von Mensch zu Mensch verbindend. Aber die faktische Nähe scheint doch unersetzbar zum fruchtbaren Kontakt, auch im geistigen Leben. In der absoluten Unmöglichkeit eines wahrhaft geistigen Austauschs liegt die Tragik unseres hiesigen Lebens.« (Brief vom 29. September 1954) Aus diesem Konflikt erklärt sich, weshalb Urbancic den brieflichen Kontakt zu Jaspers sucht, ja einfordert, und ihre Lebenssituation vor dem Hintergrund seiner Philosophie zu deuten und anzunehmen versucht.

Zum Weiterlesen

↘ Agneta Hauber: Melitta Urbancic. Lyrik am Ende der Welt. Exil und Integration in Island. Berlin 2022.
↘ Melitta Grünbaum: Begegnungen mit Gundolf. Hrsg. und mit einem Nachw. vers. von Gunilla Eschenbach. Marbach a.N. 2012.

TO OPEN CUT AT TOP

ÍSLAND 175 AURAR

AÉROGRAMME
AEROGRAM – LOFTBREF
PAR AVION
LOFTLEIDIS

Herrn Professor Karl
Jaspers
BASEL
SVISS
Austrasse 126

SENDANDI: Dr. Urbancic
Reykjavik, Island

ATHS.! SÉ EITTHVAÐ LAGT INN Í BRÉFIÐ, VERÐUR ÞAÐ EKKI SENT LOFTLEIÐIS.

SÖLUVERÐ 2 KRÓNUR

F R E U N D E !

Ueberall, Freund, vermagst du zu leben,
wo Arbeit auf deine Hände wartet,
dir ein Tisch gedeckt ist
und ein Lager bereitsteht -
So vermeinst du beim Aufbruch.
Und du findest vielleicht
Arbeit und Brot und zur Nacht eine Bettstatt.
Aber dein Werk
blüht nicht -
Schal schmecken die Speisen
und dein Schlaf ist von Träumen durchjagt.

Irrst auch du?
Irrst du lechzend in wegloser Leere,
ein verdurstendes Tier,
das im Sandmeer nach Wasser sucht?
Qualvoller aber als Durst ist :
freund-los zu leben als Freund!
Und das Herz übersteht's nicht -

Kommt ihm ein Wissen nicht zu,
wie dem eisigen Norden
Lüfte die Ahnung vom Blühen
zutragen -
Wissen um namenlose,
in der grossen Gemeinschaft der Einsamen
zeitlos verschwisterte
Freunde !

....

Verehrter Herr Professor!

Die obigen Verse gehören Ihnen als ein armseliges Zeichen des Dankes für den immer erneuten Trost im Wissen um Ihre lebendige Existenz !
Mit warmen Wünschen von uns beiden auch an Ihre liebe Frau

Ihre Grete [illegible]

Ludwig träumt von der »Heimreise nach Brasilien«

Paula Ludwig an Hermann Kasack, Wetzlar, 29. November 1956 von Mariana Holms (Marbach-Stipendium)

Paula Ludwig kehrte nach dreizehn Jahren, die sie von 1940 bis 1953 im brasilianischen Exil verbracht hatte, nach Europa zurück. Ihr brasilianischer Fluchtort wurde eine zweite Heimat für sie, und sie dachte daran, dorthin zurückzukehren: In dem hier abgebildeten Brief spricht sie von der Hoffnung auf »meine Heimreise nach Brasilien«.

1933 war die im österreichischen Feldkirch geborene, aber in Deutschland lebende Dichterin und Malerin nach Österreich zurückgekehrt. Ursprünglich weder rassisch noch politisch verfolgt, musste sie 1938 – wegen ihres Eintretens für jüdische Menschen und Oppositionelle bedroht – aus dem nun zum nationalsozialistischen Deutschen Reich gehörenden Österreich fliehen. Über die Schweiz, Frankreich, Spanien und Portugal gelangte sie schließlich nach Brasilien. Ludwig besaß einen deutschen Pass, galt aber während des NS-Regimes und im Exil als staatenlos. Später, nach vergeblichen Versuchen, die österreichische Staatsbürgerschaft zu erwerben, erhielt Ludwig 1952 die brasilianische Staatsbürgerschaft, mit der sie ihr Exilland verlassen konnte. Sie hoffte auf einen Neubeginn als Schriftstellerin in Deutschland.

Als junge Autorin hatte sie bereits in den 20er-Jahren literarische Unterstützung durch Hermann Kasack erfahren. Er war sowohl ein persönlicher Freund als auch ein literarischer Berater. Zusammen mit Wolf Przygode hatte er die Veröffentlichung von Ludwigs erstem Gedichtband tatkräftig befördert. Auch Ludwigs Beschäftigung mit Hölderlins Gedichten geht auf Kasack zurück; Spuren ihrer durch ihn angeregten Hölderlin-Lektüre finden sich in Ludwigs Texten aus dem Exil. Kasack, der als Lektor bei den Verlagen Kiepenheuer, S. Fischer und Suhrkamp tätig war, galt während des Krieges als Autor der ›inneren Emigration‹; ab 1953 war er Präsident der Deutschen Akademie für Sprache und Dichtung in Darmstadt.

Nach Paula Ludwigs Rückkehr wurde Kasack, der zu dieser Zeit eine bedeutende Persönlichkeit im deutschen Literaturbetrieb war, eine der wenigen Vertrauenspersonen in Ludwigs Leben. Sie suchte nicht nur seinen Rat bei diversen Schwierigkeiten, sondern schilderte ihm gegenüber auch Erinnerungen an das Exil und ihre schwankende Gefühlslage. Vor allem aber erbat sie seine Hilfe bei den bürokratischen Hürden zu ihrem Wiedergutmachungs-Gesuch, das trotz der Unterstützung durch Kasack und ihre Freundin Erika Mann ohne Erfolg blieb.

Ludwigs erste Jahre nach der Rückkehr waren von finanziellen Nöten, zahlreichen Umzügen und dem Gefühl neuer Heimatlosigkeit geprägt. Als Schriftstellerin fand sie kein Gehör. Während des Exils hatte sich Ludwigs poetische Sprache verwandelt. Sie hatte ihre Stimme keineswegs ›verloren‹, wie dies von Schriftsteller/-innen im Exil oft leichtfertig gesagt wird; es waren die besonderen Umstände – der hier abgebildete Brief gibt davon deutlich Zeugnis –, die sie zu einem »15 jährigen literarischen Schweigen verurteilt« hatten. Vielleicht sollte man also statt von einem ›literarischen Schweigen‹ von einem ›verlegerischen Schweigen‹ sprechen?

Paula Ludwigs Lebenssituation spiegelt sich in ihren Gedichten, Traumerzählungen und autobiografischen Fragmenten aus dieser Zeit: Diese sind von einem misstrauischen Blick geprägt und üben scharfe Kritik an der europäischen bzw. deutschsprachigen Nachkriegs-Welt. So kritisiert Ludwig besonders die Heuchelei eines deutschen Diskurses, der sich auf Vernunft und auf eine selbstbewusste Kultur beruft, aber kurz zuvor noch der Barbarei gedient hatte.

In ihrer Exil-Heimat Brasilien hingegen erlebte die Autorin, wie sie mehrfach berichtet, keineswegs nur Einsamkeit und Verzweiflung, sondern auch Trost in der Natur und in der Begegnung mit Künstlern und Menschen, die vielfältige soziale Unterdrückung erlitten hatten; in diesen erkannte sie sich selbst – in Paula Ludwigs eigenen Worten: »Aus tausend Spiegeln sehe ich mich an«. In mehreren Fragment gebliebenen Texten stellt die Dichterin durch verschiedenen Spiegelungen eine verborgene, nicht oft sichtbare Welt dar.

Ludwigs Briefe und Traumerzählungen lassen ihre offene Haltung gegenüber Kulturen und Menschen außerhalb Europas erkennen. Sie wendet sich gegen alle Arten von Vorurteilen, gegen ökonomische oder psychologische Ausbeutung, solidarisiert sich mit denen, die in Not geraten sind und/oder von Behörden schikaniert werden. In späteren Texten ergreift sie außerdem Partei für Frauen, die Gewalterfahrungen ausgesetzt waren.

Es mangelte Paula Ludwig in Brasilien nicht an Inspiration für ihre künstlerische Arbeit, für literarische und gesellschaftliche Reflexion. Trotz der mehrfach so genannten »Unheimlichkeit« Brasiliens postuliert sie in ihrem unveröffentlichten Spätwerk auf vielfältige Weise eine Art ›existentielles Heimweh‹ gegenüber ihrer Exil-Heimat. Es blieb beim Heimweh: Weder gelang Ludwig ein Neubeginn als Schriftstellerin, noch trat sie tatsächlich eine »Heimreise nach Brasilien« an.

Zum Weiterlesen

↘ Paula Ludwig: Träume. Aufzeichnungen aus den Jahren zwischen 1920–1960. Ebenhausen bei München 1962.
↘ Paula Ludwig: Gedichte. Eine Auswahl aus der Zeit von 1920 bis 1958. Ebenhausen bei München 1958.

Wetzlar –
29. November 1956

Lieber Hermann Kasack!

Meinen herzlichsten Dank für Deine Antwort!

Es ist mir wirklich leidig – Dich mit dieser Sache behelligen oder beschäftigen zu müssen.

Zumindest gebe ich mir Mühe – die fraglichen <u>Punkte</u> kurz und bündig aufzuklären.

<u>Not</u>gedrungen gerate ich dabei vom Hundertsten ins Tausendste.

Für die Behörde aber ist ein Manuskript "bloss lästig.

Interessant ist jedoch Dein" Hinweis auf Anspruch eines Verschollenes wegen Berufsschaden.

Vergiss bitte nicht – dass ich durch meine Emigration ins Ausland – fremdsprachige Länder – zu 15jährigen literarischen Schweigen verurteilt war.

Über die Zeit ab <u>1938</u> (Ich floh aus Tirol in der Nacht nach der Okkupation) schreibt mir Erika Mann ein Zeugnis – da ich mit ihr in ständigem Kontakt war. Mich damals in Paris ganz zur Verfügung stellte um durch den Pariser Sender an das deutsche Volk zu sprechen. Nicht politisch – sondern menschlich.

1940 floh ich aus Paris. Ich erfuhr später – dass die Gestapo gleich nach Einzug – meine Wohnung heimgesucht hat. Darin befanden sich alle meine Besitztümer. Ich habe <u>nichts</u> mehr davon wiedergesehen. Ich habe <u>alles</u> verloren.

Nun: <u>darüber</u> klage ich nicht. Schlimmer war es freilich dass ich eine Arbeit von über 10 Jahren dabei verlieren musste und nicht weiss – was daraus geworden ist! Es handelt sich eben um diesen Zyklus "Dem dunklen Gott" II Teil. Einzelne Gesänge habe ich in Brasilien aus dem Gedächtnis neu geschrieben.

Und Gott sei Dank konnte ich in Brasil meine Existenz mit meiner Malerei fristen. Und mein Leben drüben war mit intensivster Arbeit und Inspiration erfüllt. – Und war so froh: Deutschland etwas mitbringen zu können. Und ich dachte in keiner Weise an diese Wiedergutmachung. Fühlte mich als Schenkende und nicht als Bittende oder „Fordernde. Nun – meine Apfelsinen waren unerwünscht – und ich mag ja mit 56 Jahren nicht noch einmal anfangen. –

Vielmals danke ich Dir für Deinen Beistand sowohl von früher wie von heute und grüsse Dich mit allen guten Wünschen!

Deine Paula Ludwig

P.S. Umstehend die Beantwortung

P.S. Beantwortung der Punkte!
Gesuch Wiedergutmachung Paula Ludwig

1. Adresse des Herrn Beamten – der meine und meines Sohnes Sache in die Hand genommen hat!
Oberlandesgerichtsrat Heller
Anwaltsbüro: Notar Dr. H. Heertz
Dr. Christian Werner
Frankfurt am Main F/M
Börsenstr. 2

---

2. 1933 aus Berlin emigriert. Damals noch mit deutschem Pass.

3. Meine letzte Adresse in Deutschland!
Berlin – Kurfürstendamm 112

---

4. Meine Einnahmen in den Jahren 1928–1932 beliefen sich auf ungefähr 250 RM monatlich.
Ich erhielt nämlich von der Abraham-Lincoln-Stiftung ein Stipendium. Das war überhaupt die einzigste Zeit meines Lebens – wo ich feste Einnahmen hatte. Natürlich zog diese wunderbare Stiftung sich 1933 wieder zurück. Ich widmete ihr noch das Buch „Traumlandschaft" und eben wegen dieser Widmung: „dem Geiste Abraham Lincolns" hat die Gestapo das Buch beschlagnahmt. 1935!

---

5. War niemals Mitglied eines Schutzverbandes deutscher oder österreichischer Schriftsteller. (Wäre nur unnützlich gewesen!)

6. Mein Sohn Friedel war nicht der Beweggrund zu meiner Emigration. Allerdings holte ich ihn heraus – denn er war durch seine Mutter gefährdet – welche sich bereits in Paris befand und er noch in Deutschland. Der Ahnungslose!
Ich habe die schwere Verantwortung seiner Desertion auf mich genommen – damals im Herbst 1938!
In Spanien – auf der Flucht – wurde er geschnappt. Jedoch – als die „Gestapo" welche das Ausländer-Lager in Spanien nach „der Liste" durchkämmte – ließ ein Engel von spanischen Offizieren – Friedels Papiere verschwinden und rettete ihn.

5 Jahre Concentrationslager hat Friedel durchgemacht. —
und ich in Brasilien? Ich wusste – dass er sich in ständiger schrecklicher Gefahr befindet.

Übrigens bin ich damals 1940 – als ich heimlich die Pyrenäen überkletterte bis zu ihm nach Burgos „Miranda de Ebro" gekommen. Wollte ihn befreien. War nicht möglich. Sie hatten gerade fünf harmlose flüchtige Franzosen erschossen.

Mit all dieser Angst vergeht die Zeit – mit all diesem Herzklopfen zählt man den Stundenschlag nicht mehr und am Ende stirbt man noch eines quasi natürlichen Todes im Bett!

7. Als ich 1938 aus Ehrwald (Tirol) nach der Schweiz floh – gelang es Nina (brasilianische Staatsbürgerin) zusammen mit dem Umzug (ihrer und ihrer Mutter Möbel) auch mein Hab und Gut nach „Ascona" Tessin – zu retten.

Da ein Schweizer Gesetz uns „verbot – vor Ablauf von 5 Jahren etwas zu verkaufen – so schenkten wir den grössten Teil an das „Rote-Kreuz"! Den uns persönlich teuren Rest stellten" wir ein. Den haben sich die Schweizer (diese Leichenfledderer!) unter sich aufgeteilt.

Jedoch meine Bücherkisten liess ich mir nach Paris nachsenden und natürlich meine kleinen Andenken und Kostbarkeiten. (Darunter eine Schale 4000 Jahre alt aus Creta. Geschenk eines Archäologe.)

Die Franzosen haben mir nichts weggenommen. Sie waren ausserordentlich gütig zu mir.

Wer meinen Besitz – meine Manuskripte – meine Zeichnungen – meine Briefe geraubt und verkauft hat – weiss ich nicht. Jedenfalls war meine Wohnung in Paris ausgeräumt und meine „getreuen Concierges" sind alle drei bei einem Omnibus-„Unglück" umgekommen. So konnte ich nichts erwirken.

Nun – ich mag auch nicht mehr. Bloss diese Geschichte zwingt mich – noch einmal mein Verlorenes herzuzählen.

Es ist mir sehr zuwider.

Auch kommt es mir grotesk vor – heute zehn Jahre nach Kriegsschluss – damit den Behörden zu kommen.

Schliesslich möchte ich ja nur meine Heimreise nach Brasilien dabei gewinnen. Womit ich die Vorstellung verbinde: in Versöhnung von unserer Erde scheiden zu dürfen

P. L

Wolff gewährt einem Buch ›Exil‹

Kurt Wolff an Boris Pasternak, New York und Zürich, 1958 [Durchschläge] von Christine Münzing (Bibliothek)

Persönlich begegnet sind sich Kurt Wolff, der 1942 nach New York emigrierte deutsche Verleger und Gründer des Pantheon Verlages, und der russische Schriftsteller Boris Pasternak anscheinend nie. Beide haben in Marburg studiert, teilweise sogar bei denselben Professoren, was vermutlich dazu beitrug, dass zwischen Autor und Verleger eine einzigartige Beziehung entstehen konnte.

Gleich im ersten, im Februar 1958 verfassten Brief des damals 71-jährigen Kurt Wolff bezieht dieser sich auf die gemeinsame Universitätserfahrung und macht deutlich, wie sehr ihm eine persönliche Verbindung zu Pasternak am Herzen liegt:

> Hiermit stellt sich Ihnen Ihr USA-Verleger vor. Es ist mir ein Herzensbedürfnis, Ihnen zu sagen, dass Pantheon Books stolz und glücklich ist, Ihr grosses Buch herauszubringen. Ich habe es bisher als Ganzes nur in der italienischen Uebersetzung lesen können; in der englischen Fassung liegt uns im Augenblick erst etwa die Hälfte vor … Genug, zu sagen, dass es meiner Meinung nach der bedeutendste Roman ist, den ich in einer langen verlegerischen Berufstaetigkeit (von 1909 bis 1929

in Deutschland: Kurt Wolff Verlag) das Glück und die Ehre hatte zu veröffentlichen.

Zahlreiche Briefe und Postkarten wurden gewechselt, in denen das Hauptthema *Doktor Schiwago* niemals explizit genannt, sondern immer auf geschickte Weise umgangen wurde. In seinem Brief vom 7. August 1958 spricht Kurt Wolff vom Manuskript des Buches als einem gemeinsamen Freund:

> Von unserem Freund, dem Doktor, kann ich Ihnen nur gute Nachrichten geben: in Paris hat er sich etwas verspätet, in New York wird er am 5. September öffentlich auftreten, aber für private Consultationen ist er schon jetzt dort anwesend. Gleich nach New York wird er in London erwartet, und vor wenigen Tagen besuchte mich mein Freund Fischer, der auf ihn im Oktober in Frankfurt rechnet. Ein beweglicher Herr, wie Sie sehen.

Mit dem in Kurt Wolffs Schreiben erwähnten »Freund Fischer« ist der deutsche Verleger Gottfried Bermann Fischer gemeint. Die deutsche Erstausgabe des *Doktor Schiwago* erschien – wie im Brief angekündigt – im Herbst 1958 bei S. Fischer.

Zuvor und erstmalig war Pasternaks Roman, dessen Erscheinen in der Sowjetunion die KPdSU verboten hatte, 1957 in Italien im Verlag Feltrinelli erschienen. Giangiacomo Feltrinelli bot Pantheon Books über einen britischen Vermittler die US-amerikanischen Rechte an. Kurt Wolff und seine Frau Helen bewiesen bei der Herausgabe des Buches großes verlegerisches Gespür. Dabei waren Vorsicht und Zurückhaltung geboten, hätte doch jede falsche Marketingmaßnahme den unter Hausarrest stehenden russischen Autor in Bedrängnis bringen können.

Als Pasternak 1958 den Nobelpreis für Literatur erhalten sollte, lehnte er diesen auf Druck der sowjetischen Obrigkeit ab, was ihn nicht davor bewahrte, aus dem Schriftstellerverband der UdSSR ausgeschlossen zu werden. Trotzdem entschied er sich gegen das Exil und blieb in der

Sowjetunion. Nur sein Roman fand in zahlreichen Ländern ›Asyl‹.

Nachdem Pasternak sein Manuskript in den Westen geschmuggelt hatte, entstand um das Werk eine eigene sagenumrankte Spionagegeschichte, die heutzutage wieder erschreckend aktuell ist. Damals – ohne Internet und soziale Medien und vor dem Hintergrund des Kalten Krieges – war man auf verschlüsselte Briefe und Codes angewiesen. Man verabredete sich per Postkarte zu Übergaben in Cafés oder Bahnhöfen und führte anonyme Gespräche über schwarze Wählscheibentelefone.

Anlässlich der Brüsseler Weltausstellung 1958 wurde eine russische Ausgabe des *Doktor Schiwago* in Den Haag gedruckt und kostenlos im Pavillon des Vatikans an die Besucher verteilt. Mit abgerissenem Buchdeckel wurde das Buch wieder zurück in die UdSSR geschmuggelt. Später kursierten im Ostblock auch unauffällige, auf Bibeldruckpapier gedruckte Ausgaben. Erst 1988 durfte das Werk offiziell in der Sowjetunion erscheinen.

Für die Erfolgsgeschichte des Pantheon Verlages war *Doktor Schiwago* einerseits ein Glücksgriff, brachte er doch als eines der meistverkauften Bücher des Jahrhunderts Wohlstand und Unabhängigkeit; gleichzeitig entstanden dadurch aber interne Zwistigkeiten, die dazu führten, dass Helen und Kurt Wolff nach Europa zurückkehrten – nicht nach Deutschland, sondern ins Tessin in der italienischsprachigen Schweiz.

Zum Weiterlesen

↘ Boris Pasternak / Kurt Wolff: Im Meer der Hingabe. Briefwechsel 1958–1960. Hrsg. von Evgenij Pasternak und Elena Pasternak unter Mitarb. von Fedor Poljakov. Mit einem Vorw. von Gerd Ruge. Frankfurt a.M. [u.a.] 2010.
↘ Boris Pasternak: Doktor Shiwago. Roman. Deutsch von Thomas Reschke. Frankfurt a.M. 2011.
↘ Alexander Wolff: Das Land meiner Väter. Die deutsch-amerikanische Geschichte meines Großvaters Kurt Wolff. Köln 2021.

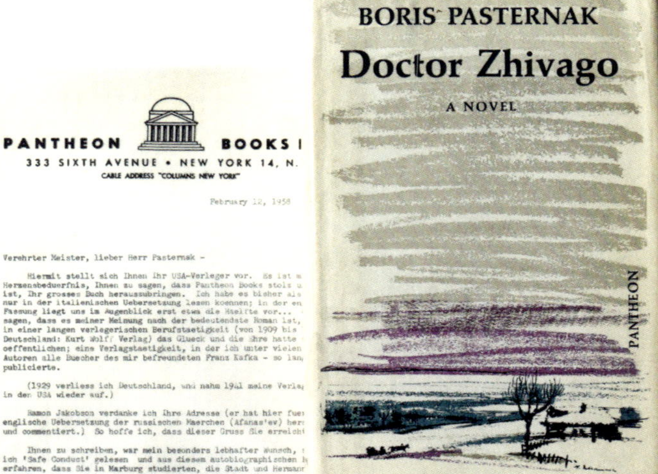
PANTHEON BOOKS
333 SIXTH AVENUE • NEW YORK 14, N.
CABLE ADDRESS "COLUMNS NEW YORK"
February 12, 1958
Verehrter Meister, lieber Herr Pasternak -
BORIS PASTERNAK
Doctor Zhivago
A NOVEL
PANTHEON
Mr Kurt Wolff
Pantheon Books inc.
333 Sixth Avenue
New York 14 N.Y.
PAR AVION

KURT WOLFF an BORIS PASTERNAK

Zürich, 7. August 1958

Verehrter Meister und Dichter, lieber Herr Pasternak -

Ihre Juni/Juli Grüsse haben mich sehr sehr erfreut, ich danke Ihnen von Herzen. Ich bin jetzt für längere Wochen in der Schweiz und am sichersten zu erreichen unter der Adresse Kurt Wolff bei Frau Aniela Jaffé, Streulistr. 60, Zürich - bis mindestens Mitte September (und später würde mir Post zuverlässig nachgesandt).

Von unserem Freund, dem Doktor , kann ich Ihnen nur gute Nachrichten geben: in Paris hat er sich etwas verspätet, in New York wird er am 5. September öffentlich auftreten, aber für private Consultationen ist er schon jetzt dort anwesend. Gleich nach New York wird er in London erwartet, und vor wenigen Tagen besuchte mich mein Freund Fischer, der auf ihn im Oktober in Frankfurt rechnet. Ein beweglicher Herr, wie Sie sehen.

Ich war sehr betrübt zu hören, dass Sie Schmerzen am Bein haben, sich vielleicht sogar einer Operation unterziehen müssen. Ich fürchte, dass solche Operation Sie längere Zeit immobilisieren wird. Sie sollten unbedingt versuchen, es so einzurichten, dass Sie fähig sind, erst einmal eine Erholungsreise zu unternehmen, die Ihnen gewiss gut tun würde - Camus z.B. unternahm die kleine Reise im vorigen Jahr, und ich wünschte sie Ihnen so sehr.

Ihr Bein, vermute ich, zwingt Sie auch jetzt zu viel Ruhe, so haben Sie Zeit zum Lesen. Darf ich Ihnen Bücher schicken, die Sie interessieren könnten? Es würde mir Freude machen. Sagen Sie mir bitte, ob ich sie nach Peredelkino air-mail adressieren darf?

Ich schliesse diese kurzen Zeilen und möchte bald von Ihnen hören, dass sie bei Ihnen eingetroffen. Das würde mich ermutigen, bald mehr zu schreiben.

Ihnen sehr zugetan

Raddatz schützt seine Freunde

Fritz J. Raddatz an Erich und Katja Arendt, West-Berlin, Dezember 1958 [Durchschlag]
von Christian Tillinger (Archiv)

»Durch die M-Post wird uns heute bekannt, dass der stellvertr. Cheflektor des Verlages ›Volk und Welt‹ Raddatz, Fritz-Joachim [...] republikflüchtig geworden ist«, hält Major Kienberg, Leiter der Hauptabteilung V/1 des MfS, am 9. Dezember 1958 fest.

> R. ist zurzeit krankgeschrieben. Der Brief wurde in Westberlin aufgegeben. Raddatz wurde im Ü-Vorgang 116/57 operativ bearbeitet, da er der Initiator und Organisator des sogenannten Donnerstagsclubs war, der 1956 in regelmässigen Abständen zusammentrat. Die Angehörigen dieses Clubs äusserten sich negativ über die Politik unserer Partei und Regierung. [...] Durch Postüberwachung des Arend, Erich, der ebenfalls Mitglied des Donnerstagsclubs war, wurde am heutigen Tage ein Brief angehalten, den Raddatz an A. sandte. In diesem Brief befindet sich eine Durchschrift einer Mitteilung an den Leiter des Verlages über seine Republikflucht. [...] Als Gründe für seine Flucht gibt er an, dass er in der DDR nicht mehr leben konnte, da das, was hier geschieht, nicht Sozialismus ist. Weiterhin schreibt er: dass Janka in Einzelhaft sitzt,

todkrank ist und keine Diät bekommt; dass Nagy ermordet wurde und seine Familie erst durch Radio diese Nachricht erhielt; usw. Am Schluss des Briefes gibt er an: ›Hinzu kommt die intensive Überwachung durch den SSD, die ich wohl merkte, sowie zwei der dort üblichen Anrufe, die mich auf deren Besuch am Montag vorbereiten sollten.‹

Auf den kurzen Brief an das Ehepaar Arendt – dessen Durchschlag hier abgebildet ist –, geht der Stasi-Major nicht weiter ein. Dort schreibt Raddatz: »Sie beide [...] verteidigen letztlich, bei allen zugegebenen ›Unschönheiten‹, was in der DDR geschieht. Ich halte das für zutiefst falsch – und so musste auch diese Bekanntschaft, von der ich anfangs glaubte, es könnte eine Freundschaft werden, auseinandergehen.«

Als Raddatz den Durchschlag 1994 an das DLA Marbach gab, hielt er es indessen für angebracht, schriftlich festzuhalten: »Dieser Begleitbrief an die Familie Arendt ist nicht wörtlich zu nehmen, er ist vielmehr zum Schutz beider Arendts formuliert worden, um sie vor Verfolgung infolge meiner Flucht zu bewahren.«

Auch der weitere, umfangreiche Briefwechsel mit Erich und mit Katja Arendt in Raddatz' Nachlass zeugt davon, dass die Freundschaft – denn um eine solche handelte es sich durchaus – keineswegs beendet war, ebenso wie seine Tagebücher, in denen er Erich Arendt gar als einen seiner engsten und wichtigsten Freunde bezeichnet.

Seinen ausführlichen Brief an den Verlagsleiter Walter Czollek schickte Raddatz auch später gelegentlich an Freunde, namentlich 1969 an Uwe Johnson als Reaktion auf dessen *Versuch, eine Mentalität zu erklären* (»Sie erwähnen ja diesen merkwürdigen zwang, ›abschiedsbriefe‹ zu schreiben. hier ist meiner«) und 1977 »als kleines Zeichen freundschaftlichen Vertrauens« an Joseph Breitbach. Schließlich publizierte er ihn 2003 in seiner Autobiographie *Unruhestifter*.

Neben den in der Stasi-Akte referierten Aspekten spricht der Brief auch von den Auswirkungen der herrschenden

Kulturpolitik: »Seit langem gehört es zum nicht einmal mehr diskutierten Editionsprinzip in unserem (und jedem anderen DDR-)Verlag, Texte zu streichen, umzuschreiben, Bücher zurückzuziehen, Verträge zu annullieren – zu fälschen also.«

Der junge Raddatz, der freiwillig in die DDR gegangen war – aufgewachsen im Stadtteil Tempelhof, der nach dem Krieg zum amerikanischen Sektor von Berlin gehörte –, arbeitete schon während seines Studiums bei Volk und Welt. Dort begegnete er Erich Arendt, der für den Verlag seinerzeit als Übersetzer tätig war.

Durch die Arendts, die selbst u.a. in Kolumbien im Exil gewesen waren, lernte Raddatz viele Exilanten kennen. Später engagierte er sich für die Exilliteratur. Ein Beispiel hierfür ist sein im März 1974 ausgestrahlter zweiteiliger WDR-Fernsehfilm, der u.a. Interviews mit einigen ihrer Vertreter (oder deren Witwen) enthält, aber auch eine Gesprächsrunde mit Gymnasiasten über die Frage, ob das Spezifische dieser Art Literatur im Deutschunterricht thematisiert werde.

Als Feuilletonchef der *Zeit* schrieb Raddatz dann 1977 angesichts der damaligen Ausbürgerungen und Ausreisen zahlreicher Autoren aus der DDR:

> Zukünftig, wenn von Exil-Literatur gesprochen wird, ist neu zu datieren; wie der Erste Weltkrieg erst durch den Zweiten seinen Namen erhielt, so wird jetzt die I. Exil-Literatur genannt werden müssen, wenn die antifaschistische Emigration gemeint ist. Die II. Exil-Literatur hat die DDR geschaffen. Die Zahl der Namen wie ihre Bedeutung stehen dem Exodus nach 1933 nicht nach.

Zum Weiterlesen

↘ Fritz J. Raddatz: Unruhestifter. Erinnerungen. München 2003.
↘ Hendrik Röder (Hrsg.): Vagant, der ich bin. Erich Arendt zum 90. Geburtstag. Texte und Beiträge zu seinem Werk. Berlin 1993.
↘ Fritz J. Raddatz: Besuch bei Katia Mann und Gespräche mit Lou Eisler-Fischer, Charlott Frank und Walter Mehring. In: Sinn und Form 74 (2022). S. 552–558.

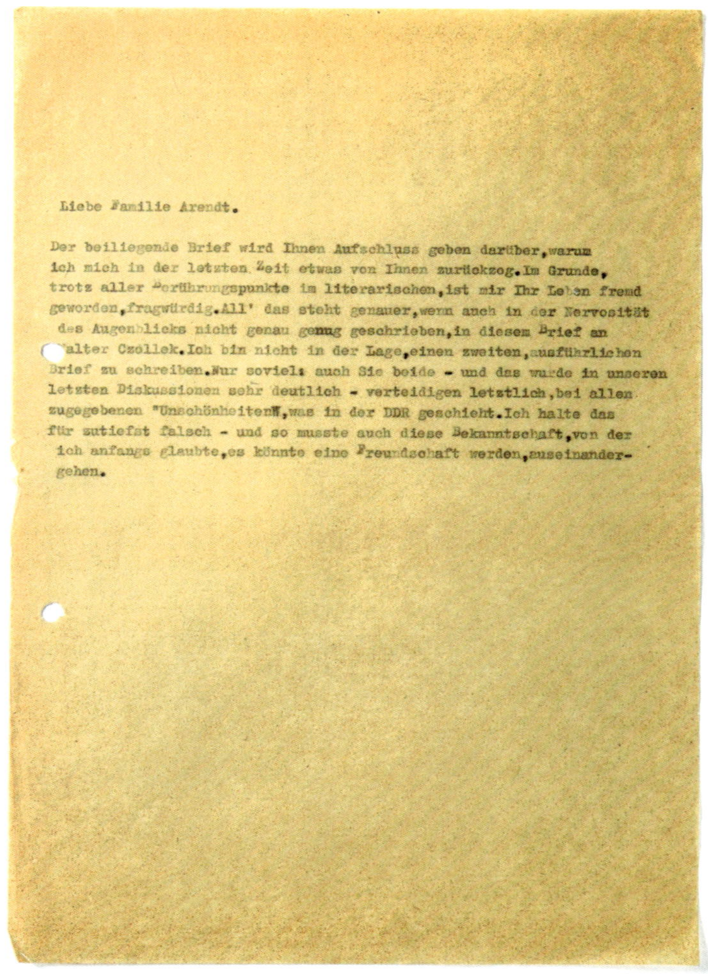

Liebe Familie Arendt.

Der beiliegende Brief wird Ihnen Aufschluss geben darüber,warum ich mich in der letzten Zeit etwas von Ihnen zurückzog.Im Grunde, trotz aller Berührungspunkte im literarischen,ist mir Ihr Leben fremd geworden,fragwürdig.All' das steht genauer,wenn auch in der Nervosität des Augenblicks nicht genau genug geschrieben,in diesem Brief an Walter Czöllek.Ich bin nicht in der Lage,einen zweiten,ausführlichen Brief zu schreiben.Nur soviel: auch Sie beide - und das wurde in unseren letzten Diskussionen sehr deutlich - verteidigen letztlich,bei allen zugegebenen "Unschönheiten",was in der DDR geschieht.Ich halte das für zutiefst falsch - und so musste auch diese Bekanntschaft,von der ich anfangs glaubte,es könnte eine Freundschaft werden,auseinandergehen.

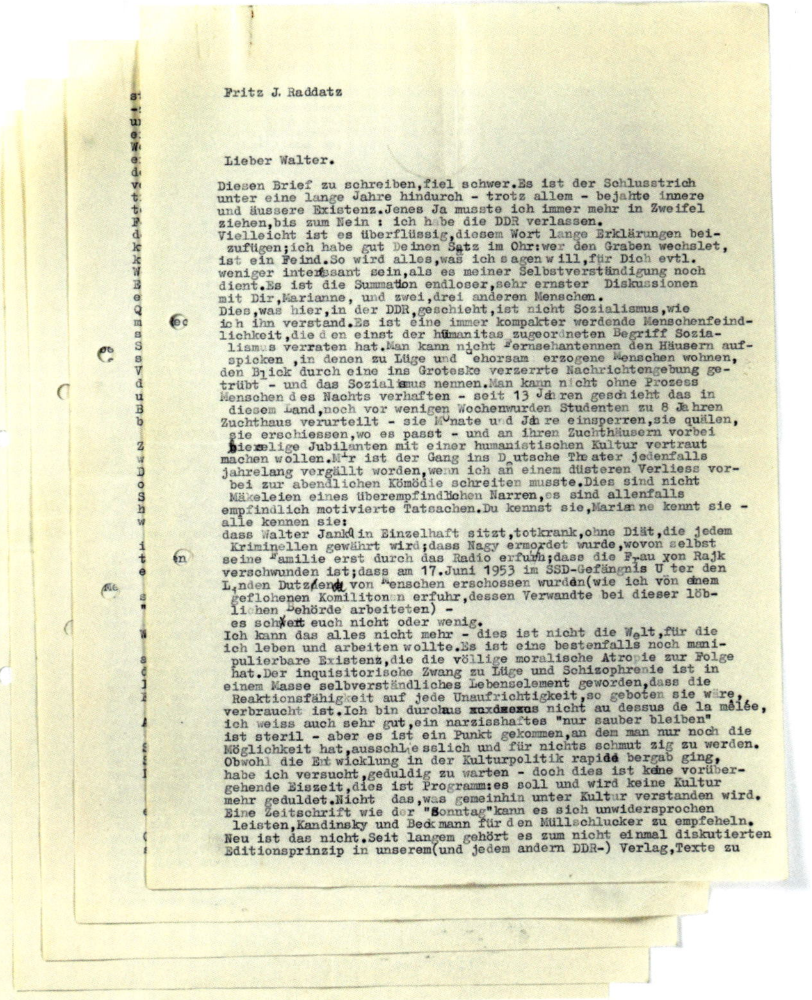

Fritz J. Raddatz

Lieber Walter.

Diesen Brief zu schreiben, fiel schwer. Es ist der Schlusstrich
unter eine lange Jahre hindurch - trotz allem - bejahte innere
und äussere Existenz. Jenes Ja musste ich immer mehr in Zweifel
ziehen, bis zum Nein : ich habe die DDR verlassen.
Vielleicht ist es überflüssig, diesem Wort lange Erklärungen bei-
zufügen; ich habe gut Deinen Satz im Ohr: wer den Graben wechslet,
ist ein Feind. So wird alles, was ich sagen will, für Dich evtl.
weniger interessant sein, als es meiner Selbstverständigung noch
dient. Es ist die Summation endloser, sehr ernster Diskussionen
mit Dir, Marianne, und zwei, drei anderen Menschen.
Dies, was hier, in der DDR, geschieht, ist nicht Sozialismus, wie
ich ihn verstand. Es ist eine immer kompakter werdende Menschenfeind-
lichkeit, die den einst der humanitas zugeordneten Begriff Sozialismus verraten hat. Man kann nicht Fernsehantennen den Häusern auf-
spicken, in denen zu Lüge und Gehorsam erzogene Menschen wohnen,
den Blick durch eine ins Groteske verzerrte Nachrichtengebung ge-
trübt - und das Sozialismus nennen. Man kann nicht ohne Prozess
Menschen des Nachts verhaften - seit 13 Jahren geschieht das in
diesem Land, noch vor wenigen Wochen wurden Studenten zu 8 Jahren
Zuchthaus verurteilt - sie Monate und Jahre einsperren, sie quälen,
sie erschiessen, wo es passt - und an ihren Zuchthäusern vorbei
dieselige Jubilanten mit einer humanistischen Kultur vertraut
machen wollen. Mir ist der Gang ins Deutsche Theater jedenfalls
jahrelang vergällt worden, wenn ich an einem düsteren Verliess vorbei zur abendlichen Kömödie schreiten musste. Dies sind nicht
Mäkeleien eines überempfindlichen Narren, es sind allenfalls
empfindlich motivierte Tatsachen. Du kennst sie, Marianne kennt sie -
alle kennen sie:
dass Walter Janka in Einzelhaft sitzt, totkrank, ohne Diät, die jedem
Kriminellen gewährt wird; dass Nagy ermordet wurde, wovon selbst
seine Familie erst durch das Radio erfuhr; dass die Frau von Rajk
verschwunden ist; dass am 17. Juni 1953 im SSD-Gefängnis Unter den
Linden Dutzende von Menschen erschossen wurden (wie ich von einem
geflohenen Komilitonen erfuhr, dessen Verwandte bei dieser löb-
lichen Behörde arbeiteten) -
es schert euch nicht oder wenig.
Ich kann das alles nicht mehr - dies ist nicht die Welt, für die
ich leben und arbeiten wollte. Es ist eine bestenfalls noch mani-
pulierbare Existenz, die die völlige moralische Atropie zur Folge
hat. Der inquisitorische Zwang zu Lüge und Schizophrenie ist in
einem Masse selbverständliches Lebenselement geworden, dass die
Reaktionsfähigkeit auf jede Unaufrichtigkeit, so geboten sie wäre,
verbraucht ist. Ich bin durchaus nicht au dessus de la mêlée,
ich weiss auch sehr gut, ein narzisshaftes "nur sauber bleiben"
ist steril - aber es ist ein Punkt gekommen, an dem man nur noch die
Möglichkeit hat, ausschliesslich und für nichts schmutzig zu werden.
Obwohl die Entwicklung in der Kulturpolitik rapide bergab ging,
habe ich versucht, geduldig zu warten - doch dies ist keine vorüber-
gehende Eiszeit, dies ist Programm: es soll und wird keine Kultur
mehr geduldet. Nicht das, was gemeinhin unter Kultur verstanden wird.
Eine Zeitschrift wie der "Sonntag" kann es sich unwidersprochen
leisten, Kandinsky und Beckmann für den Müllschlucker zu empfeheln.
Neu ist das nicht. Seit langem gehört es zum nicht einmal diskutierten
Editionsprinzip in unserem (und jedem andern DDR-) Verlag, Texte zu

Sachs dankt für eine Rose als Stütze

Nelly Sachs an Hilde Domin, Stockholm, 14. Januar 1960 von Nikola Herweg (Archiv)

»Es sieht ja fast aus, als würde dies Leben hingehen, für uns beide, ohne dass wir uns je sehen«, schreibt Hilde Domin am 22. April 1970 an Nelly Sachs. Sie wird Recht behalten: Zu einer persönlichen Begegnung kommt es nicht, obwohl es Möglichkeiten gegeben hätte. Über ein Jahrzehnt, in knapp 80 Briefen und Karten, nähern sich die beiden deutschsprachigen Lyrikerinnen zunächst einander an, um schon bald nur mehr aneinander vorbei zu schreiben.

Es ist ein schwieriges Briefgespräch. Die spätere Literaturnobelpreisträgerin Nelly Sachs, der die Flucht aus dem nationalsozialistischen Deutschland nach Schweden erst im Frühjahr 1940 gelang, deren Deutschland-Reise 1960 – nach Meersburg, wo sie den Droste-Preis entgegennahm – eine heftige Psychose auslöste, für die das Exil zum Dauerzustand wurde und die als *die* Dichterin gilt, die den Opfern der Shoah eine Stimme gibt, auf der einen Seite; auf der anderen: Hilde Domin, die ebenfalls traumatisiert war, aber durch deutlich glücklichere Umstände schon 1932 Deutschland verlassen hatte, 1954 trotz massiver Ängste dorthin zurückgekehrt war, später als »Dichterin der Rückkehr« (Hans-Georg Gadamer) wahrgenommen wurde und bis heute zu den bestverkauften Lyrikerinnen zählt.

Was zunächst herzlich, ja euphorisch beginnt, entwickelt sich zum dissonanten Dialog. Eröffnet wird dieser durch eine Widmung: »Für Nelly Sachs / wegen der ›Heimat im Arm‹ / mit fernnahen Grüssen / von / Hilde Domin / Madrid, 1.I.1960«. Domin hat ihren Debüt-Band *Nur eine Rose als Stütze* mit der handschriftlichen Zueignung, aber offensichtlich ohne weiteren Kommentar an Sachs geschickt; das Buch ist heute Teil des Nachlasses von Nelly Sachs, der in der Kungliga biblioteket in Stockholm aufbewahrt wird. Sachs nimmt das Gesprächsangebot sofort an und schickt am 14. Januar 1960 ihrerseits einen Lyrikband; nicht den gerade erst erschienenen – »[d]a Sie wohl ›Flucht und Verwandlung‹ besitzen wie ich annehme nach der Inschrift« –, sondern ihr »vorletztes Gedichtbuch« *Und niemand weiß weiter*. Folgende Widmung findet sich in dem in Domins Bibliothek in Marbach erhaltenen Band:

Für Hilde Domin
die mir eine Rose als Stütze sandte
wohnend beide in der Demut der Luft.
Nelly Sachs
Stockholm 14.1.60

Wie Domin, die sich in ihrer Widmung auf ein Sachs-Gedicht bezieht – »Heimat im Arm« ist ein Zitat aus dem in *Flucht und Verwandlung* abgedruckten Gedicht *Kommt einer von Ferne* –, nimmt auch Sachs ein Gedicht, das Titelgedicht von Domins Lyrikband, zum Ausgangspunkt ihrer Dedikation.

Ich richte mir ein Zimmer ein in der Luft
unter den Akrobaten und Vögeln:
mein Bett auf dem Trapez des Gefühls
wie ein Nest im Wind
auf der äußersten Spitze des Zweigs.

[…]
Meine Hand
greift nach einem Halt und findet
nur eine Rose als Stütze.

In ihrer Widmung spannt Sachs einen Bogen von Domins *Nur eine Rose als Stütze* zu einem eigenen Gedicht:

DAS IST DER FLÜCHTLINGE Planetenstunde.
Das ist der Flüchtlinge reißende Flucht
in die Fallsucht, den Tod!

Das ist der Sternfall aus magischer Verhaftung
der Schwelle, des Herdes, des Brots.

Das ist der schwarze Apfel der Erkenntnis,
die Angst! Erloschene Liebessonne
die raucht! Das ist die Blume der Eile,
schweißbetropft! Das sind die Jäger
aus Nichts, nur aus Flucht.

Das sind Gejagte, die ihre tödlichen Verstecke
in die Gräber tragen.

Das ist der Sand, erschrocken
mit Guirlanden des Abschieds.
Das ist der Erde Vorstoß ins Freie,
ihr stockender Atem
in der Demut der Luft.

Der dem Lyrikband beiliegende Brief von Nelly Sachs klingt wie ein euphorisches Freundschaftsangebot: »[L]iebe, liebe Schwester«, beginnt Sachs und endet mit dem Ausruf: »Wieviel Gemeinsames!«

Dass es bei viel Verbindendem – der Erfahrung von Vertreibung, Flucht und Überleben der Shoah, dem ambivalenten Verhältnis zum Geburtsland, dem Glauben an Versöhnung, dem Begegnen der eigenen Traumatisierung mit Schreiben bis hin zu ähnlichen Motiven in den Gedichten – vielleicht doch mehr Trennendes gibt, deutet sich bereits in der hier abgebildeten Widmung bzw. der darin enthaltenen Interpretation der bis heute bekanntesten Gedichtzeilen von Hilde Domin an.

Zum Weiterlesen

↘ Hilde Domin / Nelly Sachs: Briefwechsel. Hrsg. und mit einem Nachw. vers. von Nikola Herweg und Christoph Willmitzer. Marbach a.N. 2016.
↘ Hilde Domin: Nur eine Rose als Stütze. Gedichte. Frankfurt a.M. 1959.
↘ Nelly Sachs: Und Niemand weiß weiter. Gedichte. Hamburg [u.a.] 1957.
↘ Nelly Sachs: Flucht und Verwandlung. Gedichte. Stuttgart 1959.

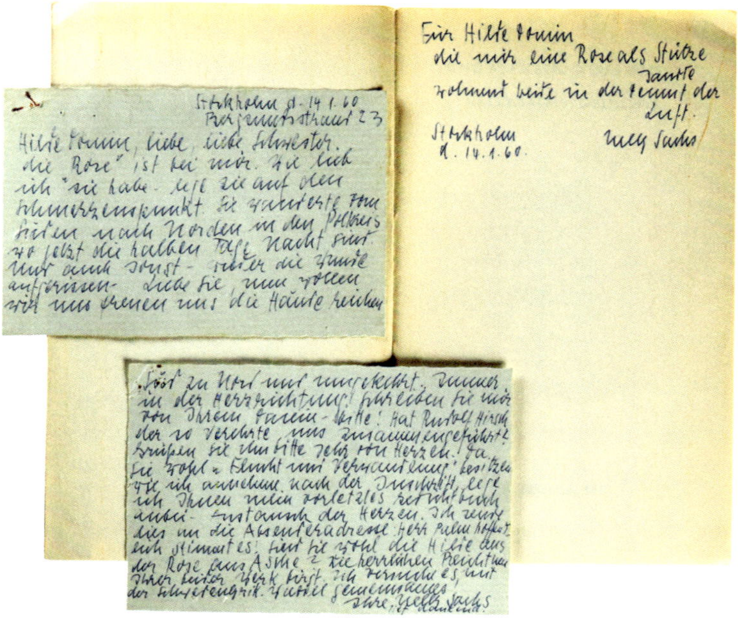

Rosenkranz kämpft um Entschädigung

Deutsches Rotes Kreuz an Moses Rosenkranz, 1. September 1961 von Vanessa Greiff (Verbindungslehrerin zwischen DLA und Schulen)

Jiddisch, polnisch, ukrainisch und rumänisch klang es aus den Mündern der Menschen des österreichischen Herzogtums Bukowina. Berhometh am Pruth war der Heimatort von Moses Rosenkranz. Dort kam er am 20. Juni 1904 zur Welt. Die besondere Atmosphäre der Vielsprachigkeit, die ihn dort umgab, beschreibt er in seinem *Fragment einer Autobiographie: Kindheit*. Die Kampfhandlungen des Ersten Weltkriegs drängten die Familie zur Flucht. Als 1919 der Vater starb, verlor die Familie ihr kleines Landgut und zog nach Czernowitz. Rosenkranz wurde Buchdruckergeselle und widmete seine freie Zeit der deutschen Sprache und Literatur. 1933 wurde er von der Königin Maria von Coburg-Hohenzollern in Bukarest als literarischer Referent an den rumänischen Hof berufen. In ihrem Namen verfasste er die Autobiografie der Herrscherin *Traum und Leben einer Königin*. Auch eigene Schriften veröffentlichte er bis zum Ausbruch des Zweiten Weltkriegs.

1944, nach der Kapitulation Rumäniens, engagierte sich Rosenkranz »gegen die Übergriffe des Kommunismus«, wie er es in einem Gedächtnisprotokoll Anfang der 60er-Jahre niederschrieb. Zwei Jahre später berief ihn das Internationale Komitee des Roten Kreuzes in Genf zum Legationsrat an die Bukarester Delegation. Seine Hilfsaktionen für die deutsche Bevölkerung missfielen der sowjetrussischen Besatzungsmacht und wurden hart bestraft: Rosenkranz wurde festgenommen und weggesperrt. An den Delegationschef des IKRK Bukarest schrieb Rosenkranz am 8. Februar 1947 nach der Entlassung aus der ersten illegalen Untersuchungshaft: »Ich bin gestern vormittags aus dem Polizeiarrest entlassen worden. [...] Das entsetzliche Erlebnis dieser vier Wochen hat mich belehrt, dass man Waterloo haben kann, ohne Napoleon zu sein. Nun fehlt mir allerdings St. Helena! Nie zuvor in meinem schmerzlichen Leben hatte ich so zähe Sehnsucht nach Stille und Einsamkeit.« Im Frühjahr 1947 wurde Rosenkranz über Constanţa nach Moskau entführt und nach einem Jahr in »satanischer Untersuchungshaft« ohne Gerichtsverfahren zu 25 Jahren in die Bergwerke an der sibirischen Jenissei-Mündung zur Zwangsarbeit verbannt.

Ein Leben ohne Schreiben gab es für Moses Rosenkranz nie: Im Gulag, wo der Besitz von Schreibutensilien verboten war, griff er zu seiner Überlebenstechnik: Er memorierte Gedichte; aufgeschrieben wurden sie erst viele Jahre später. Das folgende Gedicht entstand so.

Der Kuß

Das weiße Licht vom Wächterturm
fließt über die da hocken
auf dem Brett im Schwarzen Sturm
und fallen lassen Brocken

Die Wachen nah daneben stehn
im Anschlag ihre Flinten
sie können so auch dienstlich sehn
wohl die Verrichtung hinten

Daß zwei Gesichter unbedacht
sich zu einander trauen
veranlaßt einen von der Wacht
von vorne hinzuschauen

Und als er löste einen Schuß
ein Mundpaar zu erzielen

> blieb lange noch im Frost der Kuß
> nur die Gesichter fielen

Innere Stärke, Hoffnung und Zuversicht waren es, die Moses Rosenkranz die Jahre im Gulag ertragen ließen. Im Frühjahr 1955 wurde der Zivilgefangene von der Bundesrepublik Deutschland heimverlangt. Die sowjetrussische Behörde gab der Forderung statt; doch anders als gedacht und gewünscht, wurde Rosenkranz 1956 der Volksrepublik Rumänien übergeben, da sein Geburtsort auf rumänischem Staatsgebiet liege, so die behördliche Begründung.

Im Brief des Suchdienstes des Deutschen Roten Kreuzes erfuhr Rosenkranz am 1. September 1961 von den erfolglosen Bemühungen, ihn in die Bundesrepublik zu bringen:

> Sie waren mit in der Anforderungsliste des Deutschen Roten Kreuzes aufgeführt, die anlässlich der Verhandlungen des Präsidenten des Deutschen Roten Kreuzes in Bukarest im Oktober 1958 geführt wurden, ebenso wie in den Listen, die bereits im Mai 1957 Vertretern des Rumänischen Roten Kreuzes übergeben wurden. Leider hatten auch besondere Eingaben, die vom Deutschen Roten Kreuz an das Rumänische Rote Kreuz in Ihrer Angelegenheit mit dem Ziel, Ihre Ausreise in die Bundesrepublik zu unterstützen, gerichtet wurden, keinen Erfolg.

Bis zum 12. April 1957 wurde er im politischen Gefängnis Gherla gefangen gehalten. Bespitzelungen und Arbeitsverbot waren die Bedingungen der scheinbaren Freiheit. Rosenkranz lebte ausschließlich von Paketsendungen aus dem Westen. Am 19. Juli 1961 gelang ihm die Ausreise in die Bundesrepublik. Im Gedächtnisprotokoll notierte er dazu: »Diese Ausreise, die eigentlich eine Flucht vor einer neuerlichen Verhaftung war, wurde mir dadurch möglich, dass ich unter der Hand, auf Umwegen, in den Besitz eines Reiseausweises gekommen war. Darüber möchte ich nichts weiter berichten, da mir dabei behilfliche Personen leider noch hinter dem Eisernen Vorhang stecken.«

Rosenkranz erstritt seine Ansprüche nach dem Bundesgesetz zur Entschädigung für Opfer der nationalsozialistischen Verfolgung: Anerkannt wurde er als Flüchtling, Vertriebener und Opfer des Roten Terrors. Doch nach 1953 aus dem Ostblock gekommen, wurde ihm zunächst kein Recht auf Entschädigung zugesprochen. Immer und immer wieder rollte er für die bundesdeutschen Behörden zum Erhalt eines Lastenausgleichs und einer Heimkehrerentschädigung seine Geschichte auf: Das Generalsekretariat der Suchdienst-Leitstelle des Deutschen Roten Kreuzes verwies für die weitere Suche nach Zeugen und Nachweisen über seine Gefangenschaft an den Suchdienst des Deutschen Roten Kreuzes in Hamburg. Über diesen Kanal wurden Brief um Brief Zeugenaussagen zusammengetragen, bis er schließlich doch noch eine Entschädigung erhielt.

Unverzeihlich blieben für ihn zeitlebens die Verbrechen des Zweiten Weltkriegs wie auch die Unterdrückung und das erlittene Unrecht im Kommunismus, die sein gesamtes Leben überschatteten.

Das Exil Deutschland war für Moses Rosenkranz das Land, in dem er leben und schreiben durfte – es wurde ihm nicht zur Heimat. Die Literaturszene der 60er-Jahre schrieb sich weit fort von Rosenkranz' Poetik. Der zurückgezogen im Hochschwarzwald Lebende fand in der Öffentlichkeit kaum Gehör. Erst in den späten 90er-Jahren gelang ihm ein kleines Comeback. Den Auftakt machte seine 1998 bei Rimbaud erschienene Lyriksammlung über die Gegend, die zeitlebens seine Heimat bleiben sollte: *Bukowina.*

Zum Weiterlesen

↘ Moses Rosenkranz: Im Untergang. Ein Jahrhundertbuch. München 1986.
↘ Moses Rosenkranz: Kindheit. Fragment einer Autobiographie. Aachen 2003.
↘ Moses Rosenkranz: Bukowina. Ausgewählte Gedichte 1920–1997. Aachen 1998.

DEUTSCHES ROTES KREUZ
SUCHDIENST HAMBURG

Herrn
Moses Rosenkranz
13) Geretsried-Stein
Krs. Wolfratshausen
Postlagernd

HAMBURG-OSDORF, DEN 1.9.61
BLOMKAMP 51
DRAHTANSCHRIFT: SUCHDIENST HAMBURG

Az.: III-3-Pn/R/HK

Betr.: Antrag auf Lastenausgleich u. Heimkehrerentschädigung

Amtl. Muster 3 — HHG § 10 Abs. 4
Bescheinigung für ehem. polit. Häftlinge

Landratsamt Breisgau-Hochschwarzwald
Eing.: 12. SEP. 1975

Bescheinigung Nr. 182
nach § 10 Abs. 4 des Häftlingshilfegesetzes

Regierung von Oberbayern
Im Auftrag:
(Dr. L. Kessler)
Oberregierungsrat

B 101 4774
Inanspruchnahme von Rechten u. Vergünstigungen
berechtigt.
Berchtesgaden, 11.8.1961
Berchtesgaden 11.8.1961
Landratsamt Berchtesgaden
Flüchtlingsamt
Leiter des Flüchtlingsamtes

BUNDESREPUBLIK DEUTSCHLAND

Einbürgerungsurkunde

Der geschiedene Schriftsteller
Moses R O S E N K R A N Z , wohnhaft in Lörrach, Wallbrunnstr.
(Name, Stand und Wohnort)

geboren am 20. Juni 1904 in Berhomet, Krs. Kotzmann/Rumänien,

hat mit dem Zeitpunkt der Aushändigung dieser Urkunde die deutsche Staatsangehörigkeit erworben. Die Einbürgerung erstreckt sich nicht auf Familienangehörige.

L ö r r a c h , den 12. August 1963

L a n d r a t s a m t
-Staatl. Verwaltung -
I. A.

B e r g m a n n
Regierungsrat

Gebührenfrei

Gebührenkontrolle Nr. -.-

Tgb.-Nr. 12/63

Ausgehändigt am 19. August 1963
Landratsamt-Staatl. Verwaltung
-Paßamt-
I.A.
Bergmann, Reg.-Rat

Hildesheimer möchte lieber nicht

Wolfgang Hildesheimer an Hilde Domin, Poschiavo, 30. Juni 1965
von Alexa Hennemann (Kommunikation)

»Ich möchte Ihnen wegen *Tynset* schreiben: ich habe nicht geglaubt, daß es möglich wäre, einen jetzt geschriebenen Prosaband mit so viel Freude zu lesen.« So beginnt die Lyrikerin Hilde Domin am 10. April 1965 ihren ersten Brief an den Schriftsteller Wolfgang Hildesheimer, dessen *Tynset* kurz zuvor erschienen war. »Nur wo das Absurde der Notwendigkeit gehorcht, entsteht Freude. Zumindest für mich«, heißt es weiter an den »Sehr verehrten Herrn Hildesheimer«. Das Absurde spielt seit den *Lieblosen Legenden* (1952) eine wichtige Rolle in Hildesheimers literarischem Werk. In dem von Kritik und Publikum gleichermaßen begeistert aufgenommenen Monolog *Tynset* – »Ich habe diesmal viel davon [Anerkennung] bekommen, viel mehr, als ich erwartet hatte« – steht die Melancholie eines Schlaflosen im Mittelpunkt. Mit dem hier abgedruckten Brief vom 30. Juni 1965 antwortet Wolfgang Hildesheimer auf Domins Post, der auch ihr neuester Lyrikband *Hier* (1964) beigelegen hatte: »Ja, ich bin ein Leser Ihrer Gedichte.« Die Verbindung reißt nicht mehr ab; ob es je ein persönliches Treffen gab, ist unbekannt.

Hildesheimer sah sich selbst nicht als Emigrant. Er war als Jugendlicher mit seinen Eltern im Jahr 1933 über England nach Palästina (zu dieser Zeit britisches Mandat) ausgewandert. Er kam aus einer jüdischen Familie, die er – wie sich selbst – als unreligiös bezeichnete. Hildesheimers Vater war ein angesehener Chemiker, er selbst machte in Jerusalem eine Tischlerlehre und studierte in London Zeichnen, in Israel arbeitete er als Englischlehrer am British Council und als Informationsoffizier für die britische Regierung. Von 1946 bis 1949 war er Simultan-Dolmetscher bei den Nürnberger Prozessen, eine für ihn besonders prägende Zeit.

»Not if I can help it«, schreibt er in seinem Brief spielerisch undiplomatisch auf die Einladung Domins, sie und ihren Ehemann Erwin Walter Palm in Heidelberg zu besuchen. Er lebte zu dieser Zeit nach seiner Rückkehr nach Deutschland zurückgezogen in Poschiavo (Schweiz): »Jeder Mensch fährt doch einmal nach Süden« lautet seine (unverbindliche) Gegeneinladung. Hilde Domin lebte seit 1961 als freie Schriftstellerin in Heidelberg, zuvor war sie mit dem damaligen Archäologiestudenten Palm, der wie sie aus einer jüdischen Familie stammte, zuerst nach Rom emigriert, anschließend über England in die Dominikanische Republik. Der Name der Insel inspirierte sie zu ihrem Pseudonym.

Vom deutschen Literaturbetrieb hatte sich Hildesheimer Mitte der 60er-Jahre länger schon distanziert – wenngleich er Teil der Gruppe 47 war und bis 1967 (meist) an deren Treffen teilnahm (»man bekommt so viel nicht mehr mit«). Die etwas rätselhafte Bemerkung »Wer aber J. Günther ist, habe ich wohl nie gewusst«, bezieht sich auf einen Nachtrag im Brief Domins: Sie berichtet, dass der Publizist Joachim Günther sie um eine Besprechung von *Tynset* gebeten habe. Der wegweisende Beitrag erschien im selben Jahr in den *Neuen Deutschen Heften.* Als Hildesheimer für *Tynset* ein Jahr darauf der Bremer Literaturpreis und der Georg-Büchner-Preis zuerkannt wird, schreibt ihm Domin im Vorfeld des Darmstädter Festakts: »Ich hoffe ja sehr, Ihre Büchnerrede wird kein l'art pour l'art.« Hildesheimer entzieht sich Domins Drängen auf seine Weise, er wählt mit dem Bezugstext *Leonce und Lena* wiederum die Melancholie.

»Wenn wir gute Juden wären, würden wir nach Israel gehen. Aber ich fürchte, so gut sind wir eben nicht, Celan ist es auch nicht. Da wir es aber nicht tun, haben wir uns alles selbst zuzuschreiben. Das tun Sie mit Lyrik, und ich tue es mit Prosa.« Selbstironisch und in der ihm eigenen lakonischen Art konstatiert Hildesheimer hier nachdenklich die bittere Unausweichlichkeit seines Daseins und gleichzeitig die Verweigerung jeglicher Vereinnahmung. Er erkennt in Weggefährten wie Paul Celan, der von 1948 bis zu seinem Tod in Paris lebte, und Hilde Domin die gleiche Haltung zur Welt – eine ortlose Generation. Der Idee des Absurden ist die Verweigerung inhärent; Hildesheimer hat sie ästhetisch in unvergessliche Spielarten verwandelt, in Hörspiele, Theaterstücke, Prosa. Über die Funktion von Literatur dachte er viel nach, an ihrer Notwendigkeit zweifelte er zuletzt. Liest man diese letzten Zeilen seines Briefs in diesen Tagen – vor dem Hintergrund der um die Documenta fifteen geführten Antisemitismus-Debatte –, bleibt man sprachlos zurück.

Zum Weiterlesen

↘ Wolfgang Hildesheimer: »Alles andere steht in meinem Roman«. Zwölf Briefwechsel. Hrsg. von Stephan Braese gemeinsam mit Olga Blank und Thomas Wild. Berlin 2017.
↘ Christoph Willmitzer: Geschütztes Sprechen. Wolfgang Hildesheimers Korrespondenz zu Fragen von Judentum und Antisemitismus im Nachlass des Suhrkamp Verlags. In: treibhaus. Jahrbuch für die Literatur der fünfziger Jahre. Hrsg. von Günter Häntzschel, Sven Hanuschek und Ulrike Leuschner. Bd. 12. 2016. S. 48–60.
↘ Wolfgang Hildesheimer: Ich werde nun schweigen. Göttingen 1993.
↘ Hilde Domin: Denk ich an Deutschland in der Nacht. Bemerkungen zu Wolfgang Hildesheimers *Tynset*. In: Neue Deutsche Hefte 12 (1965). S. 124–134.

wolfgang hildesheimer poschiavo (graubünden)

Liebe Frau Domin,

herzlichen Dank für Brief und Anerkennung. Ich habe diesmal viel davon bekommen, viel mehr, als ich erwartet hatte. Ja, ich bin ein Leser Ihrer Gedichte, vielen Dank auch für den neuen Band, er liegt schon auf meinem Nachttisch, und es liegt nur noch ein Buch darüber (Canetti, Aufzeichnungen,)dann kommt HIER an die Reihe. Nach Heidelberg? Not if I can help it. Aber vielleicht kommen Sie einmal hierher, jeder Mensch fährt doch einmal nach Süden, und Poschiavo liegt nur ein ganz klein wenig links von der geraden Strecke. Erwin ist wohl - ich hoffe, die Deduktion stimmt - Ihr Mann. (Ist das nicht überhaupt Palm? Oder bin ich da auf ganz falschen Bahnen, man bekommt so viel nicht mehr mit?) Wer aber J. Günther ist, habe ich wohl nie gewusst. - Wenn wir gute Juden wären, würden wir nach Israel gehen. Aber ich fürchte, so gut sind wir eben nicht, Celan ist es auch nicht. Da wir es aber nicht tun, haben wir uns alles selbst zuzuschreiben. Das tun Sie mit Lyrik, und ich tue es mit Prosa.

Mit herzlichen Grüssen,
Ihr
hildesheimer

Tergit forscht zu den »Schwierigkeiten des Exils«

Gabriele Tergit an Will Schaber, London, 27. Oktober 1966
von Anna Weber (Forschung)

Wie viele Exilschriftsteller/-innen ihrer Generation muss Gabriele Tergit ihr Schreiben über mehr als einen System- und Sprachwechsel hinweg retten. Ihre Karriere als Journalistin beginnt 1915 noch im deutschen Kaiserreich, kommt aber erst im liberaleren Klima der Weimarer Republik in Schwung. Nachdem die SA im März 1933 ihre Wohnung gestürmt hat, flieht Tergit über die Tschechoslowakei ins britische Mandatsgebiet Palästina. Nach fünf Jahren lässt sie sich in London nieder, wo sie bis zu ihrem Tod 1982 lebt.

Als am längsten amtierende Sekretärin des PEN-Zentrums deutschsprachiger Autoren im Ausland, von 1957 bis 1981, interessiert sie sich auch für die Exilsituation ihrer Schriftstellerkolleg/-innen. Bislang unveröffentlicht, lagern im DLA Marbach Tergits Vorarbeiten zu einem Projekt mit dem Arbeitstitel »Über die Schwierigkeiten des Exils«. Mitte der 60er-Jahre korrespondiert sie dafür mit Zeitzeug/-innen der Emigration in den frühen 40er-Jahren, sammelt historische Zeitungsausschnitte und lässt sich Kopien von Korrespondenzen zusenden, die die komplexe Organisation von Visa für Kolleg/-innen Tergits wie Franz Werfel und Nelly Sachs belegen.

Dass Tergit dabei literarischen und journalistischen Darstellungen von Flucht und Exil seitens anderer Autor/-innen nicht unkritisch gegenübersteht, beweist der hier abgedruckte Brief an Will Schaber. Wie Tergit emigriert Schaber bereits 1933 aus Deutschland und ist im tschechoslowakischen Exil gelegentlich für das *Prager Tagblatt* tätig, bevor er 1938 weiter in die USA flüchtet. Ab 1967 übernimmt Schaber die Präsidentschaft des P.E.N.-Zentrums deutschsprachiger Autoren im Ausland, doch stand er bereits zuvor in engem Kontakt mit Tergit.

Sie hält sich Schaber gegenüber mit ihren oftmals starken Meinungen nicht zurück. So kommentiert sie etwa am 27. Oktober 1966 das Buch *Ich lebe nicht in der Bundesrepublik* des Schriftstellers Hermann Kesten zur jüdischen Flucht in die USA wie folgt:

> [...] ein unmöglicher Bursche, der wann immer es nur die entfernteste Möglichkeit gibt alles an sich reisst. Ich glaube, dass wie Sie mit ihm darüber sprechen er am nächsten Tag einen Artikel darüber veröffentlicht, dass die jüd. Schneider uns gerettet haben, obwohl er in seinen vielen Bücher nie einen Hauch davon erwähnt hat, da waren es immer Elinor Roosevelt und er und Klaus Mann.

Tergit bezieht sich auf Kestens Engagement für das Emergency Rescue Committee, welches unter der Schirmherrschaft von First Lady Eleanor Roosevelt stand und auch von der Familie Mann unterstützt wurde. Aus ihrer Sicht verschweigt Kestens Aufarbeitung den wichtigen Beitrag weniger prominenter Menschen und Institutionen wie etwa die finanzielle Unterstützung der europäischen Geflüchteten durch eine Vereinigung jüdischer Schneider aus New York.

Dass Tergit auch Schicksale späterer politischer Verfolgung in den Ländern des Exils nicht ausklammert, belegt ihr Kommentar zu den anti-kommunistischen Verhören der McCarthy-Ära in den USA: »Frightening und unbegreiflich«.

27.Oktober 66

Lieber Herr Schaber,

allerherzlichsten Dank wie immer für Ihren Brief v.20.10. Das Feuchtwanger Buch "The Devil in France" bekam ich zufällig hier second hand. Es ist ganz unergiebig, ausser dass er genau mitteilt wie Hasenclever in Les Mille sich das Leben nahm. Für uns ganz unergiebig. Ich schreibe Ihnen das Ende ab: "I have written the fourth part of this book, but I am unable to publish it. For if it were to be known what certain peopleof whom I have written had done in the past, it might have an adverse effect on the work in which they are still actively engaged.... There are five men to whom I owe especial thanks. Without them I should scarcely have survived...

I can mention by name two of those five men-- B.W.Huebsch and Waitstill Hastings Sharp."

Was nun weitre Quellen angeht, so werde ich das Buch "Verbannung", in dem ich den Brief von Hilde Walter veröffentlicht habe, ohne dass mein Name genannt wurde als zu unbekannt, und das ich verborgt habe noch mal nachssehen. Es gibt ein Buch von Kesten, warum lebe ich nicht in der Bundesrepublik, eine Umfrage. Da ist hinten eine Liste der verbannten Schriftsteller, das unzuverlässigste, was man sich vorstellen kann. Wie Sie wissen, weiss Kesten nicht, dass es unser PEN Zentrum gibt und er hat in Ragusa 1963 beharrlich darüber geschwiegen. Für ihn gibt es nur das bundesdeutsche Zentrum und das Schweizer, ein unmöglicher Bursche, der wann immer es nur die entfernteste Möglichkeit gibt alles an sich reisst. Ich glaube, dass wenn Sie mit ihm darüber sprechen er am nächsten Tag einen Artikel darüber veröffentlicht, dass die jüd. Schneider uns gerettet haben, obwohl er in seinen vielen Bücher nie einen Hauch davon erwähnt hat, da waren es immer Elinor Roosevelt und er und Klaus Mann. Ich muss auch dies Kestenbuch von Lehrburgers zurück bekommen. Viel. steht was drin.

Am meisten Sorge macht mir, wo wir so einen Artikel unterbringen. Ich schrieb Ihnen glaube ich schon, dass ich im Augenblick bei dem sehr netten Robert Lantz mit meinen Büchern bin. Ich werde mal Lehrburger fragen, ob die Kister, die den besten Namen hat, Artikel vertreibt. New York Times müsste ihn eigentlich bringen.

Ich finde immer wieder das Wichtigste herauszubekommen, wie so wurden bei einer Rettungsaktion von Gewerkschaftlern die Intellektuellen einbezogen. Das ist meiner Meinung nach noch nie dagewesen. E
Ein paar nette junge Leute haben uns "Stern" und Catch22 empfohlen. Heinz hat beides in New York gekauft. Ich habe Schauplatz Berlin" doppelt. Ich finde es das beste Buch über das alltägliche Leben von Antinazis unter Hitler und sehr erschütternd die seltsame deutsche Enttäuschung über die Allierten. Ich kann es Ihnen leicht schicken.

Mein Roman ist nun vier Monate bei Bertelsmann!! Aber jetzt habe ich gemahnt Was sagen Sie zu dem Nobelpreis? Unsre Gruppe , der xxxx Mitgründer ein Nobelpreisträger und nun ein Mitglied. An sich finde ich leider die Gedichte völlig unverständlich. Nelly Sachs begann eine Korrespondenz mit mir, aber ihre Kunst ist so wenig mein Fischkessel, dass ich die Korrespondenz für einen Eiertanz hielt. Hingegen gibt es hier am 3.Programm eine Serie "America after the bomb". Hinreissend! Original Aufnahmen von Mac Carthy Verhören. Frightening und unbegreiflich. Gestern war nun die Beat Bewegung und wir hörten Vorlesungen von Alan Ginsberg und Kerouac. Es war wunderbar. Garnicht kompliziert sondern ganz einfach. Leben Sie Beide wohl!

Herzlichst

London, ...

EHRENPRAESIDENT THOMAS MANN

P.E.N.-Club of German authors outside Germany

Sitz London

P.E.N.-KLUB DEUTSCHER AUTOREN IM AUSLAND

A World Association of Writers

THE INTERNATIONAL P.E.N. CLUB

Sahl kürt Tergit zur »First Lady der Emigration«

Gabriele Tergit an Hans Sahl, London, 15. April 1969

von Birke Bödecker (Redaktion des Schiller-Jahrbuchs)

»Lieber Hans Sahl. Ich habe Ihren Brief in reines Gold […] rahmen lassen, denn ›First Lady of the Emigration‹, das kann man doch nur an die Wand hängen.« Mit diesen Worten wendet sich Gabriele Tergit – offensichtlich nicht ohne Stolz über die ihr zuteil gewordene Auszeichnung – im April des Jahres 1969 aus England an ihren deutschen Schriftstellerkollegen Hans Sahl im weit entfernten New York. Der Brief mit dem Kompliment Sahls, der Tergits touristisch anmutender London-Postkarte wohl vorausging, ist mit »2/11/69« datiert; auf Grund der inhaltlichen Kohärenz spricht allerdings vieles dafür, dass Sahls Schreiben nicht aus dem November dieses Jahres stammt, sondern sich der Verfasser hier der amerikanischen Datumsschreibweise bedient hat. Das Schriftstück zeugt von der tiefen Wertschätzung, die der in den USA als Übersetzer und Kulturkorrespondent tätige Sahl der deutsch-britischen Journalistin und Schriftstellerin Tergit entgegenbringt. Sie sei für ihn, so schreibt er, nicht nur eine »grosse Schriftstellerin« und »eine grosse Frau«, sondern vor allen Dingen und schon immer »die FIRST LADY DER EMIGRATION«.

Jene »First Lady des Exils« – als die Sahl Tergit in einem Brief vom 20. Januar 1977 erneut betitelt – kommt 1894 in Berlin als Elise Hirschmann zur Welt, trägt später den Ehenamen Reifenberg und macht sich in der Weimarer Republik unter dem Pseudonym Gabriele Tergit als eine der ersten weiblichen Gerichtsreporterinnen sowie als gefeierte Autorin des satirischen Großstadtromans *Käsebier erobert den Kurfürstendamm* (1931) einen Namen. Nach dem nächtlichen Überfall der SA auf ihre Berliner Wohnung im März 1933, den sie Jahre später eindrücklich in ihren Erinnerungen *Etwas Seltenes überhaupt* (1983) schildern wird, flieht sie in die Tschechoslowakei. Es ist der Beginn eines nicht mehr endenden Exils, das sie über Prag und Palästina bis nach England führen wird, wo sie später mehr als zwei Jahrzehnte lang für das PEN-Zentrum deutschsprachiger Autoren im Ausland arbeitet.

Auch in der Biografie ihres 1902 in Dresden geborenen Korrespondenzpartners Sahl markiert das Jahr 1933 eine entscheidende Zäsur und den Ausgangspunkt einer langjährigen und entbehrungsreichen Odyssee, die erst 1941, nach Aufenthalten in der Schweiz, Frankreich – wo er zeitweise als *étranger indésirable* in verschiedenen Internierungslagern festgehalten wird – und Portugal, mit der Ankunft in New York ihren Abschluss findet. Hier vermag der linke Intellektuelle zwar Zuflucht, aber keine Heimat zu finden. Er bleibt, in seinem Selbstverständnis, zeitlebens ein Exilant – ein Zustand, an dem auch die spätere (zweimalige) Rückkehr nach Deutschland nichts ändern wird.

Die Exilerfahrungen Tergits und Sahls können als exemplarisch für das Schicksal vieler Schriftsteller/-innen gelesen werden, die aus politischen und/oder antisemitischen Gründen gezwungen waren, das nationalsozialistische Deutschland zu verlassen – und zum Zeitpunkt ihrer Flucht nicht über die Reputation eines Thomas Mann verfügten. Zu diesen Erfahrungen gehörten der schmerzhafte Verlust der alten Heimat und das nicht enden wollende Fremdheitsgefühl in der neuen, das Hadern mit den erschwerten Arbeitsbedingungen und dem Wegbrechen der angestammten Leserschaft im Exil sowie der fehlende Anschluss an den deutschen Literaturbetrieb und die schwer zu ertragende, häufig auch im Nachkriegsdeutschland (lange) ausbleibende Anerkennung ihres literarischen Schaffens. Es scheint, so Sahl hoffnungsfroh in seinem Brief vom 20. Januar 1977 an Tergit, »dass nunmehr, erst jetzt, unsere Zeit gekommen ist, d.h. die Zeit derjenigen, die man in Deutschland nicht zur Kenntnis nehmen wollte, da man dort alle Hände voll zu tun hatte, die grossen Namen aufzuarbeite[n]«.

Das Exil ist und bleibt der stets dominierende Aspekt im Leben und Schreiben Tergits und Sahls. Bei Tergit prägen die Exilerfahrungen maßgeblich ihren großen Familienroman *Effingers* (1951), der für sie das »Hauptwerk meines Lebens« darstellt; bei Sahl neben seiner mehrbändigen Autobiografie unter anderem den Roman *Die Wenigen und die Vielen* (1959) – den Fritz Martini Jahre später als *den* Exilroman herausstellen wird – und den 1976 erschienen Gedichtband *Wir sind die Letzten.*

»Es ist selten, dass Emigranten gut übereinander sprechen«, bedauert Hans Sahl am 18. August 1980 in einem Brief an Gabriele Tergit. Und doch ist die sich über viele Jahre erstreckende Korrespondenz dieser beiden Zeugnis einer Beziehung zwischen zwei Emigrant/-innen, die mit gegenseitiger Wertschätzung, emphatischer Anteilnahme und wechselseitiger Unterstützung das geteilte Schicksal des Exils zu navigieren suchen.

»Leben Sie wohl. Sie sind ein grosser Dichter. Sie haben mit diesem Buch das Schicksal unserer Generation endgültig dargestellt«, schreibt Tergit am 1. Februar 1977 an Sahl vor dem Hintergrund des Erscheinens seines Lyrikbands *Wir sind die Letzten.* Und Sahl erneuert im Sommer 1980 noch einmal seine eingangs zitierte Auszeichnung für die Schriftstellerin mit den Worten: »Liebste Gabriele Tergit, ich habe Sie einmal die ›First Lady der Emigration‹ genannt. Daran hat sich trotz Mrs. Carter nichts geändert.« Zwei Jahre später wird Gabriele Tergit in London sterben, Hans Sahl 1993 in Tübingen. Beide bleiben Exilliterat/-innen bis zum Schluss.

Zum Weiterlesen

↘ Hans Sahl: Die Wenigen und die Vielen. Roman einer Zeit. Frankfurt a.M. 1959.
↘ Hans Sahl: Wir sind die Letzten. Gedichte. Heidelberg 1976.
↘ Gabriele Tergit: Effingers. Roman. Hamburg 1951.
↘ Gabriele Tergit: Etwas Seltenes überhaupt. Erinnerungen. Frankfurt a.M / Berlin / Wien 1983.

15.4.69.

Lieber Hans Sahl, Ich habe Ihren Brief in reines Gold (aus de Gaulles Kasse) rahmen lassen, denn "First Lady of the emigration" das kann man doch nur an die Wand hängen. Sie sind nun wiederum der erste dankbare Mensch, den ich kennen gelernt. Mein Reifi hat z.B. Wehring, den Walter im Auto London gezeigt und in ein ganz feines Restaurant eingeladen, keine Postkarte, noch nicht mal mit ner Postkarte gedankt. Ihr seid doch viel feiner als wir, bei wo hat man keine Reifi nicht erlaubt ohne Krawatte und Jacke in einem geschlossenen Restaurant zu essen. Ihr Briefbogen mit kleinen Buchstaben à la Stefan George! Ihre

Tergit

Mr. Hans Sahl
808 West End Ave
New-York
N.Y. 10025
U.S.A.

Sentry at Tower of London
A sentry of the Scots Guards on duty at the Tower
Colour Photograph by J. Arthur Dixon Studios
Lon. 1622

Printed and Published by J. Arthur Dixon Ltd., Newport, I.W. England

C.O.S. 1869-1969

Unseld heißt Huchel in der Freiheit willkommen

Siegfried Unseld an Peter Huchel, München, 26. April 1971 von Patrick Graur (Archiv)

Das letzte Jahrzehnt seines Lebens verbrachte der Lyriker Peter Huchel (1903–1981) in der Bundesrepublik Deutschland. Die endgültige Ausreise aus der DDR im Jahr 1971 kann als Zuspitzung sich vermehrender Spannungen mit dem Kulturbetrieb und der Politik der Machthaber verstanden werden; mit dem Mauerbau ab 1961 verschärfte sich nicht nur die gesellschaftlich-politische Lage in der gesamten DDR, sondern Huchel selbst litt spätestens seit den 60er-Jahren unter erheblichen Repressionen. So musste er etwa im Jahr 1962 seinen Posten als Chefredakteur der (bis heute) wichtigen Literaturzeitschrift *Sinn und Form* aufgeben; gleichzeitig wurde es Huchel immer mehr verunmöglicht, in den Westen zu reisen. Die letzte Chance einer mehr oder minder freien literarischen Arbeit sah der Lyriker demnach im Exil, das ihn über die vorläufige Station Italien schließlich nach Staufen im Breisgau führte.

Ein Schriftsteller-Exilant, der schon vor seiner Ausreise großen Einfluss auch auf das westdeutsche Publikum ausübte – Huchel hatte nämlich bereits aus der DDR heraus bei S. Fischer und Piper veröffentlicht –, kam dem Suhrkamp-Verleger Siegfried Unseld entgegen, und so begrüßte er Huchel kurze Zeit nach dessen Ankunft in der Münchner Pension Morena »in einer Welt, die Ihnen hoffentlich eine größere produktive Freiheit ermöglicht«.

Dieser Brief vom 26. April 1971 ist dabei ein Zeugnis sowohl des verlegerischen Kalküls Unselds als auch der Bedeutung, die einem Lyriker, der bis dato gerade einmal drei Gedichtbände veröffentlicht hatte, zugemessen wird. Auf drei Ebenen nämlich versucht der Verleger den Schriftsteller Huchel davon zu überzeugen, dass der Suhrkamp Verlag der richtige Publikationsort für ihn sei.

Erstens wartet Unseld mit einer Fülle an Autoren und somit literarischen Referenzen auf – angefangen bei seinen »Freunden Jürgen Becker und Uwe Johnson« über Paul Celan bis hin zu Ingeborg Bachmann –, die bei Suhrkamp veröffentlichen oder veröffentlichten (Celan war bereits im April 1970 gestorben). Mit Becker, Celan und Bachmann hat sich Unseld wohl ganz bewusst *lyrische* Stimmen der deutschen Gegenwartsliteratur ausgesucht, um Huchel von Suhrkamp zu überzeugen.

Zweitens spielt der Verleger hinsichtlich der finanziellen Angelegenheiten mit recht offenen Karten. Unseld verspricht Huchel ein monatliches Auskommen von 1.500 DM, Honorarvereinbarungen nicht berücksichtigt. Unseld war sich dabei der Tatsache bewusst, dass die finanzielle Absicherung insbesondere für einen Schriftsteller im Exil relevant ist.

Drittens skizziert der Suhrkamp-Chef dem Lyriker den Verlag als eine besonders »lebendige Umgebung« und verspricht, »daß der Suhrkamp Verlag auch in den nächsten Jahren seine Substanz entwickeln und seine Lebendigkeit behalten wird. Und je älter ich werde, und je größere [sic] meine Erfahrungen im Umgang mit literarischen Werken wird, [sic] umso wichtiger scheint mir dieser Gesichtspunkt für das Werk eines Autors zu sein.« In der Tat expandierte der Verlag in den 60er- und 70er-Jahren in hohem Maße: 1963 startete die legendäre ›edition suhrkamp‹ mit ihren bunten Buchcovern von Willy Fleckhaus, 1966 folgte die Reihe ›suhrkamp theorie‹, und 1971 kam das ›suhrkamp taschenbuch‹ auf den Markt.

Unseld fuhr also in seinem Brief an den Neu-Exilanten sämtliche Geschütze der rhetorischen Überzeugungskunst auf. Und er sollte damit Erfolg haben: Sowohl die beiden Gedichtbände *Gezählte Tage* (1972) und *Die neunte Stunde* (1979) als auch die *Gesammelten Werke in zwei Bänden* sind beim Suhrkamp Verlag in Frankfurt a.M. erschienen.

Dass Siegfried Unseld nicht nur ein harter Geschäftsmann war, wenn es um die Anwerbung ging, sondern auch ein Verleger, der auf eine rege Publikationstätigkeit seiner unter Vertrag stehenden Autor/-innen setzte, bekam Huchel – zum Zeitpunkt des Briefwechsels immerhin schon beinahe 70-jährig – rasch zu spüren. In einer Nachricht vom 11. Dezember 1971, die Monica und Peter Huchel als Weihnachtsgruß an Walter und Charlotte Janka sandten, berichtet Huchel – nebst den akuten Ärgernissen der Wohnungssuche und Streitereien mit seinem Vorgängerverlag S. Fischer – von dem Druck, den Unseld ihm mache. Er halte ihn »im Verleger-Würgegriff, er lässt nicht locker, er treibt mich auf die Schlachtbank«, schreibt Huchel, um dann zu resümieren: »ein ›miserabeles‹ Leben, jeden Tag schlechte Verse schreiben zu müssen, und dennoch schön, draussen im Freien zu arbeiten.« Huchel, der sich bei Abfassung der Weihnachtskarte in Rom befindet, meint mit dem letzten Halbsatz wohl das italienische Klima, das auch im Dezember noch angenehm gewesen sein mag; man könnte ihn aber auch mit Unselds Willkommensgruß in der Freiheit zusammenlesen.

Zum Weiterlesen

↘ Peter Huchel: Gezählte Tage. Gedichte. Frankfurt a.M. 1972.

↘ Peter Huchel: Die neunte Stunde. Gedichte. Frankfurt a.M. 1979.
↘ Peter Huchel: Wie soll man da Gedichte schreiben. Briefe 1925–1977. Hrsg. von Hub Nijssen. Frankfurt a.M. 2000.
↘ Suhrkamp Verlag (Hrsg.): Die Geschichte des Suhrkamp Verlags vom 1. Juli 1950 bis 30. Juni 2000. Frankfurt a.M. 2000.

Suhrkamp Verlag

26. April 1971

Lieber Peter Huchel,

ich begrüße Sie in München und begrüße Sie in einer Welt, die Ihnen hoffentlich eine größere produktive Freiheit ermöglicht: Ich wünsche Ihnen dies sehr.

Von meinen Freunden Jürgen Becker und Uwe Johnson höre ich, daß Sie bis zum 4. Mai in München sein werden. Wäre es möglich, daß wir uns am Sonntag, dem 2. Mai in München träfen? Ich könnte etwa gegen 11.oo, 11.3o Uhr bei Ihnen sein, und wir könnten vielleicht zusammen mit Ihrer Frau zu Mittag essen und wären dann am Nachmittag noch zusammen.

Als vorbereitende Überlegung zu unserem Gespräch möchte ich Ihnen das noch einmal schriftlich bestätigen, was ich Ihnen durch meine Freunde bereits ausrichten ließ. Ich wäre sehr glücklich, lieber Peter Huchel, wenn Sie Ihre künftigen Publikationen dem Suhrkamp Verlag anvertrauen würden. Und ich bin überzeugt, daß die Autoren und Mitarbeiter des Verlages ebenso glücklich wären. Ich weiß nicht, ob Sie in den letzten Jahren unsere Arbeit verfolgen konnten. Mit den wenigen Ausnahmen jener Autoren, die ältere Verlagsverbindung hatten, ist doch die zeitgenössische deutschsprachige Literatur mehr und mehr im Suhrkamp Verlag konzentriert. Dies insbesondere, nachdem sich Paul Celan entschieden hatte, den Fischer Verlag zu verlassen und zu uns zu kommen, und nachdem nun auch Ingeborg Bachmann diesen Schritt getan hat. Die Anziehungskraft des Suhrkamp Verlages auf die Autoren beruht eben darin, daß wir uns neben den neuentwickelten Gebieten der Wissenschaften und der politisch-dokumentarischen Texte doch in erster Linie um Literatur bemüht haben und daß es uns auch gelungen ist, in unseren Reihen

- 2 -

6 Frankfurt/Main, Lindenstraße 29-35, Postfach 2446. Telefon 740231. Telex 413972. Telegramme Suhrkampverlag Frankfurtmain.
Konten: Deutsche Bank Frankfurt am Main 95/7100. Postscheck Frankfurt am Main 115761.

- 2 -

edition suhrkamp und Bibliothek Suhrkamp zeitgemäße Publikationsformen zu schaffen; ich bin überzeugt davon, daß wir für Ihre Arbeiten Optimales leisten und eine wirkl

Über Deta
Ihnen auch
machen. I
bereits üb
Ihre Publi
bereit, Ih
von je DM
also nicht-
mit diese
Über das

Ich weiß,
S. Fischer
in seiner
Sie woller
angedeute
mir ein z
Auge habe
es ruhig,
Werk auch
Umgebung
für das ze
jahrzehnt

die Pinien, die neuen Kerzen – aber die alten Freunde wohnen dort unten, für mich unerreichbar. – Drei Wochen war ich unterwegs, von Frankfurt nach Darmstadt, dann nach Freiburg, bis in den Elsass hinein, wieder nach Frankfurt, von dort nach Siegen – immer auf Wohnungssuche, dazwischen 2 Preise, Empfänge, Tagungen, Menschen, Menschen, den Ärger mit S. Fischer, weil ich wechselte (Suhrkamp), das Kettenrauchen – ich kam ganz kaputt wieder in Rom an und denke mit Schrecken daran, dass ich im Januar nach Wien fliegen muss und im Febr. nach Köln. Und Unseld hält mich im Verlagsgriff, er lässt nicht locker, er treibt mich auf die Schlachtbank – ein „miserabeles" Leben, jeden Tag schlechte Verse schreiben [illegible]
In alter Herzlichkeit
Ihr Peter

[illegible]

95.180.787/5

BUON NATALE

Sicherheit annehmen, daß der Suhrkamp Verlag auch in den nächsten Jahren und Jahrzehnten seine Substanz entwickeln und seine Lebendigkeit behalten wird. Und je älter ich werde, und je größere meine Erfahrungen im Umgang mit literarischen Werken wird, umso wichtiger scheint mir dieser Gesichtspunkt für das Werk eines Autors zu sein.

Verzeihen Sie mir die etwas groß scheinenden Worte, aber mir liegt sehr viel daran, Sie überzeugen zu können. Ich hoffe, wir können uns dann am 2. Mai sehen. Ich werde mir erlauben, nach Eintreffen des Briefes bei Ihnen anzurufen, um zu erfahren, ob Ihnen dieser Tag für ein Treffen angenehm ist.

Mit freundlichen Grüßen

Ihr

Novak rät: Schreib die Eindrücke auf

Helga M. Novak an Johann Lippet, Čara (Korčula), 24. Oktober 1987 von Janet Dilger (Archiv)

Im Oktober 1985 lernen sich Helga M. Novak und Johann Lippet während des deutsch-rumänischen Schriftstellertreffens in Bukarest kennen. Dort trifft Novak, teilweise außerhalb der offiziellen Veranstaltungen, mehrere Personen aus dem Umkreis der zehn Jahre zuvor aufgelösten Aktionsgruppe Banat, zu welcher u.a. Rolf Bossert, Johann Lippet, William Totok und Richard Wagner gehörten. Ihre neuen Bekannten besucht sie in kurzem Abstand weitere zwei Mal in Rumänien. Diese Begegnungen werden vom dortigen Geheimdienst, der Securitate, misstrauisch beobachtet, bis die befreundeten rumäniendeutschen Autor/-innen in den beiden Folgejahren nach Westdeutschland ausreisen.

Helga M. Novak allerdings bleibt von der Securitate unerkannt. Denn in ihrem isländischen Pass steht ein anderer Name, der sinnbildlich ist für ihre bewegende Geschichte: Während ihres Studiums in Leipzig lernt sie isländische Studenten kennen und wird daraufhin von der Staatssicherheit bedrängt, diese zu bespitzeln. Sie unterschreibt zwar, liefert aber nie Berichte an die Stasi. Unter Druck gesetzt, flüchtet die 22-jährige nach Reykjavík, kehrt wieder in die DDR zurück und zieht, kurz bevor die Mauer gebaut wird, erneut nach Island. Ihre ersten Gedichte veröffentlicht sie 1963 im Selbstverlag unter dem Titel *ostdeutsch* in Island. Zwei Jahre später erscheinen sie im westdeutschen Luchterhand Verlag unter dem Titel *Ballade von der reisenden Anna* – darin: unbequeme Poesie, wenn sie zum Beispiel *einem Funktionär ins Poesiealbum* notiert: »[I]ch habe am Ende / eine Frage: / wem gehört eigentlich / das Volkseigentum?« oder den Band mit dem Satz enden lässt: »der schlechtste Staat auf dieser Welt / ist der der sich die Spitzel hält«.

Im September 1965 schreibt sich Helga M. Novak wieder in der DDR am Literaturinstitut Johannes R. Becher ein, wird aber schon im Dezember exmatrikuliert. Im März 1966 – zehn Jahre vor Wolf Biermann – wird sie aus der DDR ausgebürgert. Als Staatenlose reist sie zur Tagung der Gruppe 47 nach Princeton in die USA. Später nimmt sie die isländische Staatsbürgerschaft ihres Ehemannes an, erhält einen isländischen Pass und einen neuen Namen: Maria Karlsdottir.

Zwanzig Jahre nach ihrer Ausbürgerung sieht sie ihre eigene Geschichte im Schicksal der ausgereisten Rumäniendeutschen gespiegelt, so auch bei Johann Lippet, welcher im Sommer 1987 in die Bundesrepublik kommt. In dem hier ausgewählten Brief schreibt Helga M. Novak ihm aus Jugoslawien, wo sie sich auf der Insel Korčula ein Sommerdomizil eingerichtet hat. Gezeichnet von etlichen unvorhergesehenen, plötzlichen Aufbrüchen und Fluchten, zahlreichen Umzügen, vielen Reisen und häufigen Ortswechseln, fühlt Novak sich nirgendwo zu Hause. Sie kennt die lebenslange Suche nach einer Heimat und weiß um die Erfahrung des Fremdseins in einem anderen Land. Um damit umzugehen, fordert sie Johann Lippet in ihrem Brief eindrücklich auf, er solle versuchen, diese ersten »wichtigen, harten, schwierigen SINNLICHEN Eindrücke« schreibend festzuhalten. Die »Erinnerungen, Sehnsüchte, alte[n] Ängste, Träume, Freude«, allem entkommen zu sein, diese »Eindrücke, die über Augen, Ohren, Nase, Haut gehen – bitte, schreib sie auf«, rät sie in ihrer Antwort auf seinen ersten Brief, den er ihr nach der Ankunft in Westdeutschland geschickt hat. Tatsächlich schreibt Johann Lippet seinen autobiografischen Erlebnisbericht *Protokoll eines Abschieds und einer Einreise oder Die Angst vor dem Schwinden der Einzelheiten* schon ein Jahr später; das Buch wird 1990 veröffentlicht.

Der Briefwechsel mit Lippet ist in Novaks Nachlass überliefert. Zunächst überraschend ist, dass sich nicht nur Lippets Briefe an Novak, sondern auch eine Vielzahl ihrer eigenen, von ihr versendeten Briefe im Bestand befinden. Allerdings fertigte Novak häufig Durchschläge ihrer eigenen Briefe an, schrieb sie ab, erbat sich Kopien von ihren Briefpartner/-innen oder holte sich ihre Schreiben auf anderem Weg zurück. Die eigenen tagebuchartigen Korrespondenzen nutzt sie als wichtige Quelle für ihre dritte Autobiografie *Im Schwanenhals*. Darin beschreibt sie die Zeit ihrer Flucht aus der DDR. Sie ringt jahrzehntelang um die Fertigstellung des Buches. Als der Band im Herbst 2013 kurz vor ihrem Tod endlich erscheint, lebt Novak wieder in Deutschland. Angesichts schwerer Krankheit ist sie auf Hilfe angewiesen und deshalb ein weiteres Mal zurückgekehrt. Anfang der 2000er-Jahre bemüht sie sich um die deutsche Staatsbürgerschaft. Doch die mit Literaturpreisen ausgezeichnete Schriftstellerin gilt den deutschen Behörden damals als »erwerbslose Ausländerin ohne festen Wohnsitz«. Das Anliegen scheitert trotz prominenter Unterstützung, und Novak zieht den Antrag auf Einbürgerung zurück.

Zum Weiterlesen

↘ Johann Lippet: Protokoll eines Abschieds und einer Einreise oder Die Angst vor dem Schwinden der Einzelheiten. Heidelberg 1990.
↘ Helga M. Novak: Ballade von der reisenden Anna. Neuwied 1965.
↘ Helga M. Novak: Im Schwanenhals. Frankfurt a.M. 2013.
↘ Katrin von Boltenstern: Nachlassformationen. Studien zum literarischen Archiv. Richard Leising und Helga M. Novak. Paderborn 2022.
↘ Michaela Nowotnik: »Die Wurzeln sind ausgerissen. Man ist nackt und fremd«. Helga M. Novak und die rumäniendeutsche Literatur. In: Marion Brandt (Hrsg.): Unterwegs und zurückgesehnt. Studien zum Werk von Helga M. Novak. Gdańsk 2017. S. 81–89.

Lippet

Korcula/Cara, den 24. Okt. '87

Lieber Johann, guten Tag!

Es dauert lange mit meiner Post, weißt Du. Dein Brief vom 13. Juli hat mich erst jetzt im Oktober erreicht. Der wurde mir noch damals nachgeschickt und hat dann hier gelegen, während ich den ganzen Sommer in Polen war, wo ich sowieso keine Postadresse habe. (Inzwischen habe ich Ursula bei einem Symposion hier getroffen, sie hat mir von Dir erzählt, daß Du am Schreiben seist.) Von mir gibt es rein nichts Neues zu berichten, ich pendle so durch Ost- und Süsmitteleuropa und suche mich selber, dabei schreibe ich Gedichte. Und weil man von Lyrik nicht leben kann, versuche ich mal wieder, ein Hörspiel zu machen.

Zu Deinem Brief:

Jetzt ist zwar nicht mehr Anfang Juli, dennoch nehme ich Deine 'ersten' Eindrücke von Westdeutschland noch immer als bare Münze. So schnell akklimatisiert man sich ja nicht. Natürlich fällt es Dir schwer, darüber zu schreiben, dennoch solltest Du das versuchen, sei es als Tagebuch oder in Briefen, es muß nicht gleich als 'Prosa' gedacht sein. Die Anfangs-Erlebnisse werden nie wieder dieselbe Tiefe erreichen, später werden diese wichtigen, harten, schwierigen SINNLICHEN Eindrücke vielleicht/wahrscheinlich ersetzt durch Gefühlserlebnisse – so wie Erinnerungen, Sehnsüchte, alte Ängste, Träume, Freude dem entkommen zu sein. Jedenfalls Gefühle, ich rede noch lange nicht von Heimweh, das kommt erst Jahre später, mit dem Älterwerden Hand in Hand. Was ich sagen will, die ersten Eindrücke, die über Augen, Ohren, Nase, Haut gehen – bitte, schreib sie auf. Wenn Du nicht weißt WIE, dann schreib mir das in Briefen, aber haarklein, genau, bildlich, ich will es riechen! Das wird Dir guttun. Glaube mir.

Deine Wege zu den Ämtern (Du hast ja in diesen Tagen/Wochen keine andere Arbeitsstelle), nimm als den 8-Std-Trott, den ja alle machen müssen. Der eine rennt ins Büro, der andere fährt unter Tage, Du hast Deine Stunden runterzumachen bei den Ämtern. Nimm das nicht tragisch, Angst brauchst Du dabei nicht zu haben.

sollten sie Dir auf den Ämtern dummkommen, allzu unhöflich sein, gar Dich irgendwie demütigen, – dann mußt Du auftrumpfen. Du darfst das im Westen. Vergiß nicht den horrenden Unterschied zwischen Rumänischen und westdeutschen Ämtern. Manches klingt vielleicht ähnlich, das ist es nicht. Stelle Forderungen, nimm Deine Rechte in Anspruch, wehre Dich! (Und schreibe auf!)

Eine Schreibmaschine brauchst Du unbedingt, wenn Du nicht inzwischen eine hast.

UPPLÝSINGAR — EINKENNI
SIGNALEMENT
DESCRIPTION
PERSONBESCHREIBUNG

Staða / Profession / Profession / Stellung	Frú, Mrs. Mme, Frau.
Fæðingarstaður, -dagur og -ár / Born at on / Né(e) à le / Geboren in am	Þýzkaland. 8.9.1935.
Heimili / Residence / Domicile / Wohnort	Laugarvatn, Iceland.
Tunga / Language / Langue / Sprache	íslenzka, Icelandic islandais, Isländisch.
Hæð / Stature / Taille / Gestalt	168 cm.
Háralitur / Hair / Cheveaux / Haare	dökkur dark foncés dunkel.
Augnalitur / Eyes / Yeux / Augen	blágrár, bluegrey bleu-gris, blaugrau.
Sérkenni / Peculiarities / Signes particuliers / Besondere Kennzeichen	

2

MYND VEGABRÉFSHAFA
PHOTOGRAPH OF BEARER

Undirskrift vegabréfshafa
Signature of the bearer
Signature du porteur
Unterschrift des Passinhabers
Maria Karlsdottir

'anzukommen', das klappt nicht, laß Dich ein bißchen treiben, verarbeite ruhig alle Deine früheren Erlebnisse, mach irgendeine Arbeit, laß Dir im neuen Land nichts unter die Haut gehen, nichts soll Dich jetzt schon anfechten.

Aber züchte auch keine Antipathie gegen ein Land, das trotz all seiner Mängel, Dich ja weder gerufen hat noch braucht. Es ist den Leuten in Westdeutschland vollkommen egal, wer Du bist und wo Du herkommst, wollen sie gar nicht wissen und verstehen. Sie geben Dir die Möglichkeit, Dich in ihrem Land durchzuschlagen, mehr nicht. Stell Dich nicht auf den Kopf, Du hast noch Jahre Zeit.

Dein Gefühl, gar nicht richtig Deutsch zu können, verstehe ich. Als ich nach Jahren aus Island kam, ging es mir ebenso. Damals fing ich an, Prosa zu schreiben, und zwer 'Fibelsätze', weil ich direkt neu Deutsch lernen mußte. Hinzu kam, ich kannte den Westen überhaupt nicht, Island ist nicht Westen in dem Sinne. Und dann tauchten in den westdeutschen Gesprächen die seltsamsten Faschismen und Grausamkeiten auf, das konnte ich nur inform ganz kruzer, einfacher Aussagesätze aufschreiben, so – wie ich es eben in der Bahn, Kneipe, Budike gehört hatte. Jetzt ist das alles verwischt, und ich bediene mich derselben Zynismen wie alle, denke ich.

Johann, für heute mache ich mal Schluß, wir sind in der Weinernte, ich begleite meine Wirtsleute aufs Feld, helfe so ein bißchen.

Bitte, schreib mir, auch wenn Du länger auf Antwort warten mußt. In Berlin bin ich selten, im Januar fahre ich für zwei Wochen nach Island. Post wird mir IMMER nachgeschickt.

Was macht William Totok, wie geht es ihm, er soll sich auch mal melden, ist seine Familie/Freundin nachgekommen?

Grüße Du Deine Familie recht herzlich von mir, mit allen guten Wünschen –

Müller wundert sich, dass ein Tag auf den anderen folgt

Herta Müller an Rolf Michaelis, Berlin, 18. April 1988
von Heike Gfrereis (Literatur im öffentlichen Raum)

Herta Müller ist 34 Jahre alt, als sie im März 1987 aus Rumänien ausreisen darf. Jahrelang wurde sie von der Securitate, dem Geheimdienst des Diktators Ceaușescu, überwacht, verhört, beleidigt und mit dem Tod bedroht. Als man ihr in der Temeswarer Firma, in der sie als Übersetzerin arbeitete, den Schreibtisch wegnahm, setzte sie sich ins Treppenhaus und begann dort zu schreiben – ein Weg aus der Angst, die alles dominiert: »Für uns in der Diktatur war das Ungesagte, das Ungefähre überall präsent. Weil das Verschweigen, Verdrehen, Umstülpen, Inszenieren, Instrumentalisieren, Pervertieren zum gewöhnlichen, bis zum Überdruss bekannten Werkzeug des Regimes gehörte. Mir wurde die einfache, praktische Realität der Tage oft erst durch Sprachbilder bewusst«, erzählt Herta Müller im Interview mit Angelika Klammer: »Das Ungesagte ist, glaube ich, wie ein Fächer im Satz. Man kann es geschlossen lassen oder weit öffnen, bis alles Mögliche hineinpasst. […] Ich wurde von Sprachbildern am tiefsten in die Wirklichkeit gezerrt. Die Schönheit der Sätze, das Nichtbestimmbare hat die Wahrnehmung so genau gemacht, dass man sie aushalten konnte.«

Die erste Zeit im Westen ist für Herta Müller auch ein Sprachbildersturm, wie sie im Gespräch mit Susanne Führer erklärt: »Ich kam aus einem grauen, einbetonierten, stillstehenden Land, und mir haben die Augen geschmerzt von den vielen Farben, von der Beweglichkeit dieser Welt, von dem Flirren. Ich empfand das alles als Freiheit. Beim Gang in ein Restaurant habe ich geweint, wenn ich gesehen habe, was auf der Speisekarte steht. Ich habe damals begriffen, wie sehr man uns das Leben stiehlt.«

Herta Müllers erste Erzählungen erscheinen 1982 in Bukarest unter dem Titel *Niederungen* in zensierter Form, 1984 wurden sie unzensiert im Berliner Rotbuch Verlag veröffentlicht. Rolf Michaelis besprach den Prosaband für *DIE ZEIT*: »Der Erzählerin, die zur nationalen Minderheit der deutschsprechenden Banater Schwaben in ihrer rumänischen Heimat gehört, gelingt es, die Fäden zur Wirklichkeit so zu lockern, daß jede Sicherheit verlorengeht. Ist der Vater wirklich gestorben? Sind die erzählten Vorgänge Erinnerung oder Angst-Vision? Blähen sich konkrete Ereignisse der Vergangenheit auf zu grotesken Gespensterbildern einer geängstigten Phantasie? Oder malt sich eine in Todesfurcht immer wildere Bilder träumende Vorstellungskraft die Zukunft aus?« Michaelis wollte Herta Müller auch in Temeswar besuchen: »Er schickte ein Telegramm, das abgefangen wurde und mich nie erreicht hat. Er kam trotzdem nach Temeswar und kam zu meiner Wohnung. Ich war zu der Zeit aber nicht in Temeswar und wußte natürlich auch nichts von seiner Reise. Im Treppenhaus war es dunkel und auf einmal kamen Männer aus einer Tür und schlugen Michaelis zusammen und brachen ihm die Zehen. Ich habe davon erst sehr viel später erfahren.« (Müller in einer E-Mail an das DLA vom Juni 2022.)

Die »Eindrücke einer jungen Frau, die aus dem ›anderen Land‹ in die Bundesrepublik kommt«, die Herta Müller in ihrem Brief an Rolf Michaelis erwähnt, erschienen 1989 ebenfalls bei Rotbuch. Der Titel: *Reisende auf einem Bein*.

Zum Weiterlesen

↘ Herta Müller: Niederungen. Berlin 1984.
↘ Herta Müller: Reisende auf einem Bein. Berlin 1989.
↘ Herta Müller: Mein Vaterland war ein Apfelkern. Ein Gespräch mit Angelika Klammer. München 2014.
↘ »Ich wusste immer, was ich nicht will«. Herta Müller im Gespräch mit Susanne Führer. Deutschlandfunk Kultur, 25.12.2019. https://www.deutschlandfunkkultur.de/schriftstellerin-herta-mueller-ich-wusste-immer-was-ich-100.html (25.10.2022)
↘ Rolf Michaelis: Schöner Anfang: eine deutsche Erzählerin aus Rumänien. In: DIE ZEIT, 24.8.1984.

Berlin, 18.4.88

Lieber Rolf Michaelis,

danke für Ihre Karte. Es ist schon lange her, seit ich sie bekommen hab. Inzwischen war ich für 10 Tage in Florenz. Ich wollte Ihnen aus Florenz schreiben. Da wurde mir die Handtasche mit sämtlichen Papieren gestohlen. Mein Adressbuch war natürlich auch drin. Ich hab die Handtasche einen Tag vor der Rückreise vom Fundbüro abholen können. Alle Papiere, sogar Zigaretten, Kugelschreiber, meine Notizen waren drin. Alles, außer dem Geld.
Ich hatte, der Zufall wollte es, das Letzte Buch von Pasolini in der Handtasche: "Chaos oder gegen der Terror." Auch das Buch hab ich zurückgekriegt. Ich hab beim Fundbüro große Kisten mit wiedergefundenen Handtaschen, Brieftaschen, Schlüsseln gesehn. Das hat mich beeindruckt - dieses lokalpatriotische Stehlen, nur von Touristen (ich las eine deutsche Zeitung, als man mir die Handtasche gestohlen hat), und dieses katholische Gewissen, alles außer dem Geld zurückzugeben. Das ist eine Moral mit eigenen Werten, eine Moral des Bösen wie bei Genet.
Die Gemälde konnte ich nicht alle ansehen. Sie haben mich aus der Bahn geschmissen, mir das bißchen Selbstverständlichkeit zunichte gemacht. Leider sind diese Kunstwerke "Weltberühmt", ihre Aussage ist ein- für allemal gedeutet, falsch gedeutet, ohne Sensibilität. Ich hätte weinen können, als ich Boticellis Frühling gesehen hab. Die vielgepriesene sanfte Frau ist haltlos und gequält: gequollene Augen, aus dem offenen Mund wachsen ihr Blumen. Wer hat so dicke Haut, daß er diese Frau, mit dem geblähten schimmernden Bauch und luftfarbenen Kleid, als sanft bezeichnen kann.
Ich hab außerhalb der Stadt, auf einem Hügel gewohnt. Überall waren die Gehöfte eingemauert, lauter Privatbesitz. Oben ~~auf den~~ Mauern

lagen noch Glasscherben zum Schutz. Mir hats den Hals zugeschnürt, wenn ich sie anschauen mußte. Und in jedem Hof ein riesengroßer Hund. Im Viertel waren alle Krankenhäuser der Stadt, von der Katholischen Kirche verwaltet. Nonnen in schwarzen Kutten und weißen Hauben fuhren auf den Motorrädern über die Straßen. Mehrmals am Tag läuteten alle Kirchenglocken auf einmal. Das war, als würde die Landschaft zerbrechen. Ich schaute die Hügel rauf und dachte mir: hier sind auch die Bäume katholisch. An den Mauern der Gehöfte saßen, weil die Sonne schien, dicke metallene Fliegen. Eidechsen krochen in die Ritze und machten seltsame Geräusche. Ich dachte, ich werd wahnsinnig. Und weil ich, wie gewöhnlich nicht alles, was mich umgab, als verrückt abtun konnte, kam ich wieder zu der Schlußfolgerung: mit mir stimmt etwas nicht. Ich habe wieder zu schreiben begonnen. Ich hatte mir das nicht vorgenommen, ich dachte ich werde noch viel Zeit brauchen. Doch es drängte sich auf. Ich hab bereits über hundert Seiten geschrieben: Eindrücke einer jungen Frau, die aus "dem anderen Land" in die Bundesrepublik kommt. Das ganze zusammengehalten von wiederkehrenden Personen, Beziehungen, die keine sind. Die Trennung vom Ehemann bei der Ankunft - (nein, das trifft nicht auf mich zu!) Der Person kommt durch die täglichen Beobachtungen Schritt für Schritt der letzte Rest Selbstverständnis abhanden.

Ich denke oft an Sie, Herr Michaelis. Ich würde Sie gerne mal wieder sehen. Es ist schon so viel Zeit vergangen, seitdem ich hier bin. Ich hab kein Zeitgefühl. Manchmal wundere ich mich, daß ein Tag auf den anderen folgt, daß so viele Monate schon im Kalender hängen. Ich kann sie nicht nachvollziehen. Ich glaube, es geht mir fast gut, soweit ich das überhaupt beurteilen kann, soweit ich mir das überhaupt zutraue.

Viele liebe Grüße

Herta Müller

Stanišićs Alter Ego versucht Erinnerung festzuhalten

Saša Stanišić, *Wie der Soldat das Grammofon repariert*. Roman, 2006.
von Katharina Richter (Arbeitsstelle für literarische Museen, Archive und Gedenkstätten in Baden-Württemberg)

»Liebe Asija, ich wollte dir aus dem ›Wörthersee‹ schreiben – Züge haben in Deutschland Namen –, aber der Wörthersee war so schnell, dass meine Augen mit der Landschaft nicht mitkamen und mir ein wenig übel wurde.« Aleksandar Krsmanović ist ein fröhlicher Junge, der das Fantasieren liebt, Bilder malt und Fußball spielt. Als der Jugoslawienkrieg auch seine Heimatstadt Višegrad erreicht, flieht seine Familie nach Deutschland. Die letzten Stunden vor der Flucht verbringt Aleksandar auf dem Dachboden kauernd zusammen mit Asija. Asija ist das schöne Mädchen mit den schönen Haaren. Asija ist die Kindheit Aleksandars, die mit der Flucht so vehement endet. Und Asija ist der Gegenentwurf zu seiner eigenen Geschichte. Denn während er mit seiner Familie emigrieren kann, muss sie sich, nachdem ihre Eltern in ein Lager gebracht wurden, im umkämpften Bosnien allein durchschlagen.

Kaum ist Aleksandar in Deutschland angekommen, genauer in Essen, beginnt er Briefe an Asija zu schreiben.

Am 9. Januar 1993 heißt es in einem dieser Briefe: »Gestern wurden wir für Deutschland erlaubt. In einem großen Büro mit hundert Türen warteten wir drei Stunden vor dem Buchstaben K.« Allmählich findet sich Aleksandar in Deutschland zurecht und in der deutschen Sprache. Nur Asija findet er nicht; er weiß nicht, ob sie noch lebt und ob sie seine Briefe überhaupt erhalten hat.

Asija ist mit seiner Kindheit verschwunden. Im Brief vom 9. Januar ruft er ihr zu: »Ich hätte so gern mehr Erinnerungen an dich, ich hätte gern Erinnerungen an dich von der Länge einer Reise von Essen nach Višegrad.« Doch je mehr die Erinnerungen vage werden und zu verschwinden drohen, desto mehr muss Aleksandar Erinnerungen neu erfinden, neu konstruieren.

Aleksandar Krsmanović ist kein gewöhnlicher Junge: Er hat nicht nur viel Fantasie, er ist Fantasie. Aleksandar ist das junge Alter Ego seines Autors Saša Stanišić und Protagonist in dessen Debütroman *Wie der Soldat das Grammofon repariert* (2006). Stanišić, selbst in Višegrad geboren und aufgewachsen, überträgt seine Erfahrungen erstmals in das fiktionale Setting eines Romans. Mit Aleksandars Exilbriefen wird nicht nur die Distanz zwischen den beiden Ländern Jugoslawien und Deutschland, zwischen Krieg und Frieden, zwischen Zerstörung und Neustart deutlich – sondern auch die plötzliche Entfernung zur eigenen Kindheit, die er so abrupt hinter sich lassen musste.

Seit *Wie der Soldat das Grammofon repariert* ist viel passiert. Stanišić gehört zu den erfolgreichsten Schriftsteller/-innen der Gegenwart. Für seinen jüngsten Roman *Herkunft* (2019) wurde er sowohl vom Publikum als auch von der Literaturkritik gefeiert und erhielt dafür 2019 den Deutschen Buchpreis. Verarbeitet Stanišić schon in seinem Erstling die eigene Vergangenheit, so schreibt er in *Herkunft* im autofiktionalen Stil noch dichter an seiner eigenen Biografie entlang.

Es wird deutlich: Die eigene Kindheit im ehemaligen Jugoslawien und die eigene Familiengeschichte geprägt von

Flucht und Neuaufbau sind zentrale Säulen in Stanišićs Werk. Als Stanišić 2021 den Marbacher Schillerpreis erhält, rückt er das Thema Migration auch ins Zentrum seiner Dankesrede. Zum Symbol wird darin ein leerer Stuhl. Der Stuhl, »korbgeflochten weiß und blau«, steht verlassen und ewig unbenutzt in einer Brache zwischen zwei Wohnvierteln. »Nie sitzt jemand auf dem Stuhl.« Stanišić beschreibt, wie er diesen Stuhl vom Wohnungsfenster in Hamburg aus sehen kann. Der Stuhl wird für ihn zum Symbol des Abwesenden. Dieses Abwesende können Menschen sein, die nicht mehr unter uns weilen, oder Menschen, die unfreiwillig an einen anderen Ort verschlagen wurden bzw. festgehalten werden. Dieses Abwesende kann die Vergangenheit sein. Ein Ort, der einst vielleicht Heimat war und jetzt, wie der leere Stuhl, nicht mehr bewohnt wird.

Im Brief aus dem Jahr 1993 schreibt Aleksandar Krsmanović vom langen Warten in den Gängen der Einwanderungsbehörde. Vielleicht ist der Stuhl also auch das: Symbol für einen Stuhl, auf dem man nicht mehr sitzt und wartet. Bedeutet Exil meist das Ausgeliefertsein an fremde Gesetze, fremde Behörden, fremde bürokratische Rituale, kann Migration nach einiger Zeit eben auch das Ankommen abseits der Brache sein: Kein Warten mehr auf Pässe, auf das »erlaubt werden«, wie es Aleksandar nennt, sondern die Möglichkeit, aufzustehen und wieder vorwärts zu gehen. Nicht allen ist das vergönnt – so viele Hürden müssen genommen werden. Doch im besten Fall enden vielleicht Exilbriefe damit, dass sie irgendwann einfach wieder Briefe werden.

Zum Weiterlesen

↘ Saša Stanišić: Wie der Soldat das Grammofon repariert. Roman. München 2006.
↘ Ivana Pajić / Nikolina Zobenica: Versteckter Dialog und Dialog-Replik in Saša Stanišićs Roman *Wie der Soldat das Grammofon repariert* (2006). In: Neophilologus 105/1 (2021). S. 91–107.

Saša Stanišić
btb
Wie der Soldat das Grammofon repariert
Roman

Dündar hofft auf ein Treffen in Freiheit

Can Dündar an Selahattin Demirtaş, Berlin, 13. Mai 2022 von Dîlan Canan Çakir (Forschung)

Den hier abgedruckten Brief stellte der Autor und Journalist Can Dündar bei seinem Besuch am 27. Mai 2022 im DLA anlässlich der Vorstellung seiner Erdoğan-Biographie für das vorliegende Marbacher Magazin zur Verfügung. Der Brief soll, wie es auch darin selbst heißt, mit der Öffentlichkeit geteilt werden. Auf YouTube kann man ihn vom Autor selbst gelesen hören. Es handelt sich um einen Brief an einen politischen Gefangenen in der Türkei, dem Can Dündar aus seinem Exil in Deutschland erfreuliche Nachrichten von einer internationalen Friedenskonferenz in Berlin übermittelt.

Der Adressat, Selahattin Demirtaş, ist einer der wichtigsten politischen Gegner der aktuellen türkischen Regierung. Seine Partei HDP (Demokratische Partei der Völker) knackte als erste mehrheitlich prokurdische Partei in der Türkei die Zehn-Prozent-Hürde und zog ins Parlament ein. Weil die Erdoğan-Regierung Demirtaş unter anderem Terrorpropaganda vorwirft, ist der Politiker und Autor seit 2016 im Hochsicherheitsgefängnis in Edirne inhaftiert. In der Türkei ist es nicht unüblich, dass Personen, die sich in irgendeiner Form prokurdisch, regierungskritisch oder dergleichen äußern, unabhängig davon, ob im privaten

Rahmen oder in der Öffentlichkeit, im Gefängnis landen. Demirtaş, der ehemalige Vorsitzende der HDP, wurde zudem wegen Beleidigung des Präsidenten und der Türkischen Republik verurteilt – auch hierfür braucht es in der Türkei nicht viel, da der mittlerweile fast 70 Jahre alte türkische Regierungschef in dieser Hinsicht eher zartbesaitet ist. Can Dündar nannte ihn im April in seiner Theaterkolumne für das Maxim Gorki Theater Berlin den »meistbeleidigten Präsidenten der Welt« – eine These, die von 160.000 Ermittlungen wegen Präsidentenbeleidigung eindrucksvoll belegt wird.

Can Dündar selbst musste, nachdem er 2015 als Chefredakteur der türkischen Zeitung *Hürriyet* über eine geheime Waffenlieferung der türkischen Regierung nach Syrien berichtete, 2016 ebenfalls für mehrere Monate ins Gefängnis. Nach dem Putschversuch des Militärs vom Juli 2016 verhängte die türkische Regierung den Ausnahmezustand und ging Erdoğan noch willkürlicher gegen vermeintliche Gegner/-innen vor. In dieser Situation entschied sich Can Dündar dafür, ins Exil zu gehen. Seit 2016 lebt er in Berlin. Er arbeitet dort weiterhin als Autor und Journalist und engagiert sich für eine demokratische Türkei.

Aus dem deutschen Exil nimmt er, wie dieser Brief zeigt, weiterhin Kontakt zu wichtigen politischen Akteur/-innen der Türkei auf. Es sind Versuche, ein Netzwerk aufzubauen oder aufrechtzuerhalten, um sich aktivistisch für Menschenrechte zu engagieren. Auf der besagten Friedenskonferenz vom März 2022 wurden, so berichtet Can Dündar im Brief, konkrete Maßnahmen überlegt, mit deren Hilfe eine demokratische Türkei aufgebaut werden soll. Delegationen, bestehend aus Intellektuellen oder Schriftsteller/-innen, sollen beispielsweise um die Welt reisen und von der ›anderen Türkei‹ berichten; in Expert/-innengruppen soll über die Zukunft der Türkei nachgedacht werden. Bald werde Dündar von weiteren konkreten Schritten berichten können, schreibt er.

Dündar verabschiedet sich am Ende seines Briefes mit den Worten: »Özgürlükte buluşmak ümidiyle« – »In der Hoffnung auf ein Treffen in Freiheit«.

„Özgürlükte buluşmak ümidiyle …“
(‚In der Hoffnung auf ein Treffen in Freiheit …‘)
Can Dündar an Selhattin Demirtaş am 13. Mai 2022

13.Mayıs.2022 Berlin

Sevgili Selahattin Demirtaş,

Cezaevinden yazdığınız ve hayat arkadaşınız Başak Demirtaş aracılığıyla ulaştırdığınız mektubu aldım. İsme yazılmış olsa da mektup kamuoyuyla paylaşıldı. Ben de bu cevabî mektubu cezaevine yollarken, kamuoyuyla da paylaşmak ve önerilerinizin bir kısmının hayata geçmeye başladığından hem sizi, hem kamuoyunu haberdar etmek istedim.

Mart ayında Berlin'de geniş katılımlı bir "Demokrasi ve Özgürlük Konferansı" toplandı. Türkiye'den ve dünyanın farklı yerlerinden gelen dostlarla buluştuk. Kürtler, Aleviler, Türkler, Ezidiler, Ermeniler, Süryaniler, sivil toplum kuruluşlarının, insan hakları örgütlerinin temsilcileri, hak arayışçıları, akademisyenler, aktivistler, siyasetçiler, sanatçılar, yazarlar biraradaydık; Cumartesi Anneleri de, Boğaziçi dayanışması da, Suruç ve Gezi aileleri de, Kazdağları İnisiyatifi de, LGBTİ artı bireyler de aramızdaydı. Sizin tabirinizle, "aynı denizde buluşan ayrı nehirler gibi", farklılıklarımızı yadsımadan, ortaklıklarımıza yoğunlaştık. Üç ayrı oturumda, önce mevcut "hasarı tespit" etmeye, sonra "çıkış yolları"nı irdelemeye, ardından da "geleceğin inşası"nı planlamaya çalıştık. Resmi ideolojinin sınırlarını aşacak, hepimizin yarasını saracak, kimseyi ötekileştirmeyecek bir demokratik cumhuriyetin inşası için Türkiye'de verilen mücadeleye, ne katkı sunabileceğimizi tartıştık. Birlikte çalışmanın imkânlarını konuştuk. Seçim hedefini aşan, uzun vadeli bir plana yoğunlaştık.

Konferanstan somut kararlar çıktı: Biri, konferansta doğan ortak iradeyi ve ümidi, farklı kentlerdeki toplantılarda geniş kitlelerle paylaşmak... Diğeri, aydın ve yazarlardan oluşturulacak bir heyetle dünya başkentlerine diplomatik ziyaretler yapıp "öteki Türkiye"yi anlatmak... O arada da yarının Türkiyesi için komisyonlar oluşturup hazırlıklara başlamak...

Bu kararlar sözde kalmadı: Oluşturduğumuz sekreteryanın kararıyla, "Demokrasi Buluşmaları"nın ilkini bu pazar, Hamburg'da yapıyoruz. Sırada Paris ve Zürih var. Sonbahardan itibaren de diplomasi grubu temaslarına başlıyor. Çok yakında, "geleceğin inşası" yönünde atılan somut adımları da duyacaksınız.

İçerdekilerin dışarı yaydığı umudu, ben de biraz dışarıdan içeriye yansıtabilmek istedim. Yeni gelişmelerden yine haberdar ederim.

Selçuk Mızraklı başkana da selamlarımızı iletin lütfen...

Özgürlükte buluşmak ümidiyle...

Dostlukla...

Can Dündar

Zum Nachhören Zum Weiterlesen

↘ Can Dündar'dan Demirtaş'a açık mektup https://www.youtube.com/watch?v=TXAckWZ_6R4 (25.10.2022)
↘ Can Dündar: Erdoğan. Mit Zeichnungen von Anwar. Übers. von Sabine Adatepe. Essen 2022.
↘ Can Dündar: Lebenslang für die Wahrheit. Aufzeichnungen aus dem Gefängnis. Hamburg 2016.

Ein Exilbrief aus Marbach

von Natalka Sniadanko (Writer in Residence)

Ich hoffe, ich werde nie einen Text mit einem solchem Titel schreiben müssen. Oder nie wieder. Denn ich schreibe ja bereits. Noch ist es nicht wirklich. Obwohl ich zurzeit in Marbach bin und obwohl in meinem Land Krieg herrscht und obwohl niemand weiß, wie lange dieser Krieg noch dauern wird. Ich fühle mich nicht im Exil. Noch nicht und hoffentlich nie. Und ich habe den entsprechenden Status nicht. Ich bin hier unter dem sogenannten »vorübergehenden Schutz« gemäß Paragraf so und so. Die Beamtin in der Ausländerbehörde nahm meine Fingerabdrücke ab und sagte zu mir: »Es ist jetzt nur für ein Jahr, dann sollten Sie wiederkommen.« Dieses »nur« erschreckte mich. Ich hoffe, nie wiederkommen zu müssen. Ich hoffe, bis dahin längst zurück zu sein, zuhause, in meinem Alltag, der mir so plötzlich und ohne Grund genommen wurde.

Bis jetzt war Auswandern in meiner Familie ein freiwilliger Akt: selten, zufällig. Es fing bei der Schwester meines Großvaters an. Vielleicht auch früher, aber darüber weiß ich nichts. In der Zwischenkriegszeit, als die Westukraine zwischen Russland und Polen aufgeteilt wurde, verlief plötzlich eine Grenze zwischen beiden Geschwistern: Mein Opa lebte nun in der Ukraine, seine Schwester, nur wenige Kilometer von ihm entfernt, bereits in Polen. Dort wurden die Söhne meiner Großtante geboren, dort kaufte die

Familie ein Stück Land, wofür ich sogar die schriftlichen Nachweise besitze. Die Söhne, meine Onkel, schickten mir die Kopien. In den 70er-Jahren wollten beide nach Amerika. Damals war die Ausreise aus Polen fast unmöglich. Sie haben viele Tricks angewandt, um zum Ziel zu gelangen. Aber es gelang ihnen, mit der Mutter, mit Frauen und Kindern nach Amerika zu emigrieren.

Nach etwa einem Jahr wollten sie zurück. Sie begriffen, dass sie als Ärzte nicht gebraucht wurden, und verfielen in Depression. Sie bleiben dennoch und später normalisierte sich alles. Einer meiner Onkel ging zum Militär, war im Vietnamkrieg, arbeitete bei der NASA. Der andere wurde Softwareentwickler. Beide haben uns immer wieder eingeladen. Zu sich. Zu Besuch. Einmal versuchte ich, ein amerikanisches Visum zu bekommen. Ich fuhr nach Kyjiw mit der Einladung meines Onkels. Die Fahrt mit dem Zug dauerte die ganze Nacht. In Kyjiw bezahlte ich eine beachtliche Summe als Gebühr für die Unterlagenbearbeitung und wartete sehr lange in der Schlange. Dann wurde ich befragt. Es dauerte keine fünf Minuten, man wollte mein Alter wissen und meinen Beruf. Ich war damals Ende zwanzig und Journalistin. Dann stempelte man mir etwas in meinen Reisepass. Es war die Absage mit der üblichen Begründung: zu jung, eine potenzielle Emigrantin. Noch viele Jahre hatte ich diesen Pass, und bei jedem Grenzübertritt musste ich erklären, warum dieser Stempel in meinem Pass ist. Ich kannte schon den misstrauischen Blick, mit dem jeder Grenzpolizist mich anschaute und dann wieder aufmerksam den Stempel studierte. Ich fühlte mich wie eine Kriminelle, die jahrelang vergeblich ihre Unschuld beweisen will. Und ich versuchte nie wieder, ein Visum für Amerika zu bekommen.

Meine Oma bekam dagegen problemlos ein Visum und besuchte ihre Verwandten in Amerika. Sie brachte viele Kopftücher heim. Sie unterschieden sich kaum von denen, die sie immer auf einem Kleidermarkt in Lemberg kaufte. Nur waren es bessere Kopftücher: Kopftücher aus Amerika.

Unsere Verwandten kamen auch zu uns. In der Sowjetzeit war das erlaubt, aber die ausländischen Besucher wurden streng bewacht. Ein Mann vom Sicherheitsdienst lief immer hinter den Verwandten, und sie durften nur in einem speziellen Hotel übernachten, nie bei uns. Einmal kamen die Verwandten zu einer Hochzeit. Ich kann mich noch dunkel an ein Hotelzimmer erinnern, in dem sie ganz viele Koffer ausgepackt hatten. Und jedem, der sie in diesem Hotelzimmer besuchte, gaben sie ein Geschenk aus dem Koffer. Ich bekam ein Polaroidfoto, das in diesem Hotelzimmer aufgenommen wurde. Auf dem Foto bin ich zu sehen mit meinem Verwandten, dessen Namen ich vergessen habe.

Bei ihren Besuchen brachten unsere amerikanischen Verwandten Gebetbücher mit – Gebetbücher in ukrainischer Sprache, die für den griechisch-katholischen Gottesdienst bestimmt waren. Diese Gottesdienste waren in der Sowjetzeit ebenso streng verboten wie die griechisch-katholische Konfession selbst. Es gab damals Untergrundgottesdienste in Privatwohnungen. Wer dort ertappt wurde, musste für lange Zeit ins Gefängnis. Um die Gebetbücher über die Grenze zu schmuggeln, haben unsere Verwandten sie in die Kleidung eingenäht. Eines dieser Bücher benutzt mein Vater bis heute. Es ist auf Dünndruckpapier gedruckt, und alle drei Schnittkanten sind mit Goldschnitt versehen.

Auch mein Vater wurde von seinen Cousins nach Amerika eingeladen. Er war damals etwa so alt wie ich jetzt. Es war kurz nach dem Zerfall der Sowjetunion. Es herrschte eine tiefe ökonomische Krise, und meine beiden Eltern hatten ihre hochqualifizierte und gut bezahlte Arbeit verloren. Sie wussten überhaupt nicht, wie es weitergeht. Ich studierte damals schon. Mein jüngerer Bruder ging in die Schule. Mein Vater bekam ein amerikanisches Visum und lebte fast zwei Jahre bei seinem Cousin. Er ist nicht nur ein guter Ingenieur, der jahrelang einen großen Betrieb leitete, er kann auch sehr gut Autos reparieren – und davon lebte er in Amerika. Man bemühte sich monatelang, bei ihm einen Termin zu bekommen. Nach ein paar Jahren wollte er meine Mutter nach Amerika nachholen. Sie wollte aber nicht. So ist mein Vater zurück nach Lemberg gekommen. Er hat nie ein Wort Englisch gelernt. Ich habe keine Ahnung, wie er seinen Alltag bewältigt hat. Ab und zu erzählt er von Amerika. Er wollte gerne bleiben, ein Haus bauen, Geld verdienen, sich mehr leisten können, mehr Sicherheit haben. Und natürlich im Frieden leben, weit weg von Russland.

Ich selbst dachte auch darüber nach, in Deutschland zu bleiben, als ich hier studierte. Alle meine Bekannten haben fest daran geglaubt, dass ich bleiben würde. Wie hätte es anders sein können? Man fährt doch immer Richtung Westen, um dort zu bleiben. Niemand kommt zurück. Aber ich bin nicht geblieben. Ich bin zurück nach Lemberg gefahren, wurde glücklich und war zufrieden mit meinem Leben. Bis vor kurzem, als mir mein gewohntes Leben genommen wurde.

Mein Opa war 16, als der Zweite Weltkrieg begann. Er sagte, er sei 18, und wollte zum Militär. Stattdessen wurde er nach Auschwitz verschleppt. Dort sah man, dass er noch sehr jung war, und versteckte ihn unter schmutziger Wäsche in einem Korb. Mitsamt dieser Wäsche wurde er aus dem Lager geschafft. Er stand auf der Straße, nicht weit von Krakau, und wusste nicht, wohin. Ein österreichischer Bauer sah ihn und nahm ihn mit. Einen starken Jungen konnte man im Haushalt immer brauchen. Und er arbeitete fleißig. Einmal hat er nicht aufgepasst: Eine Kuh wurde krank, weil er sie nicht rechtzeitig gemolken hatte. Der Bauer wurde wütend und warf ihn raus.

Mein Opa ging zu einem anderen Haus und blieb dort. Er half im Haushalt und passte auf die Kinder auf. Besonders auf den Kleinsten, einen Jungen. Mein Opa hätte in Österreich bleiben können. Er überlegte es sich aber anders. Er konnte ganz gut Deutsch und schloss sich der Roten Armee an, kam bis nach Berlin und kehrte dann nach Hause zurück.

Das war damals keine ungefährliche Entscheidung, denn jeder, der in Gefangenschaft gewesen oder als Zwangsarbeiter tätig war, galt in der Sowjetunion automatisch als Verräter. So vernichtete mein Opa fleißig alle Nachweise über sein Leben in Österreich, trat der kommunistischen

Partei bei, um seine Loyalität gegenüber dem sozialistischen Staat zu beweisen, und unterrichtete in seinem Dorf junge Männer, die Traktorfahrer werden wollten.

In den 50er-Jahren herrschte noch Partisanenkrieg im Westen der Ukraine. Auch in dem Dorf, in dem meine Großeltern lebten. Nachts kamen die Partisanen, die gegen die sowjetische Besatzung kämpften und sich tagsüber im Wald versteckten. Man musste den Partisanen Essen geben, egal, ob man selbst genug hatte oder nicht. Tagsüber brachte meine Oma das Essen in den Wald. Der Wald wurde vom sowjetischen Militär streng überwacht. Alle, die mit Partisanen kollaborierten, wurden verhaftet und für mehrere Jahre nach Sibirien verbannt. Einmal, als meine Oma am Tage das Essen in den Wald brachte, sahen die Partisanen, dass sie bespitzelt wurde, und begannen zu schießen. So haben sie das Leben meiner Oma gerettet, manche aber von ihnen wurden damals erschossen.

Später, in den 90er-Jahren, kam die Nachricht, dass ehemalige Zwangsarbeiter eine einmalige Entschädigung bekommen könnten. Man brauchte nur einen schriftlichen Nachweis der Familie, bei der man gearbeitet hatte. Der Nachbar meines Opas, der ebenfalls in Österreich im Krieg war, schrieb an jene Familie, bekam die verlangte Bestätigung und dann das Geld.

Mein Opa wollte das auch versuchen und beauftragte mich damit, da ich Deutsch konnte. Ich habe sehr lange recherchiert, um die sorgfältig vernichteten Spuren des früheren Lebens meines Opas zu finden. Ich fand den Mann, den mein Opa im Krieg als Baby betreut hatte, und schrieb ihn an. Ich bekam sogar eine Antwort. Und die lautete: Ja, ich erinnere mich an ihren Opa, aber eine schriftliche Bestätigung werde ich nicht schreiben, da ich der Meinung bin, das ihrem Opa keine Entschädigung zusteht. Eigentlich hätte man diesen Brief als Nachweis einreichen sollen. Ich weiß nicht, warum ich es nicht gemacht habe.

Die Enttäuschung war groß. Mein Opa erzählte davon noch jahrelang. Und bis zum seinem Tod erinnerte er sich an eine Witwe in dem österreichischen Dorf, die ihm ihre

Hilfe angeboten hatte. Je älter er wurde, desto unsinniger kam ihm seine damalige Entscheidung vor, nicht zu bleiben. Obwohl er eigentlich ein ganz glückliches Leben führte. Zumindest nach sowjetischen Kriterien: ein Haus, drei Kinder, viel Selbstgebranntes.

Auch unser Weg nach Marbach begann in Krakau. Es war das letzte Wochenende vor dem Krieg. Eine Ewigkeit ist es her. Wir hatten uns entschlossen, Freunde in Krakau zu besuchen. So setzten wir uns am Samstag, dem letzten friedlichen Samstag, ins Auto, alle vier, mein Mann, unsere beide Kinder und ich. Wir machten die Covid-Tests, die man für die Einreise nach Polen benötigte, und fuhren los. In eineinhalb Stunden waren wir an der Grenze. Jetzt ist es die Grenze zwischen Krieg und Frieden, zwischen Albtraum und normalem Alltag, es stehen oft kilometerlange Schlangen von Autos dort, die Autos sind voll mit Frauen und Kindern, die über die Grenze wollen, in die Sicherheit.

Damals, an diesem letzten friedlichen Samstag, war alles ruhig an der Grenze. Wir standen nicht mal eine halbe Stunde (zwei Stunden war immer die Standardwartezeit), und schon waren wir dran. Der nicht ganz freundliche polnische Grenzbeamte überprüfte misstrauisch alle unsere Papiere: Pässe, Impfnachweise, Tests. Dann sagte er, dass der Impfstoff, mit dem mein Sohn geimpft wurde, in Polen nicht anerkannt sei. Trotz des ganz frischen negativen Tests dürfe er nicht über die Grenze. Wir fragten, was das bedeute, und erfuhren, dass, falls wir nicht zurück nach Hause fahren wollten, mein Sohn in Krakau für eine Woche in Quarantäne bleiben müsse. Wir entschieden uns spontan für die Quarantäne, um unsere Pläne nicht zu ruinieren. Wir waren sicher, dass mein Sohn am Montag einen neuen Test machen würde und wir zurückfahrenkönnten. So wäre es in der Ukraine abgelaufen. Nicht aber in Polen. Er sollte tatsächlich eine ganze Woche bei unseren Freunden bleiben. Und ich und meine Tochter blieben bei ihm. Mein Mann fuhr am Dienstag nach Lemberg zurück.

Am Mittwochabend, dem 23. Februar, meldete sich eine Bekannte aus Budapest bei mir, eine Übersetzerin aus dem

Deutschen ins Ungarische. Sie erzählte, sie und ihr Mann würden nach Deutschland fahren, sie habe ein Übersetzerstipendium erhalten; die Wohnung in Budapest werde den ganzen März über leer stehen, ob ich nicht dort ›Urlaub‹ machen wolle. Samt meiner Familie. Noch am selben Abend gingen wir mit meiner Krakauer Freundin ins Kino, das bezeichnenderweise ›Kyjiw‹ heißt. Wir haben uns den neuesten Film von Pedro Almodóvar angeschaut und dann noch lange beim Wein geplaudert. Danach konnte ich nicht einschlafen. Und um 4 Uhr morgens erfuhr ich, dass die letzte Nacht vor dem Krieg endgültig vorbei war. Genauso wie mein Leben von früher.

Am Sonntag fuhren wir nach Budapest. Ich war zuerst fest davon überzeugt, dass wir Ende März, wenn meine Freunde zurückkommen, längst wieder zuhause sein würden. Und zuhause wieder Frieden herrschen würde. Wir haben nicht einmal Kleidung gekauft und wollten mit den Sachen, die wir für zwei Übernachtungen mitgenommen hatten, zurechtkommen. Wie für solches Gepäck üblich, sind absolut zufällige Sachen dabei: etliche Autorenexemplare meines letzten Buches auf Deutsch, die mir von meinem österreichischen Verlag nach Budapest geschickt wurden, ein Inhaliergerät, das ähnlich dem damals aktuellen COVID-Stamm ›Omron‹ heißt, ein paar Brettspiele, komischerweise nicht unsere Lieblingsbrettspiele. Dafür fehlte es uns an allem anderen, was wir nach und nach einkauften, weil das Paket von zuhause seit drei Wochen per Post unterwegs war und die Ukraine noch immer nicht verlassen hatte.

Die erste Woche in Budapest war ich hauptsächlich damit beschäftigt, Briefe zu beantworten. Es meldeten sich fast alle Menschen, die ich in meinem Leben kennengelernt hatte (manche auch nur flüchtig), und viele haben Hilfe angeboten. Am Anfang habe ich nur geantwortet, dass ich in Sicherheit bin und nichts brauche. Aber nach einigen Tagen, als die Situation in der Ukraine weiter eskalierte, wurde mir langsam klar, dass meine Freunde, die über ›dauerhafte‹ Lösungen sprachen, recht hatten. Ich musste eine Wohnung für uns drei suchen, eine Arbeit, Schulen für die Kinder. Wir hätten in Ungarn bleiben können, aber ohne Sprache ist es schwierig, Fuß zu fassen. Dann dachte ich an Deutschland und rief meine langjährige Bekannte und eine der meistverdienten Übersetzerinnen aus dem Ukrainischen ins Deutsche, Claudia Dathe, an. Ich fragte, ob sie etwas über Stipendien für ukrainische Schriftsteller/-innen in Deutschland wüsste. Sie erzählte mir von Marbach und dass dort gerade ein Writer-in-Residence-Programm ins Leben gerufen worden sei. Sie bot mir an, mich als Stipendiatin vorzuschlagen. Ich sagte zu; und innerhalb weniger Tage hatte ich die Einladung und sogar das Angebot, eine Teilzeitstelle im Archiv zu übernehmen.

Jetzt leben wir hier in Marbach, in einer Parallelwelt, die friedlich, gemütlich und voll netter Leute ist. Die Normalität hier kommt uns fast übertrieben und unwirklich vor. Über meinen Computer und das Telefon erfahre ich von einer ganz anderen Realität, die genauso übertrieben und unglaubwürdig erscheint, aber auf eine andere Weise. Ich überprüfe täglich unzählige Telegram-Accounts, um zu erfahren, was passiert ist, wo gerade in der Ukraine gebombt wird. Inzwischen kann ich mich anhand der Zahl der Meldungen orientieren: Gibt es am Morgen nur einige neue Meldungen, heißt dies, die Nacht war ruhig. Wenn ich hunderte neuer Meldungen sehe, werde ich ängstlich und muss alles lesen. Auch mitten in der Nacht kann ich nicht weiterschlafen, bevor ich nicht alles gelesen habe. Ich lese offizielle Meldungen und Beobachtungen von mir bekannten Journalisten, die sich auf Telegram, Facebook oder sogar über Instagram äußern. Täglich telefoniere ich über WhatsApp, Telegram, Viber, Signal, oder Facebook Messenger mit meinen Eltern, meinem Mann, meinen Freunden und Bekannten. Jetzt kann ich einfach anrufen, da einige deutsche Telefonanbieter Ukrainern kostenlose Anrufe innerhalb Deutschlands und in die Ukraine anbieten. Dank der Technologien weiß man zumindest sofort, ob alle in Sicherheit sind, wenn gebombt wird.

So lebe ich seit über einem Monat in zwei unwirklichen Parallelwelten und hoffe, am Ende dabei nicht verrückt zu werden.

Ich bin nicht auf der Flucht, jedenfalls nicht so wie viele andere Ukrainer, die ich seitdem hier getroffen habe. Ich kenne den schrecklichen Ton der Luftschutzsirene nicht, ich weiß nur die Zeiten, wann es in Lemberg und Umgebung Luftschutzalarm gibt, da bin ich immer wach. Wie alle in meiner Heimatstadt. Oder fast alle. Viele reagieren nicht mehr auf die Luftalarmsignale, weil in meiner Heimatstadt bis jetzt ›nur‹ wenige Bomben gefallen sind und nur wenige Menschen durch sie getötet und verletzt wurden. Unter den Verletzten ist ein dreijähriges Kind aus Charkiw. Seine Eltern wollten ihn in Sicherheit bringen, aber selbst in Lemberg hatten sie Pech. Es wurde ganz in der Nähe von unserer Wohnung gebombt, wo jetzt Flüchtlinge aus Kyjiw wohnen. Aber es ist immer noch kein Vergleich zu den anderen ukrainischen Städten: zu Cherson, von wo meine Tante samt ihrer Familie noch 2014 fliehen musste, zu Charkiw, von wo ein langjähriger Bekannter am 28. Februar 2022 aus einer zerbombten Wohnung in der letzten Sekunde fliehen konnte, zu Butscha, von wo fast alle fliehen konnten, die ich kenne. Von einigen warte ich noch auf ein Lebenszeichen.

Mein Bekannter aus Charkiw lebt jetzt in unserer Wohnung, die ohne Flüchtlinge leer stehen würde, da mein Mann sich freiwillig zum Militär gemeldet hat. Jetzt ist mein Mann auf einem Ausbildungsgelände in der Nähe von Lemberg, wo in diesem Krieg stark gebombt wurde und viele Menschen getötet wurden. Unter anderem ein 20-jähriger Soldat, der es einige Minuten davor noch geschafft hatte, seine schwangere 19-jährige Frau anzurufen und ihr zu sagen, dass »alles in Ordnung« sei. Seitdem schaudert mich, wenn ich diesen Satz von meinem Mann höre. Der Satz passt schlecht in die Realität, die ihn jetzt umgibt. Er ist 50, hat viele chronische Krankheiten. Als er 2015 eingezogen werden sollte, hat die medizinische Kommission ihn als untauglich von der Wehrpflicht befreit. Jetzt hat er alle seine Krankheiten gegenüber dem Arzt verheimlicht und wurde genommen. Genauso wie mein Opa damals, als er noch 16 war, aber 18 sein wollte. Nur in die andere Richtung.

Seit vier Wochen schläft mein Mann auf dem Betonboden, auf einer dünnen Matratze, hustet ununterbrochen und schluckt Antibiotika. Täglich üben sie im Wald, unter Regen und in der Kälte. Zusammen mit ihm ist ein Freund von uns, ein bekannter Musiker, der Bassgitarre spielt. Er ist 56. Und noch ein Bekannter von uns ist jetzt dort, ebenso ein Musiker, der Kontrabass spielt.

Fast alle husten auf dem Ausbildungsgelände, auch die Jüngeren. Die Ausrüstung für den Fronteinsatz fehlt. Das Nötigste für meinen Mann und viele andere dort auf dem Gelände haben ihre Freunde und Bekannten gekauft: Schutzwesten, Medikamente, Helme, Überärmel, Knieschützer, Handschuhe und ähnliches. Die Uniformen haben sie vom Staat bekommen, sie waren aber abgenutzt, und die Jacken konnte man nicht zumachen. So kaufte man auch die Uniform privat. Nichtsdestotrotz höre ich täglich von meinem Mann den Satz: »Es ist alles in Ordnung.« Was kann schon in Ordnung sein in einer Situation wie dieser? Aber es ist tatsächlich noch nicht das Schlimmste. Täglich werden Menschen von diesem Ausbildungsgelände an die Front geschickt: nach Mariupol, nach Cherson, nach Charkiw, nach Kyiw, zur belarussischen Grenze. Was wird unser Schicksal sein? Das wissen wir noch nicht. Mein Mann ist noch nicht an der Front, nur in der Vorbereitung. Und wir sehen uns noch nicht als Exilanten, zumindest im Moment noch nicht. Unsere jetzige Situation erlaubt uns keine Zukunftspläne. Nur für die Zeit nach dem Krieg. Bloß, wann kommt diese? Jede Nacht, im Traum. Doch dann erwacht man und ist schwer mit der Realität konfrontiert.

Marbach am Neckar, im April 2022

Bild- und Textnachweise

Alle Rechte liegen, sofern nicht erloschen oder anders angegeben, beim DLA Marbach (Bilder und Beiträge) und bei den Urheber/-innen oder deren Rechtsnachfolger/-innen (Zitate und Brieftexte). Wir danken diesen für ihre freundliche Genehmigung. In einigen wenigen Fällen blieb die Suche nach den Urheberrechtsinhaber/-innen ergebnislos; berechtigte Ansprüche werden selbstverständlich nachträglich abgegolten.

Hannah Arendt an Günther Anders, 23.5.1941, Literaturarchiv der Österreichischen Nationalbibliothek, © 1941 by Hannah Arendt. Reprinted by permission of Georges Borchardt, Inc., on behalf of the Hannah Arendt Bluecher Literary Trust.

Bennett A. Cerf an Harry Graf Kessler, 4.8.1936, DLA Marbach, © 2022 by Penguin Random House LLC; from PENGUIN RANDOM HOUSE CORPORATE CORRESPONDENCE by Penguin Random House LLC. Used by permission of Random House, an imprint and division of Penguin Random House LLC. All rights reserved.

Paula Ludwig an Hermann Kasack, 29.11.1956, DLA Marbach, © Kristian Wachinger, Berlin.

Herausgeber Deutsches Literaturarchiv Marbach
Redaktion Dietmar Jaegle
Gestaltung Finken & Bumiller, Stuttgart, mit Dirk Wagner
Gesamtherstellung Offizin Scheufele, Druck & Medien
ISBN 978-3-944469-68-3

Fotoarbeiten: DLA Marbach (Chris Korner)

Die Deutsche Schillergesellschaft wird gefördert
durch die Bundesrepublik Deutschland,
das Land Baden-Württemberg, den Landkreis
Ludwigsburg und die Städte Ludwigsburg
und Marbach am Neckar.

Die Beauftragte der Bundesregierung
für Kultur und Medien

Baden-Württemberg
MINISTERIUM FÜR WISSENSCHAFT, FORSCHUNG UND KUNST